ESPAÑA DEL SIGLO DE ORO

SERIE GENERAL
TEMAS
HISPÁNICOS

BARTOLOMÉ BENNASSAR

LA ESPAÑA DEL SIGLO DE ORO

EDITORIAL CRÍTICA
Grupo editorial Grijalbo
BARCELONA

Título original:
UN SIECLE D'OR ESPAGNOL (VERS 1525 - VERS 1648)

Traducción castellana de PABLO BORDONAVA

Cubierta: Enric Satué   84 - 9771
© 1982: Éditions Robert Laffont, S. A., París
© 1983 de la traducción castellana para España y América:
    Editorial Crítica, S. A., calle Pedró de la Creu, 58, Barcelona-34
ISBN: 84-7423-200-7
Depósito legal: B. 13.607-1983
Impreso en España
1983. — Gráficas Salvá, Casanova, 140, Barcelona-36

¿QUÉ ES EL SIGLO DE ORO ESPAÑOL?

La expresión Siglo de Oro atribuida a un período determinado de la historia de España es de uso corriente en Europa y en todo el continente americano. En España este uso rebasa incluso los límites de la clase intelectual y parece implicar por parte de los interlocutores un conocimiento general del fenómeno. En estas condiciones no debe ser difícil encontrar una definición precisa del Siglo de Oro.

Sorprendentemente, al menos en España, esta definición no existe. Las obras mismas que tienen como vocación dar su sentido a las palabras y a los conceptos, es decir, los diccionarios y enciclopedias, eluden la cuestión ya que no se interesan más que en el concepto universal de edad de oro. O cuando ocasionalmente consideran la expresión «Siglo de Oro español» proponen una definición extraordinariamente restrictiva. Tomemos por ejemplo el *Diccionario del uso del español* publicado en 1980 por María Moliner, obra muy reciente como puede verse. En él se lee la siguiente definición de «Siglo de Oro»: «Cualquier período considerado de esplendor, de felicidad, de justicia, etc.»; a continuación, escrito en mayúsculas: «Específicamente, época de mayor esplendor de la literatura española, que abarca parte de los siglos xvi y xvii». Hemos leído bien: el Siglo de Oro omite la arquitectura, la escultura o la pintura de los siglos xvi y xvii; el Escorial, la Plaza Mayor de Madrid, el Greco, Velázquez, Zurbarán, Berruguete o Montañés no guardan relación con el Siglo de Oro...

Ahora bien, María Moliner no hace sino seguir una tradición antigua. La gran *Enciclopedia española* de Espasa-Calpe, en su tomo LVI de la edición de 1966 ofrece para la expresión «Siglo de Oro» el texto siguiente: «Tiempo en el que las letras, las artes, la política, etc., han conocido su máximo esplendor y su mayor desarrollo en un pueblo o en un país. Ejemplo: el Siglo de Oro de la literatura española». En consecuencia, en un primer momento, el autor del artículo admite que el concepto de Siglo de Oro puede no referirse exclusivamente a las letras y a las artes puesto que cita la política. Pero, tratándose de España, reserva la apelación únicamente a la literatura. Aunque, si nos fijamos con más atención, advertimos que la *Enciclopedia* de Espasa-Calpe no hace sino reproducir palabra por palabra el texto del viejo *Diccionario hispano-americano* de Montaner y Simón que data de 1896. Así pues, de 1896 a 1980, no se ha producido ningún cambio, ninguna revisión del concepto y de su contenido. Extraño inmovilismo del pensamiento oficial.

Pero hay carencias todavía más asombrosas. El *Diccionario de la lengua española* publicado por la Real Academia española, en su decimonovena edición aparecida en 1970, anuncia por supuesto «Siglo de oro» y «edad de oro», pero no ofrece más que la definición siguiente: «Tiempos floridos y felices en que había paz y quietud». Ignora olímpicamente toda especificidad española. Todavía resulta más inesperado que, en el *Diccionario de historia de España*, publicado por la *Revista de Occidente*, no se mencione ni siquiera en su segunda edición, muy reciente, el Siglo de Oro, ni en «Siglo» ni en «Oro». Se advierte entonces con gran sorpresa que los historiadores españoles evitan cuidadosamente, al menos en los títulos de sus libros, la expresión «Siglo de Oro», mientras que los términos crisis y decadencia aparecen utilizados frecuentemente, incluso en los títulos. De Ramón Menéndez Pidal a Jaume Vicens Vives o a Felipe Ruiz Martín la expresión permanece ausente y el *Golden age of Spain* de Antonio Domínguez Ortiz, publicado en Londres en 1971, no desmiente esta regla más que aparentemente, puesto que se trata de un título en lengua extranjera, en cierto modo de un título de traducción. La expresión no aparece más que en algunos estudios concretos como *La vida española en la edad de oro según las fuentes literarias*, de A. Valbuena Prat (1943). No es una casualidad, pues se trata de un libro fundado en fuentes literarias como si, en definitiva, sólo la literatura tuviera exclusivo derecho a este prestigioso sello de marca.

Diccionarios y enciclopedias ajenas a España no ofrecen testimonio de una mayor apertura. La *Encyclopaedia britannica* ignora cualquier *Golden Century*. El Robert (tomo VI, 1969) no hace ninguna mención al Siglo de Oro español en las siete acepciones que descubre para el término «siglo». El *Grand Larousse encyclopédique* (tomo 9, 1964) no vacila en interesarse por el «Siglo de Luis XIV», pero muestra un desprecio soberano por el Siglo de Pericles, el Siglo de Oro del imperio romano o el Siglo de Oro español. La enciclopedia *Focus* publicada por Bordas —que sin embargo se califica con osadía de «enciclopedia internacional»— considera el «Gran Siglo», es decir, el XVII, y el «Siglo de las Luces», es decir, el XVIII, después de haber escrito para siglo: «Cualquier época especialmente célebre o por un descubrimiento, o por la existencia de un gran hombre, etc.».

En definitiva, fue un historiador francés actualmente desaparecido, Marcelin Desfourneaux, quien planteó mejor el problema en el prefacio a un libro, perfectamente construido por otra parte, *La vie quotidienne en Espagne au Siècle d'Or* (Hachette, 1964). Vale la pena citar íntegramente su texto:

Consagrada por el uso incluso en España, la expresión «el Siglo de Oro» es susceptible de una doble interpretación. O bien engloba todo el largo período —un siglo y medio— que va desde Carlos V al tratado de los Pirineos, y en el transcurso del cual el oro, y sobre todo la plata llegados de América, permiten a España sostener grandes empresas en el exterior y extender la sombra de su poderío sobre toda Europa, al mismo tiempo que, ya desde finales del reinado de Felipe II, se manifiestan en su vida interna unos síntomas inequívocos de desgaste económico. O bien se aplica a la época ilustrada por el genio de Cervantes, de Lope de Vega, de Velázquez y de Zurbarán, y durante la cual España, políticamente debilitada, se impone a sus vecinos por la irradiación de su cultura que, especialmente en el dominio literario, suscita más allá de sus fronteras y concretamente en Francia, una serie de imitaciones en las que se inspirará nuestro Gran Siglo.

Curiosamente, después de haber planteado con gran lucidez la alternativa y de haber sugerido la existencia de una diferencia cronológica entre un Siglo de Oro entendido en un sentido amplio, que integra los aspectos políticos, económicos y religiosos, y un Siglo de Oro limitado a los aspectos de civilización, Marcelin Desfourneaux no eligió.

Por tanto, me siento con entera libertad para proponer mi visión del Siglo de Oro porque, del mismo modo, no existe una clara doctrina a este respecto. Reconozco de buen grado que pueden defenderse otras concepciones con apoyo de serios argumentos. Pero el público merece algunas explicaciones suplementarias.

En primer lugar, como es natural, los contemporáneos no tuvieron obligatoriamente la impresión de vivir un «Siglo de Oro». Es un fenómeno clásico: es casi imposible tener una conciencia exacta del tiempo en el que se vive y que no constituye todavía esa abstracción bautizada como siglo, edad o época. Además, muchos contemporáneos tenían razones suficientes para quejarse de su tiempo y de las dificultades que encontraban para vivir y aun para sobrevivir. Para el juicio de la historia se requiere ese elemento esencial que llamamos perspectiva.

Ahora bien, en cuanto prueba de la perspectiva, es legítimo retener para España el concepto de Siglo de Oro aplicado a una parte de los siglos XVI y XVII y darle una acepción amplia si se considera la influencia que este país ejerció en el mundo y que no se refiere a los únicos modelos literarios y artísticos. Propongo llamar Siglo de Oro español «la memoria selectiva que conservamos de una época en la que España ha mantenido un papel dominante en el mundo, ya se trate de la política, de las armas, de la diplomacia, de la moneda, de la religión, de las artes o de las letras». Para que el público tenga una clara conciencia de la distanciación entre nuestra memoria y la realidad vivida por los hombres y las mujeres de aquel tiempo, el último capítulo de este libro, «Vivir en el Siglo de Oro», presentará un catálogo de situaciones que pondrán de relieve esta distanciación y sus grados, sus desigualdades. En la misma época, en un mismo país, numerosas gentes pueden vivir una edad de hierro, mientras que otros conocen un tiempo de esplendor.

No se encontrará en este libro el relato de las operaciones militares o navales sobre las que existen obras especializadas, pero sí podrá descubrirse en él los principios y los métodos de una política de defensa nacional y los soldados de los tercios. No se encontrará tampoco una historia de los acontecimientos políticos y diplomáticos que figuran en las historias generales, pero en cambio podrá hallarse en él la explicación de los mecanismos del poder y juzgar los medios en hombres y en dinero de que este poder dispuso para su política. Lo que propongo es una visión global del Siglo de Oro; no obstante, como un historiador no puede desdeñar la cronología cuya importancia es fundamental, he intentado constantemente indicar y explicar las rupturas, situar los accidentes, en ocasiones caracterizar las generaciones.

Me queda por justificar la selección de las fechas y definir lo que eran entonces el Imperio español y las Españas. 1525, mejor que 1516 —comienzo del reinado de Carlos I— o 1519 —elección de Carlos I como emperador, lo que le convierte en Carlos V— porque los inicios de este reinado no fueron afortunados. Se caracterizaron por una crisis política y social muy grave, la de las Comunidades de Castilla, respecto de la cual tenemos en francés el hermoso libro de José Pérez, crisis duplicada por la de las Germanías en Valencia y en Mallorca: de esta manera, los primeros años veinte fueron unos años de agitaciones y solamente en 1525 podemos considerar la pacificación acabada, la monarquía confirmada.

¿Por qué 1648? Dedicaré la conclusión de este libro a la destrucción de todo lo que constituyó el Siglo de Oro y realizaré entonces una amplia utilización de una cronología explicativa. Pero señalemos ya desde este momento que 1648 sitúa el final de la preponderancia militar de España, públicamente significada por graves derrotas, y el abandono definitivo de los Países Bajos del Norte consentido por los tratados de Westfalia, mientras que la España interior conoce una crisis de una extrema gravedad. En el plano demográfico, con el estallido de una terrible epidemia de peste bubónica, agravada por el hambre. En el plano político porque Cataluña y Portugal se sublevaron contra el rey y sus representantes, provocaron la caída de Olivares y prosiguen desde 1640 movimientos de carácter separatista, uno de los cuales desembocará en la recuperación de la independencia portuguesa. Es cierto que me veré obligado a precisar que los cambios decisivos se produjeron antes o después, pero 1648 es una fecha que adquiere valor de símbolo.

Pero, de hecho, ¿qué es entonces España? ¿Es preciso escribir «España» o «Españas», en singular o en plural? ¿Qué lugar

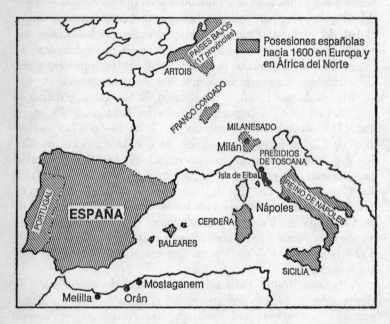

MAPA 1

El imperio español en Europa y en el Mediterráneo
(principales puntos de apoyo)

ocupa este país en la geopolítica de los siglos XVI y XVII? ¿Qué realidad encierra la expresión «Imperio español»? Indudablemente, las intenciones de este libro no se refieren más que a España *stricto sensu*; pero sería imposible comprender los destinos individuales y colectivos y muchos episodios importantes sin referencias a Italia, a los Países Bajos, a América...

En 1525 Carlos V, rey de España desde 1516, emperador desde 1519, no reina sobre un único reino español o, si se prefiere, no existe entonces «un reino de España». Bajo el nombre de España se reúnen los reinos de Castilla y de Aragón, a su vez resultado de una acumulación histórica (al igual que el reino de Francia), a los que la conquista militar incorporó en 1492 el reino musulmán de Granada y en 1512 el reino pirenaico de Navarra. Por otra parte, la relación de títulos de los actos oficiales da cumplida cuenta de esta acumulación. Éste es, por ejem-

MAPA 2

Las regiones españolas hacia 1600

plo, el comienzo de un acto oficial: «Don Carlos, por la gracia de Dios rey de Castilla, de León, de Aragón, de las Dos Sicilias, de Jerusalem, de Navarra, de Granada, de Jerez, de Valencia, de Galicia, de Mallorca ..., de las Indias orientales y occidentales ..., Señor de Vizcaya...».

Es indudable que el matrimonio de Fernando y de Isabel convierte al heredero de los Reyes Católicos en el soberano único de estos diferentes reinos, pero éstos conservan sus instituciones propias y su derecho privado. Si Carlos desea celebrar una conferencia con los representantes del país no puede reunir en una sola vez las cortes españolas. Debe convocar sucesivamente las Cortes de Castilla y las del reino de Aragón. Aún ha de considerarse afortunado si consigue reunir en un solo lugar, en una única ocasión, a los procuradores de Cataluña, de Valencia y del reino de Aragón. En la mayoría de los casos, necesitará tres localidades diferentes para tres sesiones distintas. Y en cada ocasión, es obvio decirlo, en el territorio afectado. También Navarra tiene sus cortes, que es preciso convocar en Pamplona o en alguna otra ciudad navarra.

Realidad de 1525, pero todavía realidad de 1648, por cuanto Olivares fracasó en su tentativa de unificación militar y fiscal. Una vez dicho esto, los reinos españoles ocupan los mismos territorios que la España actual, con la diferencia de que Cataluña, parte constitutiva del reino de Aragón, era más extensa, ya que incluía el Rosellón y la Cerdaña, regiones que Francia se anexionó en 1659 con ocasión del tratado de los Pirineos. Pero en 1525, y también en 1648, en la balanza de los reinos españoles, Castilla, mucho más extensa y cinco veces más poblada, pesa mucho más que Aragón; reúne, en efecto, todas las regiones del Noroeste (Galicia, Asturias, Santander, País Vasco), León, las dos Castillas *stricto sensu*, Extremadura y Andalucía.

La herencia reunida sobre la cabeza de Carlos V desbordaba ampliamente el territorio español. A partir del siglo XIII los reyes de Aragón se habían lanzado a una audaz política mediterránea. Ya en 1282 habían conquistado Sicilia, luego, en el siglo XIV, se habían apoderado de la isla de Cerdeña. En los primeros años del siglo XVI, aragoneses y castellanos terminan la conquista del reino de Nápoles, a pesar de la competencia francesa. De esta manera, España ejerce sobre Italia un dominio político que se reforzará en el transcurso del siglo XVI: en 1535, a la muerte del último Sforza, el futuro Felipe II se convierte en duque de Milán y el rey de España añadirá después de 1556 el ducado de Milán a la lista de sus títulos. Un poco más tarde, la ayuda suministrada por los españoles a Florencia para la conquista de Siena (1555) les proporcionará, a modo de salario, un cierto número de fortalezas en la costa toscana. Desde 1527, y durante un siglo, Génova se convirtió en aliada de España. En consecuencia, Italia se encuentra en la dependencia española, pero ejerce en contrapartida una fuerte influencia cultural, cuya impronta ha impregnado las letras y sobre todo las artes españolas.

Carlos era hijo de Felipe el Hermoso, el archiduque que había recibido de su madre María la herencia de Borgoña, cuyo componente más importante eran los Países Bajos, y de su padre Maximiliano de Austria los estados a los que más tarde se designará como «austríacos», además de una especie de derecho «moral» a la sucesión imperial. Tenemos, pues, a España presente en el Norte de Europa, en el Franco Condado, en Alemania, en los Países Bajos. Entre los historiadores muchos aseguran que ello significó su desgracia porque de esta manera se vio obligada, siguiendo a Carlos V, a gastar sus hombres y sus recursos en unas empresas que realmente no le concernían. Dicho esto, se ha de tener en cuenta que los contactos con los Países Bajos desempeñaron también un importante papel económico y cultural en la España del Siglo de Oro.

A partir de 1492 Castilla, que había descubierto América por medio de Cristóbal Colón, se apoderó de una gran parte de las regiones densamente pobladas del continente americano: en 1525 las Antillas, México y la mayor parte de América central ya habían sido conquistados y el inmenso «Perú», un Perú que se extendería desde Panamá hasta el Chile central, lo sería a su vez a partir de 1532. A finales del siglo XVI los españoles se instalan en las Filipinas. Simultáneamente, tras la toma de Granada en 1492, los castellanos habían adquirido en África del Norte unas cabezas de puente de un gran valor estratégico: Melilla, el Peñón de Vélez,

Mers-el-Kebir (1505), Orán (1509), Mostaganem, y a título más precario Tlemcen y Bugía. Sin ningún género de dudas, España es entonces, en el plano político y militar, una potencia mundial y solamente el Imperio otomano, su gran rival en el Mediterráneo, puede comparársele. A pesar de importantes reveses como el de la Armada Invencible en 1588, desmantelada por los ingleses y la tempestad, podemos considerar que esta situación se mantuvo hasta los años 1620-1630.

El Siglo de Oro coincide, por consiguiente, con un apogeo político que excedía indudablemente las fuerzas de España y que era portador, sin paradoja, de los gérmenes de la decadencia.

Capítulo 1

Proscenio:
Los personajes del espectáculo

Desfiles regios

Enero de 1560 en Guadalajara, Castilla la Nueva. La pequeña ciudad pule sus piedras y el pavimento de sus calles nunca estuvo más limpio, jamás más reluciente. Comenzado a finales del siglo XV aunque apenas acabado, el maravilloso palacio de los duques del Infantado, en el que los últimos resplandores del gótico han iluminado las formas danzarinas de los artistas mudéjares en un milagro de armonía, va a conocer su bautismo de nobleza. Felipe II, viudo por segunda vez, ha escogido este prestigioso palacio para celebrar su matrimonio —el tercero— con Isabel de Valois, la hija de Enrique II y de Catalina de Médicis. El duque del Infantado, uno de los primeros del reino, radiante con este honor, acude a recibir a la princesa de Roncesvalles, en compañía del cardenal de Burgos, don Francisco de Mendoza. Nada resultaba demasiado bello para una misión de semejante índole: el duque acompañado de señores de un rango inferior, cabalgando sobre unos caballos ricamente enjaezados, lleva consigo cincuenta pajes vestidos de raso y de brocado, y veinte guardias de escolta equipados fastuosamente. Acompañada por el cardenal de Bourbon y el duque de Vendôme, Isabel llega el 4 de enero a Roncesvalles. Tiene quince años, es morena y muy bella.

Lenta travesía de Navarra y de Castilla la Vieja, helada bajo los brillantes cielos del invierno. En Guadalajara, Felipe II aguarda a la hija del rey de Francia, para la que el destino vaciló de manera extraña: prometida en primer lugar a Eduardo VI de Inglaterra, más tarde, después de la muerte del joven rey, reservada o casi para don Carlos, el hijo de Felipe II, es finalmente ofrecida al mismo rey de España, quien había perdido dos años antes a su segunda esposa María Tudor y había sufrido el rechazo de Isabel de Inglaterra, como si el acceso de la joven princesa a la corona de España hubiera de estar rodeado de circunstancias relacionadas con Inglaterra.

En las puertas de la ciudad los miembros del concejo municipal de Guadalajara y otros nobles acuden a recibir a la reina. Ésta, cubierta con una capa de armiño y un sombrero en consonancia, adornado con hileras de perlas que realzan su belleza morena, cabalga sobre una yegua blanca, escoltada por el cardenal y el duque. La alta jerarquía de la Iglesia y la grandeza de España para acompañar a la reina junto al rey representan un evidente simbolismo. La princesa Juana recibe a Isabel de Valois en el admirable patio mudéjar de arcos polilobulados convertido actualmente en museo de Bellas Artes. Hay un solemne *Te Deum* y al día siguiente, 31 de enero, el cardenal de Burgos celebra en una de las grandes estancias del palacio la misa de matrimonio teniendo por testigos a la princesa Juana y al duque del Infantado: la reina lleva un vestido confeccionado con tejido de oro y amplias mangas, que produce un sorprendente efecto. Al atardecer, ante el palacio, una corrida de toros y un torneo de lanzas divierten a la nobleza mientras que, en honor de sus reyes, el duque cubre de fiestas la ciudad: alegres fuegos de artificio brillan encima de los tejados, las orquestas populares recorren las calles e invitan al pueblo a bailar en las plazas públicas, se ofrecen suntuosos banquetes a todos los presentes, fuentes de vino manan durante toda la noche...

Desde Guadalajara el cortejo nupcial llega a Toledo, donde la ciudad, que se encuentra en el apogeo de su esplendor, ha preparado una recepción antológica. 3.000 veteranos de los tercios españoles y una caballería mora se enfrentan en un combate simulado. El cortejo desfila en Toledo bajo los arcos de triunfo unidos unos a otros por guirnaldas de flores, coronadas con elogiosas expresiones a la gloria del rey, a la belleza de la reina. Los dioses del Olimpo también están presentes: Júpiter y Juno, Marte y Venus, Apolo y Diana. Mientras dura la estancia toledana, en honor de los soberanos alojados en el Alcázar, tienen lugar toda clase de fiestas: corridas de toros, torneos a pie y a caballo, y los lugareños de los alrededores acuden para ejecutar las graciosas danzas de La Sagra. Después, el cortejo regio se dirige en pequeñas etapas a Valladolid donde la fiesta comienza de nuevo y se sublima. Hasta que finalmente, tras cuatro meses y medio de correrías y de festejos, de una ciudad a otra, de una vieja capital a otra, después de haber girado lentamente en torno a Madrid, la nueva capital, el rey y la reina hacen su entrada en Madrid. Y Brantôme cuenta, refiriéndose a Isabel:

> La vi entrar en el coche, siempre junto a la puerta, ya que ese era su lugar ordinario, porque semejante belleza no debía permanecer recluida dentro, sino descubierta … No fui yo sólo quien la encontró tan bella, sino toda la Corte y el pueblo de Madrid.

¿Cuántas veces antes, en cuántas ocasiones después, se desarrolló este desfile regio durante el Siglo de Oro, a través de Castilla y de Aragón? Para cuatro reyes, Carlos V y los tres Felipes, se necesitaron ocho esposas, cuatro de las cuales para Felipe II, mientras que Carlos V y Felipe III no se casaron más que una sola vez. Pero el matrimonio del futuro Felipe II con María Tudor se celebró en Inglaterra y la soberana no vino nunca a España: de manera que entre 1525 y 1649, fecha del segundo matrimonio de Felipe IV, el espectáculo que acabamos de describir se renovó siete veces, con escasos matices de diferencia: únicamente cambiaban los acompañantes y los testigos, los grandes de la escolta y los teatros de las bodas, los paisajes descubiertos y los lugares atravesados. De esta manera los reyes y las reinas de España se mostraban con sus más hermosos atavíos ante algunos de sus más humildes súbditos, para la memoria de las generaciones.

Cuatro reyes y siete esposas, porque hemos de dejar a María Tudor en sus brumas inglesas. Al fin, en 1525, Carlos V contrae matrimonio. Se casa con su prima Isabel de Portugal, a la que acompañan hasta la frontera sus dos hermanos y la nobleza portuguesa; allí la aguardan, el 7 de enero, el arzobispo de Toledo, los duques de Calabria (Fernando de Aragón), de Béjar, de Medina Sidonia, los condes de Monterrey, de Aguilar, y de Benalcázar. Ceremonia solemne en la línea fronteriza, la futura emperatriz cabalgando como es costumbre sobre la yegua blanca convencional y las noblezas de Portugal y de España formando un círculo alrededor de ella, cada una en su propio territorio nacional. Después de lo cual, la regia cabalgata se dirige en pequeñas jornadas a Badajoz, después hacia Sevilla donde la futura emperatriz entra el 3 de marzo y es objeto de una recepción fastuosa. Carlos llega una semana después, el matrimonio se celebra con la solemnidad que podemos imaginar y los jóvenes esposos prolongan su luna de miel andaluza: luego de Sevilla, Granada, donde Carlos, sobrecogido por la belleza de la ciudad, ordena le construyan un palacio, que no llegará a conocer porque no tendrá oportunidad de volver a Granada. Sin embargo, la pareja imperial no se instala en Valladolid hasta noviembre. En esta ocasión, el desfile ha durado siete meses.

Cuando a su vez el príncipe Felipe desposa, en primeras nupcias, a una princesa portuguesa, María Manuela, su primera hermana, como él de quince años de edad, la joven doncella llega también esta vez por Badajoz, pero su escolta española la conduce hacia el norte hasta Coria, luego a Salamanca, donde se celebra el matrimonio. Felipe y algunos grandes señores, vestidos con atuendo de caza, acuden a sorprender a la princesa a algunas leguas de Salamanca: esta curiosidad clandestina de futuro marido creará escuela. Ya desde el 19 de noviembre de 1543, un mes después de la entrada de la princesa, una semana después del matrimonio, los jóvenes esposos se instalan en Valladolid. Fue, al parecer, un desfile reducido. Pero la respuesta es sencilla: Felipe no es más que el príncipe heredero y la joven María, que murió el 13 de julio de 1545, no llegó a ser reina...

Ana de Austria, cuarta y última esposa de Felipe II, de quien también era sobrina, recorrió en 1570 Castilla la Vieja desde Santander, donde había desembarcado, hasta Segovia, donde se celebraron las bodas y los inevitables festejos. La nueva reina, tan rubia y sonrosada como Isabel de Valois era morena, atravesó un reino todavía próspero, en el que se le dedicaron suntuosos festejos. Felipe II había enviado una embajada de 2.000 personas para recibirla en Santander, entre las cuales 150 músicos. Una docena de bufones lujosamente vestidos servían las comidas al tiempo que cantaban poemas rimados, acompañados por castrados con voces de sopranos. Burgos y Valladolid, etapas en el camino de Segovia, organizaron recepciones grandiosas. Pero en esta ocasión Felipe, acaparado por los asuntos de importancia política (la guerra de Granada y la preparación de la Liga Santa) no disponía de tiempo para viajar largamente con la reina: solamente vino a encontrarse con ella en Segovia.

En cambio, cuando Felipe III contrajo matrimonio con la archiduquesa Margarita de Austria, algunos meses después de su acceso al trono, el duque de Lerma, que ya había sido promovido al rango de favorito, organizó un recorrido de gran espectáculo: el matrimonio se celebró el 13 de noviembre de 1598 en Ferrara, por poderes. La reina se embarcó seguidamente en Génova y desembarcó el 18 de abril de 1599 en Valencia donde Felipe III la esperaba desde hacía dos meses (es cierto que el palacio del favorito se encontraba muy cercano, en Denia...). Tras la ceremonia de ratificación del matrimonio en Valencia, donde pasaron algunos días, los jóvenes esposos se dirigieron lentamente hacia Barcelona, visitaron el célebre monasterio de Montserrat, más tarde llegaron a Zaragoza y, finalmente, a Madrid, donde entraron el 24 de octubre de 1599: solamente cinco meses y medio de viaje desde su salida de Valencia.

Isabel de Borbón no era más que una niña de doce años cuando la casaron en 1615 con el príncipe heredero, el futuro Felipe IV, que no tenía más que diez. La recepción de la princesa presidida por Felipe III en persona se realizó según las normas en Burgos, pero no se trataba sino de esperanzas y el matrimonio no fue consumado hasta cinco años después. De manera que las fiestas se redujeron a las celebraciones convencionales. Pero, cuando en 1649, Felipe IV, viudo desde 1644, desposó a su propia sobrina Mariana de Austria, en un reino medio arruinado, asolado por una peste atroz que le dejará exangüe, y cuyos ejércitos coleccionan derrotas al igual que antaño las victorias, encontramos que el circo real ofrece la última gran representación del Siglo de Oro. Salida de Viena, Mariana atraviesa Italia, navega, desembarca en Denia. El almirante de Castilla acude a presentarle sus respetos y a ofrecerle una joya, obsequio del Rey. La principesca procesión camina a lo largo de las orillas del Mediterráneo hasta Navalcarnero, localidad elegida para la celebración del matrimonio, recibe por el camino a los grandes señores, uno tras otro, un regalo de calidad tras otro. El 3 de octubre en Navalcarnero, donde Felipe, disfrazado, esperaba a su prometida austríaca, la fiesta estalla: música, luces, fuegos de artificio, comedias y corridas de toros. El día 4, el cardenal arzobispo de Toledo celebra el matrimonio. Y, al igual que en el pasado, el cortejo nupcial transcurre en torno a Madrid. Pasan la noche de bodas en el Escorial, severo decorado para la joven esposa, pero las praderas y los bosques vecinos son ricos en caza mayor y durante tres semanas la corte se dedica a cazar hasta el agotamiento: primero en el Escorial, luego en el Pardo, seguidamente en el Buen Retiro adonde la regia pareja llega el 2 de noviembre después de haber pasado bajo innumerables arcos de triunfo en los que los dioses del Panteón clásico han reemplazado a los patronazgos cristianos. El vino todavía mana en las fuentes públicas. El Buen Retiro celebra doce días de festejos: bailes de máscaras, comedias y corridas de toros, hasta que finalmente, el 15 de noviembre, los soberanos se retiran al Alcázar.

EL OFICIO DE REINA

El oficio de reina consistía en tener muchos hijos: era preciso que una reina de España trajera al mundo a numerosos príncipes y a una gran cantidad de infantas para asegurar la sucesión y para ofrecer abundantes posibilidades a la estrategia matrimonial del monarca y de sus consejeros. De esta manera, de la sucesión de matrimonios procedía la acelerada sucesión de nacimientos, ciclo interminable de intensos regocijos y de funerales desolados porque la mayoría de estas criaturas principescas moría a temprana edad: la excesiva juventud y la inmadurez biológica de las madres, el carácter frecuentemente incestuoso de estos amores reales, la insuficiencia de los médicos y de las atenciones acumulaban las defunciones prematuras. Si no me equivoco, desde 1527, fecha del nacimiento del futuro Felipe II, hasta 1661, año en el que nace el futuro Carlos II, y sin tener en cuenta los embarazos interrumpidos, las reinas o futuras reinas de España tuvieron treinta y cuatro infantas o infantes, uno cada cuatro años por término medio. Ahora bien, diecisiete de ellos, exactamente la mitad, no alcanzaron su décimo año de vida. Así ocurrió en el caso de cuatro de los cinco hijos de Ana de Austria, cuarta y última esposa de Felipe II; con cinco de los siete hijos de Isabel de Borbón, primera esposa de Felipe IV. El sexto, Baltasar Carlos, esperanza de la monarquía, príncipe encantador inmortalizado por los pinceles de Velázquez, murió antes de alcanzar su decimoséptimo aniversario y únicamente la última hija, María Teresa, vivió lo suficiente para casarse con Luis XIV y llegar a ser reina de Francia. Muchos infantes e infantas, como Juan y Fernando, hijos de la emperatriz Isabel, o las dos Margarita María, hijas de Isabel de Borbón, no vivieron sino algunas horas o algunos meses. Por añadidura, las reinas arriesgaban su vida con ocasión de estos nacimientos repetidos: Isabel de Portugal murió al dar a luz a un hijo nacido muerto. Isabel de Valois se encontraba embarazada cuando falleció a los veintitrés años, a consecuencia de un error de los médicos. De esta manera, escribe Brantôme, «la reina Isabel ha muerto en la más bella y floreciente primavera de su vida». El octavo hijo de Margarita de Austria, Alfonso, le costó la vida.

Los que sobrevivieron llegaron con frecuencia a ser coronados: los tres Felipes, evidentemente; también el desgraciado Carlos II que arrastró una triste existencia de enfermo aterrorizado. Juana, hermana muy querida por Felipe II, se convirtió en reina de Portugal. Isabel Clara Eugenia, primera hija de Felipe II y de Isabel de Valois, tuvo una imagen digna como gobernadora de los Países Bajos. Dos de las hijas de Felipe III y de Margarita de Austria llegaron a reinar: Ana de Austria, esposa de Luis XIII y reina de Francia; María, reina de Hungría; igualmente dos de las hijas de Felipe IV: María Teresa, reina de Francia, y Margarita

María (nacida de la unión de Felipe con Mariana) que gracias a su matrimonio con Leopoldo llegó a ser emperatriz.

Además de los reyes, las figuras más notorias, para bien o para mal, fueron en primer lugar, el inquietante y lamentable don Carlos, hijo de Felipe II y de María Manuela de Portugal, muerto a los veintitrés años en circunstancias extrañas; después, don Juan de Austria, hijo natural de Carlos V y de una voluptuosa alemana, Bárbara de Blamberg, el más ilustre «bastardo» del siglo porque alrededor de la cuna de este hijo se habían agrupado las hadas. Antonio Tiepolo lo presenta con estas palabras: «A sus veintitrés años es amado por todos, es hermoso y podemos afirmar con razón que goza de una inmensa consideración, puesto que cuando se dispuso a acudir en socorro de Malta la mayor parte de la nobleza quiso acompañarlo». La victoria de Lepanto hizo ascender hasta la cúspide el prestigio de este príncipe inteligente, valiente y simpático. Podemos cerrar la lista con Baltasar Carlos, milagro evanescente de encanto y de inteligencia, y con el cardenal infante Fernando, hijo de Felipe III, hábil para la guerra y político perspicaz, desaparecido demasiado pronto a sus treinta y dos años, en 1641.

RETRATOS REGIOS

Estos príncipes y estas princesas pueblan las telas de la pintura de la corte en el Siglo de Oro, ornato actual de los museos, de los palacios y de las colecciones particulares. Representan las figuras destacadas del espectáculo que la monarquía española propone a Europa y a sus pueblos. Aunque la opinión popular, reducida a la corte y a la villa, tuvo sus reinas preferidas, como Isabel de Portugal, Margarita de Austria y las dos Elisabeth francesas, convertidas en Isabel de España, porque se ganaron los corazones por su personalidad, su bondad y su belleza, Europa se preocupaba poco por las reinas. Los embajadores venecianos, jueces lúcidos y sin concesiones, nos ayudan, entre otros, a conocer mejor a los monarcas, a prolongar la inquisitiva mirada de los pintores.

En lo que se refiere a Carlos V, disponemos, ciertamente, de los admirables retratos de Tiziano: del emperador de Bolonia, todavía joven (tenía treinta años en 1530), de una prestancia indudable a pesar de su interminable mandíbula inferior, fuerte con la seguridad que dan las victorias, al combatiente envejecido de Mühlberg en 1547, con el rostro crispado y la mirada llena de ansiedad, hasta el emperador agotado del retrato de Innsbrück, hay el largo camino de las guerras recomenzadas, de los tratados de paz frágiles, de una Alemania desunida, de un concilio incierto... Hacia el final de su carrera, en vísperas de su abdicación, el embajador veneciano Badoaro hace de él el siguiente esbozo:

> Es de estatura media y de aspecto grave. Su frente es amplia; los ojos azules, con una expresión de energía; la nariz aguileña y un poco torcida, la mandíbula inferior larga y ancha lo que le impide juntar los dientes y hace que se entienda con dificultad el final de sus frases; le quedan pocos dientes delanteros y están llenos de caries. Su tez es hermosa; su barba corta, espesa y blanca. Es de proporciones correctas. Sufre continuamente de hemorroides y con frecuencia de gota, que llega a paralizar totalmente sus manos.
>
> El Emperador siempre ha cometido excesos en la mesa... Dondequiera que haya estado, se le ha visto dedicarse a los placeres del amor de una manera inmoderada con mujeres de todas las condiciones. Según el testimonio de personas próximas a su Corte, jamás ha sido generoso ...

Este retrato de un hombre cercano a la muerte no representa más que un momento de Carlos V, al igual que los retratos de Tiziano. Carlos V fue un personaje poco común. Nacido en Gante, flamenco que no conocía nada de España, llegó a apreciar este país y quiso morir en él, en el monasterio jardín de Yuste, después de su abdicación. Viajero infatigable, se le vio en todas las partes europeas de su imperio, en Gante y en Bruselas, en La Coruña, Valencia, Sevilla o Granada, en Worms, Ratisbona o Augsburgo, en Milán y en Cerdeña, en Génova o en Bolonia. Se reunió con Enrique VIII en Londres y con Francisco I en Aigües Mortes. Emperador caballero, lo vemos combatir en Túnez, en Mühlberg y en Lorena; tenía cuarenta y siete años en Mühlberg y cincuenta y uno cuando acudió a poner sitio a Metz. Era de un apetito insaciable, ya desde el desayuno se tomaba una escudilla de caldo de gallina enriquecido con leche, azúcar y especias; la comida del mediodía constaba de un gran número de platos y hacía una colación hacia el final de la tarde, una última comida a medianoche. Si bien es cierto que tuvo numerosos amores es de justicia decir que fue antes de su matrimonio (en 1525) y después de su viudedad acaecida en 1539, porque sus catorce años de vida conyugal con la emperatriz Isabel constituyeron un período de un amor apasionado. Capaz de una dureza próxima a la crueldad, como lo demuestran la represión de las Comunidades y la de la revuelta de Gante por ejemplo, Carlos prosiguió hasta el final el sueño de una cristiandad reconciliada bajo el patronazgo imperial. Influido por el pensamiento de Erasmo, buscó sinceramente el acuerdo con los protestantes alemanes, y el papado permaneció durante largo tiempo sordo ante sus requerimientos de convocar un concilio. Pero es indudable que esta política, a la vez idealista y ambiciosa, a escala de la cristiandad occidental, no tuvo en cuenta los intereses y las aspiraciones de los reinos españoles.

En la misma relación enviada al senado veneciano en 1557, en la que anunciaba la salida del envejecido emperador, a punto de sancionar su fracaso por medio de su abdicación, Federico Badoaro presentaba el nuevo rey, Felipe II, con cierta complacencia:

Es de estatura pequeña y sus miembros son finos. Tiene la frente despejada y hermosa, grandes ojos azules, las cejas espesas, la nariz bien proporcionada, la boca grande y un labio inferior grueso que le causa alguna molestia. Lleva la barba corta y en punta. Es de piel blanca y de cabello rubio, lo que le hace parecerse a un flamenco. En cambio su aspecto es altivo porque su comportamiento es español... Por lo que puede apreciarse es religioso. Todos los días oye misa y asiste a los sermones y a las vísperas con ocasión de cada fiesta solemne. Ordena distribuir limosnas regularmente ...

Tiene una buena cabeza, es capaz de tratar importantes asuntos; pero carece de la actividad que exigirían las medidas que se han de tomar para la reforma de tantas ciudades y reinos; no obstante, trabaja mucho y en ocasiones demasiado, si tenemos en cuenta la debilidad de su temperamento...

Badoaro advertía también que este príncipe de apariencia impasible cedía a veces a una hilaridad sin límites en el secreto de sus apartamentos. Lo consideraba generoso, muy atraído por las mujeres; capaz de prudencia política. Hablaba bien el latín, comprendía el italiano y un poco el francés, tenía aprecio por las bellas artes, y le gustaban la historia y la geografía. En conclusión, puede decirse que fue «un príncipe dotado con numerosas cualidades dignas de elogio».

El esbozo de Badoaro describía perfectamente a Felipe en su apariencia física. Los cuadros de Pantoja de la Cruz y de otros pintores menores nos muestran claramente al mismo monarca rubio y blanco, con los ojos azules, tan poco conforme con la representación clásica del español. El grueso labio inferior que otro embajador veneciano, Antonio Tiepolo, observa en 1567, precisando que es característica de los príncipes de la casa de Austria, se ha convertido ya en el belfo de los Austrias que estará mucho más acentuado todavía en Felipe III y Felipe IV. Pero el hijo de Carlos V era perfectamente consciente de ese detalle de su anatomía, puesto que en una carta a sus hijas hace bromas con ello subrayando que su hermana Juana presenta el mismo rasgo. Por lo demás, Badoaro realiza unas observaciones interesantes: es cierto, por ejemplo, que Felipe II era muy diferente en la intimidad del personaje oficial que representaba en público. Las cartas a sus hijas, descubiertas por Gachard en Turín, y escritas desde Lisboa en los años 1581-1583, revelan a un padre preocupado y afectuoso que pide noticias sin cesar y se regocija cuando las cartas de sus hijas son largas, se inquieta por la salud de todos, se interesa en los progresos de la dentición de la más joven (al tiempo que ironiza sobre la pérdida de sus propios dientes), manifiesta su preocupación con palabras veladas por el retraso en la pubertad de la mayor, cuenta noticias de los bufones reales, refiere sus partidas de pesca o de la caza del zorro y evoca la nostalgia de la campiña: «Y lo que más echo en falta es el canto de los ruiseñores y hace mucho tiempo que no he podido escucharlo porque esta casa está alejada del campo».

La inclinación de Felipe por las mujeres está testimoniada por otras plumas y se le conocieron diversos amores. Parece que vivió años felices con Isabel de Valois muerta muy joven. El embajador francés Fourquevaux no olvida señalarlo a Catalina de Médicis e indica que Felipe II acoge con satisfacción el nacimiento de sus hijas, tanto como si se tratase de hijos. Isabel por otra parte comenta al embajador que le es indiferente tener un niño o una niña y añade: «No me inquieto por ello, porque el rey mi marido me asegura que está más contento que si fuera un varón». Felipe, en cualquiera de los casos, se entregó con delectación a los placeres de la carne y no se convirtió en el «Rey monje» sino mucho más tarde.

Sin embargo, la imagen de este monarca es múltiple: ¿cuáles fueron realmente sus relaciones con su hijo don Carlos y qué sucedió exactamente en la muerte de este príncipe? ¿Ordenó Felipe II la muerte de Escobedo, secretario de su hermanastro don Juan de Austria, o bien sencillamente cerró los ojos ante el crimen cuyo inspirador fue sin lugar a dudas el secretario de Estado Antonio Pérez? ¿Estaba realmente celoso Felipe II de los éxitos militares de don Juan de Austria o, más tarde, de los de Alejandro Farnesio? Preguntas difíciles a las que no se ha dado ninguna respuesta enteramente satisfactoria.

No se puede dudar de su aplicación en el trabajo. Es indiscutible el sentido de sus responsabilidades. Ciertamente, posee aptitudes para hacerse obedecer y servir. Pero también tiene una dificultad para tomar decisiones molestas y perjudiciales, una preocupación exagerada por el detalle y, paralelamente, una sensible carencia de amplitud de miras, una comprensión insuficiente de su tiempo, una concepción excesivamente rígida de su religión y de la relación de los hombres con Dios y un rigor casi inhumano que podría tomarse por insensibilidad si no existiesen pruebas de lo contrario. Para resumir, un rey digno de este nombre, sin duda un poco inferior a su tarea, pero se ha de reconocer que ésta era inmensa, casi imposible, y Sancho de Moncada llegó demasiado tarde para Felipe II, que soñaba con crear en el palacio una universidad donde se enseñase a los príncipes herederos la política y la economía...

Felipe III se convierte en rey a los veinte años... Su padre le había juzgado, lúcidamente y sin complacencia. Se le atribuye ese comentario: «Dios, que me ha dado tantos reinos, me ha negado un hijo capaz de gobernarlos». Sin embargo, el príncipe había tenido buenos maestros: don García de Loaysa, futuro arzobispo de Toledo; el austero portugués Cristóbal de Moura. Había estudiado latín, historia, el arte náutico, la estrategia y conocía el francés y el italiano. Buena persona, quizás, aunque abúlico, lo bastante desprovisto del sentido de sus responsabilidades como para confiar los cuidados del gobierno y del estado al duque de Lerma que hizo de su familia y de sus aliados una banda y de los reinos de la monarquía una presa. Mera apariencia de rey, al que el traje de cazador de Velázquez resume perfectamente porque la única pasión de Felipe III fue la caza, a la que se entregaba con delectación en las proximidades de Madrid: el Pardo, Aranjuez, el Escorial, y, aún más lejos, en los parajes de Valladolid, en Rebollar de Tordesillas, o en los carvajales cercanos a Zamora. En 1603, en La Ventosilla, cerca de Burgos, permaneció durante quince días, levantándose a las cuatro de la madrugada para regresar a las once de la noche. Apasionado jugador de cartas, aunque perdiera fuertes sumas en beneficio de Lerma o de ricos compañeros de juego genoveses, aficionado a los toros como podemos deducir de las Relaciones de Cabrera y, para concluir, muy devoto. Pero con una devoción convencional, aunque sincera, incapaz de inspirarle una preocupación más intensa que sus súbditos.

De Felipe IV se puede decir que fue más inteligente que su padre, sin lugar a dudas. Dotado de buen gusto e incluso de perspicacia en pintura, en escultura y quizás hasta en literatura. Bajo su reinado Madrid acumula los tesoros: el rey ordena comprar telas de Rafael, del Tiziano, de Carroggio, de Tintoretto...

El conde de Monterrey trae de Nápoles, donde ha estado como virrey, una magnífica carga de piezas de plata, tapices, esculturas de marfil y de piedras preciosas. El marqués de Leganés, sobrino de Olivares, consigue en Flandes una colección de objetos de arte igualmente prestigiosa; también de Flandes, donde lleva a cabo una guerra de reconquista, el «cardenal infante» envía cajones enteros con un rico botín en el que abundan los objetos de arte. En otros tiempos, en otras circunstancias, Felipe hubiera dirigido con talento una galería de arte.

Pero se trataba de ser rey. Del mismo modo que su padre, carecía de la vocación de la realeza. Muy diestro caballero, le gustaba la caza al igual que a su padre y también en esta ocasión Velázquez nos ofrece su testimonio. Sobre todo, perseguía a las mujeres con un ardor insaciable. Así como su padre había abandonado en el duque de Lerma el gobierno de sus reinos, él se descargó de esta tarea en el conde duque de Olivares, al que algunos autores acusan de haberle proporcionado generosamente sus amantes. En los años cuarenta del siglo XVII, cuando se hizo patente el fracaso del conde duque, lo reemplazó por Luis de Haro, de la misma manera que su padre había sustituido a Lerma por Uceda. Con frecuencia lúcido —así lo demuestra la asombrosa confesión epistolar que periódicamente dirigía a una religiosa lejana, sor María de Agreda— no tenía la energía suficiente para asumir sus responsabilidades y su función; se aturdía con bailes de máscaras, comedias, corridas de toros, carnavales de travestidos, grandes partidas de caza y aventuras de alcoba. Creyente e inquieto, como lo demuestra el asunto de las religiosas de San Plácido que pone de manifiesto a la vez su credulidad y su «voyeurismo», podía ser patético.[1] Desesperado después de la muerte de Baltasar Carlos en la que se sentía inclinado a ver un castigo del cielo, escribe a sor María de Agreda: «He perdido a mi único hijo, este hijo cuyo precio vos conocíais».

1. Este asunto escandalizó la crónica madrileña de 1628 a 1633. La abadesa y las religiosas del convento, a pesar de sus mortificaciones, se creían poseídas por el demonio. Su confesor, un benedictino, aprovechó esta situación para consumar unos placeres muy terrestres. Felipe IV asistió, de incógnito y disfrazado, a contemplar algunas escenas de posesión y de exorcismo.

El tiempo de los privados...

El apartamiento político de los reyes a partir de la muerte de Felipe II proyecta sobre el escenario, a plena luz, a sus sustitutos, esos validos o privados que serán todos ellos escogidos hasta el final del Siglo de Oro, en la alta nobleza. En la época de Carlos V y de Felipe II los secretarios de Estado habían ejercido indudablemente funciones muy importantes, pero jamás se habían conducido como si detentasen personalmente el poder. Francisco de los Cobos, Gonzalo Pérez, Antonio Pérez antes de caer en desgracia, Mateo Vázquez de Leca, cuyo origen era relativamente modesto, fueron unos colaboradores valiosos, competentes, cuyos poderes reales eran considerables, pero trabajaban en la sombra y en cuanto se refería a las cuestiones importantes el rey tomaba la decisión final... o al menos parecía tomarla. En la segunda mitad del Siglo de Oro la situación se transformó totalmente: el duque de Lerma y el conde duque de Olivares fueron, de hecho, reyes de España mientras duró su privanza. En lugar de dedicar una obra al «príncipe ideal», ejercicio literario que estaba de moda en la Europa de aquel tiempo, Quevedo publicó su *Como ha de ser un privado*.

He sugerido ya que don Francisco de Sandoval y Rojas, cuarto conde de Lerma, elevado al rango de duque desde 1599, había actuado exactamente como un jefe de una banda, como un maestro de la extorsión, y rechazo la acusación de anacronismo porque los conceptos que definen los vocablos de banda y de extorsión son los que mejor convienen, el de nepotismo no es suficiente. Bien se trate del ir y venir de la corte entre Madrid y Valladolid, del asunto de las Cortes de Madrid en 1607 que votaron al rey un servicio de 300 millones de maravedís, de la expulsión de los moriscos en 1609-1610, todo se acomoda y concuerda. Lo cierto es que, medio arruinado en 1599, don Francisco era inmensamente rico en 1602, y pudo constituir un mayorazgo considerable para su hijo, el conde de Saldaña. En todos los altos cargos del estado, en las prebendas más fructíferas, Lerma instaló a sus parientes o a sus hombres de paja: sus hijos, su hermana, sus tíos, uno de los cuales fue promovido arzobispo de Toledo a la muerte de su titular en 1599, sus yernos, sus nietos, sus cuñados que fueron nombrados virreyes, uno de Nápoles, otro de Perú, y también su criado, su vasallo y confidente, Rodrigo Calderón, convertido en marqués de Sieteiglesias, pero que tras la caída del favorito sirvió de chivo expiatorio y murió en el cadalso. Se podría escribir toda una historia acerca de la manera en que el duque de Lerma y su camarilla esquilmaron al país durante casi veinte años.

Don Gaspar de Guzmán, conde duque de Olivares, era desde luego un personaje de otro talante. De una ambición excesiva, por supuesto, pero por muy extraña que pueda parecernos hoy esta ambición, no lo era más que la del cardenal Richelieu, su contemporáneo y rival; y no era mediocre porque no se refería solamente a la carrera o a la familia del conde duque, sino a España, a la que Olivares asignaba un papel conductor en Europa. Ciertamente se trataba de defender la herencia más que de enriquecerla, especialmente en el norte donde las Provincias Unidas se emancipaban de la tutela española.

Tenemos la suerte de poseer un estudio biográfico extraordinario sobre la personalidad de Olivares, el de Gregorio Marañón, en el que el médico acude en ayuda del historiador. El conde duque, que había realizado amplios estudios en la Universidad de Salamanca, era un hombre cultivado, le agradaban la literatura y las bellas artes. Personalmente desinteresado, no aprovechó su largo ejercicio del poder para saquear el estado y, ni siquiera después de su caída, no pudiendo sus adversarios hacerle algún reproche en este sentido. Si bien es cierto que favoreció a su familia, no practicó el nepotismo insultante de Lerma. Trabajador infatigable, cuyas jornadas se iniciaban con frecuencia a las cinco de la madrugada, estudiaba los informes, presidía los consejos, multiplicaba las audiencias y tenía al rey al corriente de la marcha de los asuntos presentándole cada noche un balance de la jornada. Para gobernar las Españas renunció a todas las diversiones salvo a la caza, a la que también era muy aficionado y donde podía encontrarse cerca del rey. Orgulloso en exceso, sin duda, y poco inclinado a escuchar los consejos, se encontraba muy lejos sin embargo de estar poseído por las certezas: de temperamento ciclotímico, pasaba de la exaltación al abatimiento; en confidencias a varios de sus corresponsales (como, por ejemplo, a Isabel Clara Eugenia y al cardenal infante) confesaba sus vacilaciones y sus angustias. Muy sensible, estuvo profundamente afectado por la muerte de su hija María, a la que adoraba y se entregó decididamente desde entonces, en 1626, a la austeridad y a la piedad. Generoso y caritativo, sin embargo no era consciente del exagerado esfuerzo que imponía a España.

En cierta manera Olivares fue un hombre de estado adelantado a su tiempo. Al necesitar el apoyo financiero de los marranos (judíos convertidos de origen portugués), sobre todo después del alejamiento de los genoveses (es decir después de 1627), supo conseguir de la Inquisición que les evitase molestias y que se abstuviera de perseguirlos sistemáticamente por criptojudaísmo, salvo en casos flagrantes. De esta manera practicó respecto de los conversos una inteligente tolerancia poco extendida en su tiempo. Tenía una concepción moderna del estado y quiso hacer de España un reino auténticamente unificado, en especial en materia de fiscalidad y de defensa nacional y por ello concibió el sistema de la Unión de Armas.[2] Sin duda el carácter de España se acomoda mejor con la pluralidad de los sistemas institucionales y Olivares perdió la partida; se trataba no obstante de un gran proyecto que acabaría imponiéndose menos de un siglo más tarde y del que él esperaba la salvación de España. Pero con los años cuarenta el Siglo de Oro languidecía y la salvación de España no residía ya en la grandeza.

El duque de Uceda, sucesor del duque de Lerma como valido (precisamente era el propio hijo de Lerma), Baltasar de Zúñiga, tío de Olivares, que precedió al conde duque en el poder durante algunos meses, y Luis de Haro, sobrino de Olivares, al que reemplazó, desempeñaron unos papeles secundarios en el gran espectáculo del Siglo de Oro: carencia de personalidad, falta de tiempo, o, en el caso de Luis de Haro, entrada en escena demasiado tardía.

Los reyes, las reinas y sus infantes, los validos y sus hombres de confianza se esforzaron demasiado para parecer importantes. La

2. Ver capítulo 3.

etiqueta española, importada de Borgoña, imponía la solemnidad de las actitudes y de los comportamientos públicos. El rey y la reina no debían sonreír. El vestuario de las reinas consistía en anchas sayas y miriñaques, pesados y amplios, que hacían desaparecer los cuerpos y sus movimientos. Las reinas españolas daban la impresión de deslizarse lentamente; se decía que no tenían pies... Los reyes interpretaban el papel de divinidades casi inaccesibles, cuando sabían que no se trataba más que de un rito: una audiencia, suponiendo que se llegase a conseguir, era precedida de una larga espera, alternada con paradas sucesivas en una serie de salones.

El carisma de la persona regia y el abuso de ceremonial contribuían a crear esta distanciación entre los miembros de la familia real y sus súbditos. Todo acontecimiento de alguna importancia aparente, nacimiento principesco, victoria militar o recepción de un príncipe extranjero, era amplificado por el ambiente festivo que se le otorgaba y se convertía de pronto en algo desmesurado. El brillo de los uniformes y de los trajes, el empleo del oro, de las piedras preciosas y de las telas de elevado precio, la construcción de palacios suntuosos adornados con los prestigios del arte participaban en la creación de la ilusión y así el pueblo podía creer que sus reyes y sus príncipes eran de una esencia diferente en la que se reconocía la huella de Dios.

Sin embargo estas gentes, que sentían plenamente la humildad de su condición, eran mucho menos importantes aún de lo que se creían. ¿Qué queda, a escala de la historia, de este desfile permanente hinchado por cronistas de estilo gongorino? Las personalidades de Carlos V, de Felipe II y de Olivares. Pero ninguno de estos tres hombres ha tenido en la historia la importancia de algunos de sus súbditos, por ejemplo, de Hernán Cortés, de Ignacio de Loyola o de Miguel de Cervantes, si hemos de limitarnos a no nombrar más que a tres...

... Y EL DE LOS BUFONES

La pintura de la corte, la de Velázquez, de Sánchez Coello, de Alonso Cano o de Antonio Moro, nos propone un fecundo tema de reflexión. Al lado de los reyes, de las reinas, de las infantas, o de los validos, al igual que ellos en el primer plano, lo suficientemente importantes para merecer retratos dedicados a ellos solos, nos encontramos con los bufones, esos hombres de placer, «pequeños héroes que divirtieron al Viejo Alcázar». Un historiador meticuloso ha contado 73 de estos pequeños héroes a lo largo del período del Siglo de Oro, y algunos de ellos fueron inmortalizados por el genio de un pintor. Velázquez, por no citar más que a él, instaló en sus telas los rostros de don Sebastián de Mora, de Calabacillas, de Pablillos de Valladolid, de Pernia o de don Diego de Acedo, aunque también, en *Las Meninas*, los de Mari Barbola y de Nicolasito Pertusato. Otros nombres son igualmente famosos: Estebanillo, Barbarroja, Juan Rocafull, Juan Bautista de Sevilla...

La presencia de un enano cerca del rey, como Soplillo situado en la proximidad de Felipe IV, o de una enana junto a una infanta, ¿tiene como único objetivo realzar la majestad del monarca, la grandeza de la dinastía? Si en *Las Meninas* la infanta Margarita María aparece rodeada de anormales o de enanos (Mari Barbola, Nicolasito Pertusato) ¿es solamente para destacar más su belleza? ¿Por qué entonces Felipe II se interesaría, en las cartas que desde Lisboa escribe a sus hijas, por darles regularmente noticias de Magdalena Ruiz y de Morata «el loco», por qué les comenta las torpezas de Magdalena y las crisis de Morata? ¿Por qué Felipe IV aceptaba jugar al ajedrez con Juan Bautista de Sevilla, por qué el mismo Felipe IV soportaba que Barbarroja le hiciera comentarios francamente subversivos?

Existe sin duda en la inclusión en el círculo familiar de enanos, bufones y de locos la persistencia en España del homenaje dedicado a la locura, categoría mental no ya despreciable, sino diferente, más próxima quizás a lo divino. Si también los grandes, a imagen de los reyes, se rodean de enanos o de locos, es sin duda porque, según Erasmo, «sin la salsa de la locura todo festín es insípido»; si embargo, la presencia de «anormales» representa so-

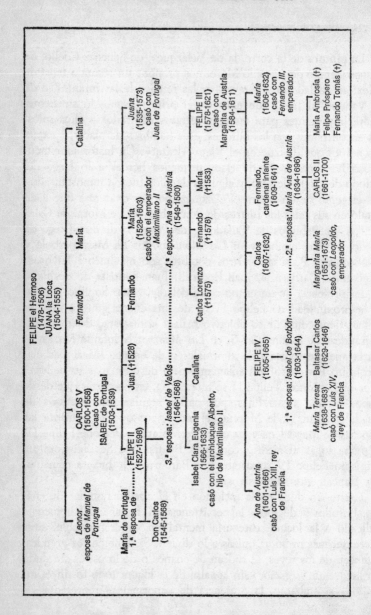

Genealogía abreviada de los Austrias de España en los siglos XVI y XVII

bre todo para los reyes y los príncipes una función de equilibrio. Con los «anormales» los miembros de la familia real, obligados por la etiqueta al deber de la impasibilidad, encuentran la naturalidad de las relaciones humanas, dejan entera libertad a su afectividad sin tener que temer que sus acompañantes se aprovechen de ello para arrogarse una parcela de poder o algún privilegio. Con frecuencia el monarca, o la infanta, aparecen representados con una mano sobre la cabeza de un enano o de un bufón: Felipe IV con Soplillo, Isabel Clara Eugenia con Magdalena Ruiz o alguna otra enana, etc. Sin lugar a dudas, es una manera de sugerir la protección regia, la solicitud respecto del ser disminuido o desgraciado. Pero también, seguramente, es un modo de participar en el misterio de esos extraños espíritus, de recoger la luz insólita de esas almas.

Colocados por el destino en el proscenio, vestidos de brocados y de terciopelos de seda, adornados con oro y con diamantes, actores principales de fiestas resplandecientes, habituados al elogio y a la sumisión, los reyes, los príncipes y sus validos conocían su debilidad y su miseria, sabían perfectamente que un día se encontrarían con la muerte, lo mismo que los demás hombres y al lado de los bufones aprendían la desgracia. Al contrario que el emperador Adriano[3] de Marguerite Yourcenar, no se sentían dioses.

---

3. Esta «conciencia divina» de Adriano le impulsaba a un mayor rigor consigo mismo, le forzaba a una superación. Los Austrias de España, a pesar de la «conciencia regia» de Carlos V y de Felipe II, no sintieron la necesidad de esta superación.

Capítulo 2

LOS HOMBRES DEL REY

Entonces, ¿quién gobierna las Españas? Es el rey, sin duda; pero, más tarde, el favorito. Carlos V, Felipe II, el duque de Lerma y el conde duque de Olivares tomaron las decisiones políticas, es innegable. ¿Puede afirmarse por ello que las concibieron enteramente? Evidentemente, no. No sólo las condiciones técnicas de la época imponían una circulación lenta de la información, sino que también las leyes exigían unos relevos del poder, desde el centro de decisión hacia la periferia y recíprocamente.

La concepción de la monarquía y de la sociedad

El absolutismo español conoció también entonces su «edad de oro». En 1600, Martín González de Cellorigo, uno de los reformadores más audaces de su tiempo, define el poder de los reyes como un principio absoluto de creación divina y de carácter sagrado, que no soporta el menor menoscabo:

> Los Principes y Reyes como quiera que sean, han de ser inviolables de sus subditos, y como sagrados, y imbiados de Dios. Tenga el subdito quantas quexas se puedan imaginar ò no las tenga, que por muy justificadas que las quiera hazer, no pueden ser causa de levantar los ojos, ni mudar la lengua contra su Rey.

Los escritores políticos ven en la sociedad terrestre una proyección del orden celestial. Esta proyección ha sustentado dos esquemas que consideran ambos la desigualdad como «estado natural de la sociedad humana antes del fin de los tiempos» y que se inspiran los dos en la Antigüedad, uno en Aristóteles, otro en Plutarco, pero que fueron reelaborados en función de los nuevos datos de la sociedad cristiana. Estos dos esquemas aparecieron en Francia a lo largo de los siglos XI y XII, definidos por unos obispos como Adalbéron de Laon, Gérard de Cambrai, Juan de Salisbury, obispo de Chartres. Los encontramos de nuevo con idéntica formulación en España y no es raro en los siglos XVI y XVII observar que son utilizados simultáneamente con un mismo propósito por un mismo teórico.

Los dos esquemas se fundamentan sobre la teología medieval que, a partir de una interpretación de la Escritura y de los padres de la Iglesia, imaginaba que la sociedad de los ángeles, substancias espirituales superiores al alma humana, estaba repartida en nueve coros, a su vez distribuidos en tres jerarquías o, si se prefiere, tres órdenes. La jerarquía superior, con los tres coros de serafines, querubines y tronos, representaba en cierto modo la nobleza del cielo. El modelo social de los tres órdenes está calcado, por consiguiente, sobre este modelo celestial. El otro esquema es el del «cuerpo místico civil» que adapta para la sociedad política el modelo religioso proporcionado por el cuerpo místico de Cristo y de su Iglesia. Del mismo modo que Cristo es a la vez el corazón y la cabeza de la Iglesia, el rey es igualmente corazón y cabeza del reino.

En consecuencia, los escritores políticos del Siglo de Oro utilizan estos modelos con la mayor naturalidad, bien se trate del ya nombrado Cellorigo, de Cristóbal Pérez de Herrera, del doctor Suárez de Figueroa, de Pedro Fernández de Navarrete o de otros muchos. Juan de Santamaría o Vicente Espinel se refieren incluso explícitamente a la transposición de las jerarquías celestiales. Comprendemos mejor entonces el sentido de los textos que corresponden a una representación inmanente del orden social a pesar del desafío de los cambios provocados por la Historia. «Dios quiere que haya diferencia de personas y estamentos», asegura Cristóbal Pérez de Herrera, que no por ello dejará de ser uno de los grandes especialistas del problema de los pobres. La sociedad, escribe Jerónimo de San José, «ha de haber sus graduaciones y diferencias según hay en los estamentos y el estado de la gente en una república bien ordenada». El doctor Suárez de Figueroa considera que la división de los órdenes en una república correctamente organizada crea una variedad armoniosa y agradable. Y Cellorigo, después de haber recordado la existencia de los tres órdenes, uno de eclesiásticos, y los otros dos de nobles y de plebeyos, añade:

> Las quales el Principe ha de disponer de manera, que no se muden, que no se alteren, confundan, ni ygualen:sino que cada uno conserve su lugar, su orden, su concepto:de suerte que con diversas vozes hagan consonancia perfecta.

Navarrete, por su parte, prefiere desarrollar el esquema del cuerpo místico. El rey es el corazón y la cabeza de la «república» de la que los tres órdenes son el cuerpo y los miembros. Así como el corazón riega todas las partes del cuerpo, de igual manera incumbe al rey socorrer a la parte más miserable del cuerpo místico del reino, es decir, a los pobres que sirven a la república. Para que sea considerado un auténtico corazón es preciso, pues, que el rey esté presente en las miserias de su pueblo. Y llegamos a la argumentación final:

> De suerte que los reyes son cabeza de la república para gobernar los demás miembros, son padres de familia en la vigilancia, son vicarios de Dios en la providencia temporal, son nervios que hacen trabazón del rey y reino, son regla y nivel que ajustan las acciones de los súbditos; y finalmente corazón del reino que, dándole espíritus vitales, le conserva en paz y justicia. Y para todas estas calidades han de tener tres virtudes ... : trabajo en los negocios, valor en los peligros, industria en las acciones.

El modelo del «cuerpo místico civil» permite superar la rigidez que implica el sistema de los órdenes sin ser incompatibles con él. Más elaborado y más receptivo respecto del acontecer histórico, introduce la idea de que el cuerpo místico del reino sufre en su conjunto el dolor que afecta a una de sus partes (por ejemplo, a los pobres, aunque también... al rey); implica la responsabilidad y los deberes del rey que tanto san Bernardo como santo Tomás en modo alguno habían esquivado. Si el rey es vicario de Dios en lo temporal, escribe Navarrete, no es para fulminar sino para estimular a los súbditos con humanidad, no para la ostentación en la grandeza, sino para la protección de los miserables. El problema del gobierno queda planteado: el de su finalidad y como consecuencia lógica el de sus medios. ¿Con quién gobernar? Se ha de adaptar el esquema medieval de los tres órdenes que separaba a los que rezan y a los que combaten de los que trabajan. Si sucede que los nobles no son ya los únicos que combaten, si ni siquiera la mayoría de los nobles acude ya a las guerras, ¿no deben cumplir otras funciones? Y los hombres de la Iglesia, ¿deben dedicarse solamente a rezar o han de contribuir sobre esta tierra al alivio de los sufrimientos del cuerpo místico civil?

LA PROMOCIÓN DE LOS «LETRADOS»

Ante semejantes preguntas Hurtado de Mendoza sugería que España había dado respuesta desde la época de los Reyes Católicos. Escribe en su *Guerra de Granada*: «Pusieron los reyes católicos el gobierno de la justicia y cosas públicas en manos de letrados, gente media entre los grandes y pequeños, sin ofensa de los unos ni de los otros ... Esta manera de gobierno ... se ha ido extendiendo por toda la cristiandad».

Es evidente la referencia aristotélica (grandes, medianos, pequeños), lo que no tiene nada de sorprendente en un hombre como Hurtado de Mendoza. En resumen, desde los Reyes Católicos que tuvieron que disciplinar a las grandes familias tras las largas guerras civiles del siglo xv, los reyes de España gobernarían con el concurso de los «letrados» y ello para satisfacción general. A finales del siglo xvi, Castillo de Bobadilla, también letrado, exclama con gran entusiasmo:

> Finalmente, para qué hemos menester ejemplos extraños para sublimar el sacro tesoro de las letras y la importancia de la ciencia legal para los gobiernos políticos, pues como dijo con razón el obispo Simancas, nunca España tuvo paz ni a las leyes y gobernadores fue tan obediente ... como después que ha sido gobernada por consejos y hombres de letras.

Dos importantes tesis recientes, por otra parte realizadas por unos franceses, Jeanine Fayard y Jean-Marc Pelorson, nos permiten en la actualidad establecer un cálculo sobre la participación real de los letrados en el gobierno.[1]

La importancia política de esta categoría —es decir, los diplomados de las universidades, al menos titulares del bachillerato y que esgrimen con razón o sin ella el título de licenciado o el de doctor—, su promoción a los más altos cargos del estado, no pueden ponerse en duda. Jean-Marc Pelorson ofrece el ejemplo de la ceremonia del bautismo del futuro Felipe IV que se celebró en Valladolid en 1605. Los miembros de los consejos acudieron con esta ocasión a presentar sus respetos al rey Felipe III y a besarle las manos. El primero en hacerlo fue el licenciado Alonso Núñez de Bohórquez, presidente del Consejo de Castilla y en virtud de este título segundo personaje del reino, que presidía también el tribunal de la Cámara de Castilla, emanación del Consejo, y que era además miembro del Consejo de la Inquisición. Era licenciado en derecho como igualmente lo eran los 18 miembros del Consejo de Castilla (2 de ellos eran incluso doctores), algunos de los cuales los encontramos también en otros consejos: 2 en el Consejo de las Finanzas y 1 en el Consejo de la Cruzada. El desfile de los consejeros prosigue con el vicecanciller de Aragón y el condestable de Castilla, presidente del Consejo de Italia, que no eran letrados, pero que estaban escoltados por los consejeros «regentes» de Aragón, Cataluña, Valencia, de Milán y de Nápoles, juristas todos ellos; de igual modo el conde de Lemos, presidente del Consejo de Indias, estaba acompañado por una pléyade de licenciados en derecho miembros de este Consejo. Lo

1. Ver la bibliografía p. 343.

mismo sucedía también con el Consejo de los Órdenes: su presidente, don Juan de Idiáquez, llevaba un séquito de consejeros jurídicos. Si bien los miembros del Consejo de Finanzas no eran en su mayoría letrados, estaban asistidos, en cambio, por los auditores de la Contaduría Mayor de Hacienda, que sí lo eran. Por último, los miembros del Consejo de la Inquisición eran igualmente licenciados, uno de los cuales, su presidente, era el obispo don Juan Bautista de Acevedo.

La demostración parece concluyente: es el resultado evidente de la legislación implantada por los Reyes Católicos que exigía diez años de estudios universitarios y una edad límite de veinticinco a veintiséis años para pretender el acceso al ejercicio de un cargo importante de la justicia o de la administración. Es cierto que esta legislación no había podido aplicarse más que de forma progresiva, pero ya bajo Felipe II el poder de los letrados y especialmente el de los juristas en el estado se consolida y se institucionaliza. Los doctores en derecho salidos de las tres grandes universidades (Salamanca, Valladolid, Alcalá de Henares) recibieron el privilegio de la exención fiscal, hecho extensivo a partir de 1553 a los doctores aragoneses. En 1588, la creación de la Cámara de Castilla, tribunal supremo en lo civil y sección del Consejo de Castilla, acrecentó todavía más la demanda de legistas de nivel elevado.

Los consejos de gobierno que con el rey dirigían los diversos reinos que constituían la monarquía representaban la coronación del edificio, pero muchos otros puestos importantes estaban reservados a los letrados. Por ejemplo, los de las audiencias, esos tribunales comparables a los parlamentos franceses a pesar de algunas importantes diferencias. A principios del siglo XVII el reino de Castilla contaba con cinco audiencias: las de Canarias, Galicia, Sevilla, Granada y Valladolid. Las dos últimas, y sobre todo la de Valladolid, eran con mucho las más prestigiosas y únicamente ellas tenían derecho a la consideración de cancillerías. Los cargos de oidores (16 en Valladolid y en Granada), los de alcaldes del crimen, los fiscales, los ponentes, eran cargos de primer orden y el oidor de Valladolid o el de Granada podía esperar acceder en breve plazo a uno de los consejos de gobierno o llegar a ser juez de Sala de Alcaldes de Casa y Corte que era el tribunal de la corte y de Madrid.

En un nivel inferior aunque, no obstante, elevado, varios oficios de corregimientos estaban reservados a los letrados o suponían la participación de un letrado. Los corregidores y sus lugartenientes eran los representantes del rey en las provincias en aquellos territorios dependientes del dominio regio: estaban dotados de poderes de administración, de justicia y de finanzas en una circunscripción determinada, el corregimiento. Sobre los 78 corregimientos que Jean-Marc Pelorson ha contabilizado bajo el reinado de Felipe III, se ignora la definición de 7, pero 18 parecen haber estado reservados a los letrados, mientras que otros 13 se distribuían alternativamente entre caballeros de capa y espada y letrados. Por supuesto, en los corregimientos importantes en que el corregidor no era un letrado estaba flanqueado por un lugarteniente jurista.

Esta promoción de los diplomados y especialmente de los juristas hizo la prosperidad de las universidades y aseguró la reputación de las «letras» en la España del Siglo de Oro. Por ello, no se debe al azar que el número de estudiantes alcanzara un apogeo entre 1580 y 1620: en los años punta de finales del siglo XVI había, solamente en el reino de Castilla, 15.000 estudiantes y al término del reinado de Felipe III todavía eran 13.000, de los cuales aproximadamente 7.000 juristas, repartidos entre el derecho canónico y el derecho civil. En Salamanca y en Valladolid, la preeminencia de los juristas era incluso aplastante: las cuatro quintas partes de los estudiantes hacían derecho... Es cierto que muchos estudiantes no llegaban a obtener su diploma. En tiempos de Felipe III, Salamanca otorgaba aproximadamente 300 títulos de bachiller en derecho al año y Valladolid unos sesenta, las demás universidades todavía menos. Si admitimos un promedio de 500 licenciaturas en derecho concedidas entre 1570 y 1610, y teniendo en cuenta las defunciones, hacia 1610 había en Castilla unos 10.000 a 20.000 licenciados en derecho, muchos menos en el reino de Aragón. No obstante el diploma no era necesario para ejercer los oficios menores de la justicia y de la administración reservados a los que Pelorson llama los infraletrados.

Esta «revolución de la educación» indicada por la explosión de los estudios superiores alcanzó un relieve tal que el americano Richard L. Kagan considera que Castilla desempeñó en la Europa de su tiempo un papel de «líder». Ello se explica evidentemente por las salidas profesionales aseguradas a los «hombres de letras» y constituyó la celebridad de los colegios mayores convertidos en semillero de altos funcionarios y de prelados. Jeanine Fayard ha demostrado hasta qué punto el paso por uno de estos colegios significaba el trampolín de una gran carrera en la función pública, de igual manera que actualmente lo son en nuestros países algunas «grandes escuelas».

Estos colegios mayores eran seis, cuatro de los cuales estaban implantados en Salamanca: el de San Bartolomé, fundado en 1401 por el obispo de Salamanca, el de mayor prestigio de todos; el de Cuenca (1500), el de San Salvador de Oviedo (1517) y por último el colegio del Arzobispo, fundado en 1521 por don Alonso de Fonseca, arzobispo de Santiago de Compostela; el quinto era en Valladolid el colegio de Santa Cruz creado en 1488 por el cardenal de Mendoza y el sexto el de San Ildefonso de Alcalá, fundación del cardenal Cisneros. Santa Cruz y San Ildefonso seguían en celebridad a San Bartolomé, pero el colegio de Alcalá estaba especializado en la teología. Aunque el colegio de Santa María de Jesús de Sevilla (1506) y el de los Españoles en Bolonia (1363) hayan recibido también la designación de mayor no tuvieron la influencia de los precedentes en el reclutamiento de la alta administración castellana.

La entrada a uno de estos colegios mayores se asemejaba a una carrera de obstáculos. El número de plazas era limitado, de 20 a 30 en general (22 en el Santa Cruz de Valladolid, 33 en el San Ildefonso de Alcalá, por ejemplo) y era necesario satisfacer la encuesta de «pureza de sangre» que, con el paso del tiempo, se hizo cada vez menos exigente. Mientras que en sus orígenes los colegios tenían la vocación de acoger a los estudiantes pobres cuyo acceso a los estudios se trataba de favorecer (todos los colegiales eran becarios), las familias de las clases dominantes consiguieron acaparar poco a poco las plazas en unas instituciones que garantizaban una gran carrera. La duración de los estudios en estos colegios, a los que se entraba entre los dieciséis y los veinte o veintiún años de edad, era de seis a ocho años: se trataba por consiguiente de una formación muy sólida.

Los seis colegios de Salamanca, Valladolid y Alcalá constituían la «vía regia» para acceder a los altos cargos de la administración del estado, según la expresión de Jeanine Fayard, que ha demostrado, por ejemplo, que el 65 por 100 de los consejeros de Castilla que ejercieron su cargo en tiempos de Felipe IV habían pasado por uno de estos colegios: 19 procedían de San Bartolomé, 13 del colegio de Cuenca, 10 del de Oviedo, 16 del de Arzobispo y 7 del de la Santa Cruz de Valladolid. Entre aquellos de los colegiales que optaron por la Iglesia muchos entraron en los capítulos de las grandes catedrales, ocuparon puestos de gran responsabilidad, como los de inquisidores, y llegaron a ser obispos o aún más. De esta manera, el 96,5 por 100 de los inquisidores del tribunal de Toledo en el siglo XVI eran letrados (40 licenciados, 14 doctores): 12 sobre 57 procedían de San Bartolomé de Salamanca y 6 de Santa Cruz de Valladolid, otros 6 de los demás grandes colegios... Francisco Tello de Sandoval, que había pasado por San Bartolomé y conseguido licenciarse, llegó a ser canónigo de la catedral de Sevilla, luego inquisidor de Toledo, visitador en México, obispo de Osuna, más tarde de Plasencia, presidente de la Audiencia de Granada, después de la de Valladolid y finalmente presidente del Consejo de Indias... Fernando de Valdés, otro colegial de San Bartolomé, llegó a ocupar los más altos cargos de la Iglesia y del Estado: Gran Inquisidor, presidente de la Audiencia de Valladolid y presidente del Consejo de Estado con Felipe III. Y no son sino algunos ejemplos.

Para comprender mejor hasta qué punto estos letrados, cuyo apogeo coincide sin lugar a dudas con el reinado de Felipe II, representaban una categoría preciosa a los ojos del rey, es preciso tener en cuenta dos características en la adjudicación de los cargos castellanos que no encontramos en la Francia de la misma época. En primer lugar, los cargos de rango elevado: corregidores, oidores, alcaldes del crimen o procuradores de las audiencia, *a fortiori* consejeros de cualquiera de los grandes consejos, no eran venales, no podían comprarse, ni dimitir. Pero aún hay más: la obligación de diez años de estudios para los candidatos a un primer empleo en la alta administración no era suficiente: se requería además pasar un examen ante el Consejo de Castilla. Esta ausencia de venalidades hacía posible la movilidad de los empleos y de los destinos. Era excepcional que un corregidor permaneciese más de cuatro años en el mismo puesto. Un jurista que se convertía en oidor recibía su primer destino en Canarias, en Italia o en una audiencia americana y su promoción en el escalafón pasaba por Sevilla o Granada, por último Valladolid, trampolín eventual para más altos destinos.

Así, el 86 por 100 de los consejeros de Castilla en el reinado de Felipe IV habían hecho su carrera en el extranjero o en provincias antes de ser nombrados al Consejo: habían podido ser profesores de derecho en una universidad, relatores, luego oidores en una audiencia... Todo estaba pensando para impedir el enraizamiento en un medio geográfico determinado, para evitar la infeudación con parientes, amistades o intereses. Un casamiento exigía la autorización del rey e incluso una dispensa si se trataba del matrimonio con una muchacha de la ciudad en que el funcionario detentaba su cargo. Finalmente, los funcionarios reales estaban sometidos a esos controles específicos del sistema español que eran el «juicio de residencia» a la salida de su cargo y la «visita», inspección puntual, aunque rigurosa y minuciosa. Y estos dos tipos de control daban lugar frecuentemente a sanciones. De esta manera los titulares de los cargos dependían de la discrecionalidad del rey... o de sus secretarios en la época de Felipe II, de sus validos con Felipe III y Felipe IV.

A pesar de la autoridad que el rey ejercía sobre sus «funcionarios» la creciente participación de los letrados en el ejercicio del poder explica el lugar que ocupó en la España del Siglo de Oro la controversia acerca de la superioridad de las armas o las letras. Miguel de Cervantes no desdeñó participar en ella. Hidalgo y antiguo combatiente en Lepanto, el escritor se inclina por las armas, pero otros autores, como Castillo de Bobadilla, otorgaron la primacía a las letras. Este debate desembocó en otro, el de la «nobleza de las letras». ¿Podían las letras ejercer una función ennoblecedora, merced al saber que ofrecían, los títulos que conferían, los cargos importantes que permitían desempeñar? La respuesta de la Historia fue reservada: el ennoblecimiento estuvo limitado a los doctores de las grandes universidades y a los licenciados que detentaron realmente un cargo elevado; se trataba, por añadidura, de una nobleza vitalicia, no transmisible a los herederos.

Esta promoción de los hombres de letras, élites intermediarias, ¿significa acaso que la monarquía después de haber subyugado a la alta nobleza gobernó con una *meritocracia*? La realidad es más compleja.

EL PAPEL DE LA NOBLEZA Y EL REPARTO DEL PODER

Todo régimen de tendencias absolutistas restringe las instituciones representativas incluso aunque su carácter representativo sea muy incompleto. En consecuencia la función de las cortes no cesó de disminuir de Carlos V a Felipe IV.[2] A comienzos del siglo XVII el duque de Lerma les inflígió golpes muy duros utilizando a fondo la corrupción para obtener la votación de «servicios» considerables en un reino que iniciaba ya la vía del empobrecimiento. Felipe IV inició su reinado reuniendo dos veces a las Cortes de Castilla en Madrid, en 1621 y 1623, luego, sucesivamente, las Cortes de Aragón, de Valencia y de Cataluña en 1625, en Barbastro, Monzón y Barcelona, pero ello no supuso sino un fuego de artificio. De esta manera, la actividad legislativa de las cortes que había sido intensa con Carlos V (490 leyes) se debilitó con Felipe II (157 leyes) y llegó a ser irrisoria con Felipe III (19 leyes) y Felipe IV (¡6 leyes!).

Es cierto que la acción legislativa declinó en su conjunto, pero en unas proporciones muy diferentes. Las leyes regias, pragmáticas y cédulas, que emanaban directamente del soberano, en número de 1.282 con Carlos V, se reducen a 723 en tiempo de Felipe II, a 315 y 351 con Felipe III y Felipe IV: como el reinado de Felipe IV fue dos veces más largo que el de su padre, la disminución se confirma. En cambio las decisiones legislativas del Consejo de Castilla (autos acordados), muy escasas en la época de Carlos V, se elevan a 131 con Felipe II, se estabilizan en 74 con Felipe III (reinado mucho más corto) y vuelven a subir a 189 en tiempos de Felipe IV. No cabe duda de que el debilitamiento

2. Ver en anexo de este capítulo, p. 58, el «esquema» de funcionamiento del gobierno de las Españas.

de las cortes, reunidas de manera mucho más episódica por una parte, y, por otra parte, la consolidación de la función legislativa del Consejo de Castilla, reforzaron lo que Jean-Marc Pelorson ha podido denominar el «poder letrado».

Sin embargo, este poder distaba mucho de controlar el conjunto del aparato de estado. Dos historiadores españoles, Antonio Domínguez Ortiz y José Antonio Maravall, han demostrado que no se debe subestimar el papel de la alta y de la media nobleza.

En primer lugar, es preciso no cometer el error de establecer una frontera entre nobleza y letrados. Una buena parte de los letrados era de linaje noble. La institución del mayorazgo que reservaba la mayor parte del patrimonio a uno de los hijos, generalmente al mayor, orientó a muchos segundones de la nobleza hacia el estudio de las letras, nueva vía de acceso a los honores de este mundo. A este respecto es enormemente significativa la evolución de los colegios mayores. Concebidos en sus orígenes para estudiantes pobres, como ya ha sido indicado, y provistos de becas para esta finalidad, los colegios vieron cómo sus plazas, siempre reglamentadas por el *numerus clausus*, eran acaparadas poco a poco por la nobleza: así, las constituciones del colegio de Cuenca en Salamanca, revisadas en 1586, prevén que en adelante, en igualdad de méritos, se elegirá al candidato de linaje noble.

Jean-Marc Pelorson ha podido establecer de esta manera un auténtico florilegio de estudiantes nobles que habían pasado por los grandes colegios de Salamanca, oriundos sobre todo del Norte: de Navarra, de las provincias vascas y cantábricas, de Burgos, de la Rioja, de Castilla la Vieja; en proporciones más débiles, de Castilla la Nueva, de Extremadura y de Andalucía. Con sus consejeros de Castilla, «aristocracia de los letrados», Jeanine Fayard llega al mismo resultado: la mayoría de los consejeros proceden de la nobleza media, el 8 por 100 viene incluso de la nobleza de título. No nos engañemos: la fortuna política de los letrados creó una nueva vocación para la nobleza.

Una vez dicho esto, es necesario advertir inmediatamente que los letrados no participaban en el Consejo de Estado, ese consejo supremo del reino fundado por Carlos V. Esto significa que la dirección de la política exterior, de la diplomacia, y, por supuesto, de los asuntos militares, quedaban lejos de su ámbito. ¿En beneficio de quién? En 1529, al inicio del Siglo de Oro, cuando el rey de España es también emperador, el Consejo de Estado incluye dos eclesiásticos españoles: García de Loaysa, obispo de Osma y confesor del emperador, y Gabriel Merino; otros dos españoles, el secretario Francisco de los Cobos y otro hombre de despacho, Padilla; tres borgoñones, Louis de Praet, Granvelle y Lallemand; un italiano, Gattinara. Si bien es cierto que los hombres de Iglesia son, a su modo, unos letrados, ellos son los únicos. No obstante, los representantes de la alta nobleza están ausentes.

Con Felipe II se opera un cambio: aparecen los grandes señores castellanos. Una tras otra, o juntas, surgen varias grandes familias: Gómez de Silva, Hurtado de Mendoza, Álvarez de Toledo, Manrique de Lara, Guzmán, Suárez de Figueroa, Zúñiga, Fajardo, estarán presentes en el Consejo de Estado a través de sus representantes más ilustres: príncipe de Éboli, duques de Alba, de Béjar o de Medina Sidonia, conde de Feria, marqués de Aguilar o de Los Vélez, etc. Con ellos los secretarios reales, Gonzalo Pérez, después Antonio Pérez, Mateo Vázquez, y varios eclesiásticos como, por ejemplo, Gaspar de Quiroga, inquisidor general... El retorno en pleno de los grandes señores al Consejo demuestra a las claras que la aristocracia no abdicó en modo alguno de sus pretensiones políticas y éstas se afirmarán con el sistema del valido, del que hemos podido mostrar pruebas ilustrativas en el capítulo precedente. Por añadidura, las dificultades financieras de la monarquía en tiempo de Felipe IV acrecentarán el papel de la alta nobleza encargada de la organización de la defensa nacional, como ha demostrado I. A. Thompson. En este contexto el duque de Medina Sidonia concentró un poder extraordinario, del que tuvo tentación de abusar.

Sucedía también que los grandes señores llegasen a presidir los consejos: hemos encontrado ya al conde de Lemos como presidente del Consejo de Indias en 1605. Fueron igualmente los grandes señores quienes monopolizaron las funciones y los prestigiosos honores de virrey en Barcelona, en Valencia, en Pamplona, en Granada, en Palermo, en Nápoles, en México, en Lima. Además del hecho de que la nobleza no desdeñó el estudio de las letras ni el acceso a las funciones políticas que más bien persiguió, se le reservó un papel esencial en el gobierno local. En el reinado de Felipe III, los «corregidores de capa y espada», es decir, los caballeros de la nobleza media fueron más numerosos que los corregidores letrados. El más importante de estos corregimientos, la Asistencia de Sevilla, fue confiado regularmente a nobles de título, marqueses o condes, cuya relación ha sido establecida por Antonio Domínguez Ortiz para el siglo XVII. Los dos últimos corregidores o, con mayor exactitud, asistentes de Sevilla en el siglo XVI fueron, sucesivamente, los condes de Priego y de Puñonrostro. En esta misma Sevilla la nobleza había acaparado el poder municipal y detentaba todos los puestos de los «veinticuatros».[3] Lo mismo sucedía en muchas otras ciudades importantes, como por ejemplo en Ávila, Soria, Plasencia, Trujillo, Ciudad Real, Úbeda, Córdoba y Toledo, en especial. En las ciudades del reino de Aragón, donde la burguesía mercantil contaba con una sólida tradición pudo aceptar, durante la primera mitad del siglo XVII, la entrada de la nobleza en el gobierno municipal: así sucedió en Gerona, Perpiñán, Barcelona (a partir de 1621), Valencia...

La participación de los hombres de Iglesia en el ejercicio del poder es indudable aunque más ambigua. Casi todos los eclesiásticos de alto rango fueron letrados; en ocasiones alcanzaron las más elevadas funciones. Varios prelados presidieron las Audiencias, especialmente en tiempo de Felipe III. Covarrubias y Espinosa fue presidente del Consejo de Castilla con Felipe II, al igual que Juan Bautista Acevedo, obispo de Valladolid, Fernando Acevedo, arzobispo de Burgos, en la época de Felipe III y el cardenal Trejo y Paniagua en la de Felipe IV. Algunos fueron incluso virreyes, como san Juan Rivera, arzobispo de Valencia en esta misma ciudad, y el cardenal Zapata, miembro de la importante familia de los Barajas, en Nápoles.

Sin embargo, el rey convocó también para cargos esenciales a representantes de la pequeña nobleza que no eran letrados. Los

3. Veinticuatro: denominación de los consejeros municipales en muchas ciudades de Andalucía, porque en su origen eran en número de veinticuatro.

dos casos más notorios fueron los de los secretarios Francisco de los Cobos con Carlos V y Mateo Vázquez de Leca, con Felipe II, habiendo sido ambos casos estudiados por dos historiadores anglosajones, Hayward Keniston y A. W. Lovett. Hacia el final de su vida Cobos llegó a ser casi todopoderoso. Sin llegar a una situación tan eminente, Vázquez ejerció una influencia muy profunda: fue el verdadero ministro de Felipe II para los asuntos eclesiásticos, preparando la elección de los obispos y ocupándose de la difusión del espíritu del concilio de Trento; organizó el sistema de las juntas *ad hoc* (junta financiera de 1577 para resolver los problemas planteados por la bancarrota, junta de la Armada en 1587 para la preparación de la gran expedición contra Inglaterra) que permitió acelerar el trabajo de los consejos.

La irrupción al primer plano del favorito y de su camarilla, el recurso sistemático al sistema de las juntas *ad hoc* con la finalidad de desposeer a los consejos de su función en el transcurso del reinado de Felipe III, el papel recuperado por los grandes señores, pudieron persuadir a los letrados de que el poder se les iba de las manos. De allí procede la tentativa para recuperarlo directa o indirectamente en el momento de la caída del duque de Lerma en los años 1618-1619, es lo que he llamado «la Petición al rey», en favor de la demanda hecha por el rey en el Consejo de Castilla de una consulta sobre el estado del país. Las personas que redactaron este informe o que publicaron entonces, como Sancho de Moncada, tratados fundados sobre el análisis de la decadencia, eran todos ellos letrados. Criticaban fuertemente el ejercicio solitario del poder por parte del favorito, lo que engendraba una arbitrariedad intolerable, y abogaban por unos consejos abiertos con el fin de ofrecer una posibilidad al mérito. Moncada culminaba incluso su proyecto de reforma con la creación de una universidad instalada en el palacio real para desarrollar en ella un aprendizaje de las ciencias políticas... lo que no podía realizarse más que por los letrados. No obstante, el fracaso de estos proyectos de reforma, el fortalecimiento del sistema del valido con Olivares, no significaron en absoluto el final de la influencia de los letrados. También antiguo estudiante de Salamanca, el conde duque concedió a los universitarios un papel de primera importancia.

EMERGENCIA DE UNA «CLASE POLÍTICA»

En realidad, en la España del Siglo de Oro, bajo la etiqueta de la monarquía absoluta se establece lo que José Antonio Maravall denomina «un colectivo de poder». El absolutismo no consiste en manera alguna en el ejercicio de un poder sin límites por parte de un hombre solo sobre unos millones de súbditos reducidos a la igualdad de la sumisión. Construido y desarrollado sobre las ruinas de las instituciones representativas, implica la formación en torno al monarca de «élites», cuyos orígenes pueden ser diversos, pero que se reagrupan en los centros de decisión, por ejemplo los consejos, o que actúan por delegación del poder, como los virreyes o, en un nivel inferior, los corregidores.

De esta naturaleza es claramente el proceso llevado a cabo en España. Los Reyes Católicos habían dominado a las grandes familias belicosas que habían desencadenado y provocado las largas guerras civiles del siglo xv. Para gobernar se habían apoyado en las cortes frecuentemente reunidas, donde los diputados de las ciudades desempeñaban el papel esencial, y, paradójicamente en estos reinos entregados a los furores antisemitas de la primera Inquisición, se habían apoyado en importantes grupos de conversos. La revuelta de las ciudades con motivo de las Comunidades, en los primeros años del reinado de Carlos V, provocó la primera fisura en este sistema: el emperador, para restablecer su poder, tuvo que recurrir a los servicios de los señores más importantes del reino de Castilla, que eran entonces el condestable, duque de Frías (linaje de Velasco), y el almirante, duque de Medina de Rioseco (linaje Enríquez). Sin embargo, luego de la derrota de las Comunidades, Carlos V supo limitar este retorno al poder de la alta nobleza y Joseph Pérez ha recogido las quejas amargas del condestable ante esta ingratitud. El emperador convocó en escasas ocasiones a los grandes nobles al Consejo, distribuyó con mucha parsimonia los títulos de nobleza y bajo su reinado ningún noble de elevado rango detentó las responsabilidades y el poder real del secretario Francisco de los Cobos, que no era más que un noble de escasa importancia en Úbeda.

La mutación real comienza con Felipe II. Es cierto que conservó los secretarios de estado, designados discrecionalmente por él, como colaboradores privilegiados y se apoyó en los consejos para gobernar. Precisamente en estos consejos se forman entonces las «élites del poder», la clase política cuyo origen es doble: alta nobleza en el Consejo de Estado, en el Consejo de Guerra, y algunos de cuyos representantes aparecen en los demás consejos: Italia, Indias, Órdenes, más tarde Flandes, mientras que, como ya sabemos, los virreyes son elegidos igualmente de entre algunas importantes familias: Hurtado de Mendoza, Álvarez de Toledo, Pimentel, Zúñiga, etc.; por otra parte, los letrados, de origen noble o plebeyo, laicos o eclesiásticos, en los demás consejos y en primer lugar en los de Castilla y Aragón, que dirigen el gobierno y la administración de los reinos, pero también el Consejo de la Inquisición, el de Indias, donde los letrados se encuentran en mayoría, el de Finanzas, en el que se codean con los técnicos. Al mismo tiempo, los caballeros y los letrados se reparten, como ya hemos visto, los cargos de corregidores y los letrados ocupan sin compartir las Audiencias.

Sobre todo es preciso no imaginar una frontera hermética entre las dos categorías: nobles con título se hacen letrados, hijas de juristas se casan con grandes señores... Además Felipe II amplió la base de la alta nobleza. En 1520, había 20 grandes de España y 35 títulos de nobleza. Al final del reinado de Felipe II se contaban 109 títulos: 18 duques, 38 marqueses y 43 condes. «La inflación de los honores» cuya demostración estableció Lawrence Stone para Inglaterra, afectó, pues, de igual modo a España. Por último, Felipe II reforzó el poderío económico de la alta nobleza al reducir su endeudamiento respecto de los letrados, gracias a una intervención legislativa reservada a las grandes familias. Fueron promulgadas unas provisiones o cédulas reales en favor de una familia determinada con el fin de reducir la tasa de interés de las rentas que pesaban sobre ellos en beneficio de sus acreedores, generalmente letrados: los duques de Albuquerque, de Béjar, de Osuna; los marqueses de Viana y de Aguilafuente; los condes de Benavente, de Lemos, de Monterrey, de Olivares y de Osorno, entre otros, se beneficiaron con tales medidas.

Ha llegado el tiempo en que la nobleza cambia de función. A una vocación militar afirmada sucede la vocación política. Todavía en tiempos de Felipe II algunos grandes nobles castellanos, como el duque de Alba y los marqueses de Mondéjar o de Los Vélez, y algunos grandes nobles catalanes, a la cabeza de los cuales figura Luis de Requesens, tuvieron un papel militar de primer orden. Y otros asumieron responsabilidades de mando importantes en el mar: Requesens de nuevo, pero también don Álvaro de Bazán, marqués de Santa Cruz; don Pedro de Toledo, marqués de Villafranca; don Francisco de Bobadilla, conde de Puñonrostro, o incluso el duque de Medina Sidonia. Sin embargo, hacia finales del siglo XVI la mayoría de los grandes nobles habían perdido la costumbre de combatir. El 15 de julio de 1600 el Consejo de Estado envía así una nota al rey Felipe III para comunicarle que ha buscado a personas muy calificadas, capaces de aceptar la carga del gobierno y de la guerra de Flandes en el caso en que el archiduque Alberto tuviera que renunciar, y que lamenta mucho, tras haber examinado el caso de todas las personas que están en España o en Italia, no encontrar ninguna en la que se den a la vez la grandeza y la práctica y experiencia necesarias para dirigir un ejército. Citando nominativamente a los duques de Alba, de Béjar, de Escalona, del Infantado, el informe del Consejo añade que les falta la experiencia en asuntos de guerra que tanto importa a la finalidad buscada. Dos años más tarde, el 5 de noviembre de 1602, el Consejo deplora de nuevo la gran escasez de soldados entre las personas principales. Olivares intentará en vano resucitar los ardores guerreros de la alta nobleza. Como han demostrado Antonio Domínguez Ortiz y John H. Elliot, esta evolución afecta tanto a Castilla como a Cataluña.

La alta nobleza cambia de esta manera la actividad militar por la política y lo manifiesta de un modo inequívoco a través del sistema del valido que representa la alienación del poder regio en beneficio de un miembro de la alta nobleza, cualesquiera que pudieran ser las rivalidades de clanes en el seno de este estamento. Pero ha de compartir el ejercicio del poder con los letrados porque éstos, simultáneamente, han creado y ocupado la burocracia necesaria para el estado moderno. La transformación del estamento nobiliario en oligarquía explica en todo caso, como certeramente lo ha observado Jean-Marc Pelorson, que «la época de Felipe II señala a la vez el momento en que la burocracia letrada alcanza su punto de perfección... y en el que cesa su crecimiento».

Como he sugerido en páginas precedentes, la perversión del sistema en tiempos de Felipe III, con la llegada al poder del duque de Lerma, cuando las juntas *ad hoc*, instrumentos eficaces con Felipe II, asumen el objetivo esencial de hacer la política del duque de Lerma alterando el funcionamiento de los consejos, adquirió exactamente el sentido de un desplazamiento de poder en el seno de la doble oligarquía: en beneficio de la alta nobleza, en detrimento de los letrados. Estos últimos lo entendieron perfectamente y ello explica «la efervescencia reformista» de la primera mitad del siglo XVII, la multiplicación de los escritores políticos y de los arbitristas, esos constructores de proyectos, de una lucidez con frecuencia admirable, que sembraron en el terreno de la decadencia ideas fecundas, desgraciadamente dispersadas por el viento de la lucha de clases. Es indudable que los letrados abogaban ante todo por sí mismos. Pero esto no impedía que varios de ellos tuvieran una visión muy clara del hundimiento de la monarquía: Martín González de Cellorigo, Sancho de Moncada, Cristóbal Pérez de Herrera, entre otros, son testimonios que lo demuestran.

En el siglo XVI, Castilla había avanzado de forma notoria en la construcción del estado moderno, como lo atestigua la comparación entre sus archivos con los de Francia o Inglaterra. Pero la reacción de la nobleza, iniciada con Felipe II, confirmada en las épocas de Felipe III y Felipe IV, congeló la evolución, desgastó lentamente el aparato de poder y sus mejores instrumentos y desvió las funciones de la monarquía tales como habían sido definidas por los Reyes Católicos, sin devolver a cambio la vida a las antiguas instituciones representativas o inventar unas nuevas. En los archivos, el siglo XVII castellano ha perdido progresivamente las perfectas series del tiempo de Felipe II, admirablemente caligrafiadas; sus datos estadísticos eran en ocasiones asombrosos, el sentido de la información rigurosa y concisa. A partir de entonces estas cualidades las encontraremos en Francia, en Inglaterra, en los Países Bajos...

Es verdad que la creación literaria o artística del Siglo de Oro nada ha perdido. Diría más bien que al contrario. El malestar así creado, la contradicción entre la previsión racional, los delirios soberbios de lo imaginario y las ilusiones voluntarias del desfile suntuario, se encuentran en las fuentes de Cervantes, de Góngora, de Quevedo o de Calderón como unas formas y unas imágenes en las que los españoles del Siglo de Oro buscaron el paraíso perdido.

ANEXOS

1. EL GOBIERNO DE LAS ESPAÑAS. ESQUEMA DE FUNCIONAMIENTO

a) LA REPRESENTACIÓN DE LA PERSONA REGIA

España no es estrictamente un reino sino una colección de reinos. Como el rey no puede estar físicamente presente en cada uno de sus reinos debe ser representado en aquellos en que no reside por una persona física: los virreyes o los gobernadores.

Virreyes

Barcelona (Cataluña), Valencia (Reino de Valencia), Zaragoza (Aragón), Pamplona (Navarra), Granada (Reino de Granada), Palermo (Sicilia), Nápoles (Reino de Nápoles), México (Nueva España), Lima (Perú).

Gobernadores

Milán (Milanesado), Bruselas o Malinas (Países Bajos), Provincias de los reinos americanos.

b) LA CONSULTA DE LOS REPRESENTANTES DE LOS REINOS: LAS CORTES

Las cortes son unas asambleas convocadas por el soberano en el lugar y en la fecha de su elección, sin ninguna periodicidad. Las cortes entregan peticiones sobre todos los asuntos de sus preocupaciones y estas peticiones dan lugar a votaciones. Además, a petición del rey, votan unos servicios (o impuestos) extraordinarios referidos a un cierto número de años y (para una duración determinada igualmente) sólo en Castilla, el encabezamiento de la alcabala (impuesto sobre las transacciones, que representó durante largo tiempo el ingreso más importante de la corona de Castilla).

Las Cortes de Castilla reunían, al lado de los grandes señores que se dignaban desplazarse (cada vez menos), a los diputados de dieciocho ciudades que poseían el privilegio de representación en las cortes, a razón de dos diputados por ciudad. Las cortes de los demás reinos o regiones estaban divididas en tres brazos o estamentos.

A partir de Felipe III las cortes fueron convocadas en raras ocasiones.

Cortes

Castilla   Aragón   Cataluña   Valencia   Navarra

c) PREPARACIÓN Y PROMULGACIÓN DE LAS DECISIONES POLÍTICAS

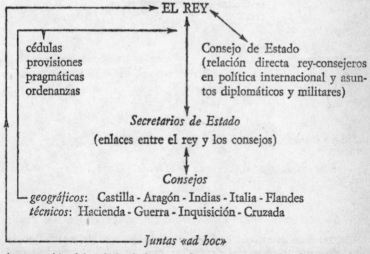

EL REY

cédulas
provisiones
pragmáticas
ordenanzas

Consejo de Estado
(relación directa rey-consejeros en política internacional y asuntos diplomáticos y militares)

Secretarios de Estado
(enlaces entre el rey y los consejos)

Consejos
geográficos: Castilla - Aragón - Indias - Italia - Flandes
técnicos: Hacienda - Guerra - Inquisición - Cruzada

Juntas «ad hoc»
(preparación del trabajo de los consejos en circunstancias determinadas)

d) EJECUCIÓN DE LAS DECISIONES REGIAS

EL REY

cédulas, provisiones, pragmáticas, ordenanzas

Audiencias
(tribunales de justicia de amplia competencia)
Valladolid   Granada   Sevilla   La Coruña   Canarias
Barcelona   Valencia   Zaragoza

↓

corregimientos de Castilla (68), señoríos, municipios
(Reino de Aragón)

Control

Por medio del *juicio de residencia* y la *visita*. El juicio de residencia
se realiza al término del cargo.

NOTA: Este sistema no se implantó de golpe, sino de manera progresiva, algunas instituciones se desarrollan, otras se debilitan o incluso caen
en desuso.

2. LOCALIZACIÓN DE LOS VIRREINATOS Y DE LAS AUDIENCIAS

3. LOCALIZACIÓN DE LOS CORREGIDORES DEL REINO DE CASTILLA EN 1597

NOTA: Dejando de lado Cataluña y el País Valenciano, las zonas en blanco que aparecen en este mapa corresponden a las de mayor implantación señorial (por ejemplo: Galicia, zona de grandes señoríos eclesiásticos) y a los dominios de las grandes órdenes militares (Castilla la Nueva, especialmente).

CAPÍTULO 3

CUANDO LA GUERRA ESTÁ LEJOS, ESPAÑA TERRITORIO DE PAZ

Después de las Comunidades y de las Germanías, es decir hacia 1525, la paz invade España. Durante más de un siglo, hasta 1640, hasta las guerras de Portugal y de Cataluña, España se convierte en un vasto territorio de paz, preservado de la guerra civil o extranjera, de los tránsitos de tropas armadas con su cortejo habitual de violencias y de devastaciones, de asedios y de pillajes de las ciudades conquistadas. Se ha de entender con claridad que se trata de una paz y de una seguridad relativas, y explicaré después las razones de esta relatividad. Pero indudablemente, durante ciento quince años, España consiguió convertir la guerra en una mercancía de exportación reservada a Italia, a Francia, a los Países Bajos, a Alemania, incluso a África del Norte, sin mencionar a América. Solamente Inglaterra, gracias a su insularidad, conoció una situación comparable entre las dos trágicas pruebas de la guerra de las Dos Rosas y la guerra civil, con tanta mayor similitud cuanto que las incursiones escocesas en las fronteras del norte desempeñaron poco más o menos el papel de las incursiones berberiscas en las costas mediterráneas de España.

Me siento inclinado a creer que este largo período de paz interior ha sido una de las condiciones esenciales del Siglo de Oro. Salvadas las diferencias, España consiguió llevar durante un largo tiempo la guerra a los demás países, al igual que los Estados Unidos de América lo han hecho después de la guerra de Secesión. En consecuencia, y por lo que se refiere a lo esencial, el costo de la guerra se midió en dinero y en reclutamiento de soldados.

EL PRECIO DE LA SEGURIDAD: LOS HOMBRES

Ciertamente, se necesitaron millares de hombres. Pero ya sabemos que los efectivos de los ejércitos europeos estuvieron limitados a algunas decenas de miles de soldados (dos, tres o cuatro) hasta mediados del siglo XVII. Y sabemos igualmente que las guerras del pasado eran mucho más temibles para los civiles que para los militares. Pensemos en una Italia devastada sin cesar por la guerra a lo largo del siglo XVI, en los Países Bajos, campo de batalla «clásico», en Francia, asolada en todos los sentidos por las guerras de religión, y por los ejércitos españoles, luego por los imperiales, en Alemania finalmente, arruinada para largo tiempo a causa de la guerra de los Treinta Años...

Por otra parte, no se ha de exagerar la importancia de ese reclutamiento de hombres. No se convirtió en una carga pesada para el país más que en los últimos decenios del Siglo de Oro. Sin duda, en la época de Felipe II y aún más en la de Felipe III, el ejército español era el más numeroso de la cristiandad. Sin embargo, los efectivos seguían siendo modestos: cuando el duque de Alba entregó su ejército a su sucesor, don Luis de Requesens, el 18 de diciembre de 1573, comprendía 57.500 infantes repartidos en 269 compañías. En el momento de la tentativa dirigida contra Inglaterra en 1588, que representa el esfuerzo máximo de la monarquía española, el ejército embarcado en la escuadra contaba 19.000 soldados y 11.000 marineros, mientras que Farnesio había reunido en Flandes un ejército de 60.000 hombres: es decir, en total 90.000 unidades. Por último, la «Unión de las armas» concebida por Olivares en 1626 preveía que en caso de guerra los diversos reinos que constituían la monarquía debían reunir 140.000 hombres, de los cuales, por ejemplo, 44.000 correspondían a Castilla y 32.000 a Aragón, pero estos efectivos no fueron alcanzados jamás.

Además, y sobre todo, la mayoría de estos soldados no eran españoles. I. A. Thompson, el excelente especialista inglés de cuestiones militares españolas, considera que nunca hubo más de veinte mil españoles combatiendo simultáneamente fuera de España durante el reinado de Felipe II, diez mil de los cuales aproximadamente en Flandes. Cuando el duque de Alba conduce a los Países Bajos a los cuatro tercios de Italia, totalizan 7.804 hombres: 3.194 corresponden al de Nápoles; 1.765 al de Cerdeña; 1.641 al de Sicilia y 1.204 al tercio de Lombardía. En 1573, cuando Requesens sucede a Alba, los tercios españoles reúnen 7.900 hombres, es decir, el 13 por 100 del total, mientras que los alemanes son 25.800 y los valones 20.800. En el ejército de 60.000 hombres reunido por Alejandro Farnesio en 1588 hay 11.000 españoles (el 18,3 por 100), pero, en cambio, hay 18.000 valones y 20.000 alemanes. En total, contando los hombres en armas en España, nunca hubo más de 35.000 soldados españoles a comienzos del reinado, 70.000 a finales, y un número comparable en la época de Olivares.

La importancia de los recursos financieros del rey de España y la reunión bajo su cetro de numerosos reinos no españoles permitió en efecto a la administración militar proceder al reclutamiento de numerosos mercenarios no españoles: alemanes, valones e italianos principalmente. Según I. A. Thompson, de 1580 a 1640, el Consejo de la Guerra reclutó un promedio de 9.000 hombres al año, de diversas nacionalidades.

Sin embargo, no hay que dejarse engañar por estos porcentajes. Efectivamente, en cuanto una situación llegaba a ser seria, los tercios españoles acudían a la primera línea: su fama podía convertirse en un elemento decisivo. En Gemingen, sobre 16.000 hombres había 7.500 españoles; en el asedio de Haarlem, de 12.000 hombres, 6.000 españoles... En muchos casos la proporción de españoles era muy superior a la de los efectivos. El resultado es que las pérdidas les afectan de un modo particular, de tal manera que se hace necesario reclutar aproximadamente a 4.000 españoles al año para mantener los efectivos de los tercios estacionados en Italia fuera de los períodos de guerra. Parece que para llegar a un reclutamiento de esta importancia no hubo ninguna dificultad en tiempos de Felipe II, pero la crisis demográfica contribuyó a que las levas de hombres fuesen mucho más delicadas en la época de Felipe III: recordemos, en efecto, que los hombres de los tercios eran voluntarios.

Muchos de los soldados reclutados desertaban casi inmediatamente, aunque se alistaran seguidamente en otra compañía para cobrar dos veces la prima de enganche o regresaban a sus hogares tras una espera prudencial, de manera que no podemos considerar el alistamiento como una pérdida absoluta, ya que no pocos desertores se reintegraban poco después a las ciudades y a los pueblos. El Consejo de la Guerra calculaba que entre una sexta y una séptima parte de los soldados reclutados había desertado antes incluso de que hubiesen llegado al punto de embarque. El capitán Pero López de Sotomayor que había salido de Córdoba con 452 hombres perdió hasta la mitad de su tropa antes de haber recorrido diez leguas... Las compañías rara vez conseguían conservar el efectivo deseable de 150 hombres tras algunos meses de guerra, y con mayor razón después de largos años. Es verdad que cuando el duque de Alba pasó revista en Lons-le-Saunier a los tercios que conducía a Flandes, el 12 de julio de 1567, contó 159 hombres de promedio para las 49 compañías, pero las del tercio de Lombardía no tenían más que 120. Y en 1588 el término medio por compañía no era sino de 102 hombres efectivamente presentes y una quinta parte de las compañías disponía de menos de 80 hombres.

Es cierto que el Consejo de la Guerra intentó en varias ocasiones organizar una defensa nacional reclutando milicias locales: en 1552, 1561, 1566, 1571, 1590, todavía en 1603, y especialmente después de las incursiones berberiscas e inglesas en las costas, unas ordenanzas decretaron la organización de las milicias. Pero estas tentativas fracasaron casi siempre salvo en algunas zonas expuestas al peligro, gracias a la colaboración de las autoridades municipales que en otros lugares manifestaban una escasa voluntad en dicha colaboración. Por añadidura, estas milicias permanecían en la localidad y no suponían por consiguiente una auténtica pérdida humana.

Este reclutamiento no se ha de considerar desdeñable. El historiador extremeño Ángel Rodríguez Sánchez ha mostrado, por ejemplo, que las levas de hombres para el ejército habían ejercido una influencia negativa sobre la nupcialidad en Cáceres entre 1571 y 1587. Por otra parte, incluso en Castilla, los desplazamientos de gentes armadas significaban inevitablemente, en uno u otro lugar, robos, rapiñas, raptos, violaciones, crímenes, cuando no auténticas batallas entre civiles y soldados cuyas fechorías eran juzgadas con excesiva complacencia por las jurisdicciones militares. Sin embargo, a pesar de la permanencia de la guerra en tierra y en el mar, España no pagó más que un tributo moderado en hombres, al tiempo que gozaba de una seguridad excepcional para su época, sobre todo en las regiones del interior, las dos mesetas castellanas y el valle del Guadalquivir, que representaban de hecho las zonas vitales de la España del Siglo de Oro. No obstante, hacia finales del reinado de Felipe III, y *a fortiori* durante el de Felipe IV, la demanda de hombres para el ejército pudo difícilmente satisfacerse a causa de la crisis demográfica, tanto más cuanto que el reclutamiento afectaba desigualmente a las regiones (incluso en el interior del reino de Castilla) y que la emigración continua hacia América absorbía un contingente substancioso de hombres jóvenes.

EL PRECIO DE LA SEGURIDAD: EL ESFUERZO MATERIAL Y FINANCIERO

Para conservar el territorio nacional casi inviolado y exportar la guerra, España consintió durante todo el Siglo de Oro un esfuerzo material y financiero considerable. El mantenimiento de nueve guarniciones en las fronteras pirenaicas, el sostenimiento de las fortalezas y de las guarniciones del Milanesado y sobre todo el de un importante ejército en los Países Bajos, las intervenciones en Francia, en Picardía, en Champaña, en Normandía y hasta en París, fijaron los enfrentamientos lejos de Castilla y de Aragón, pero provocaron enormes gastos, que se sitúan en el origen de las periódicas bancarrotas de la monarquía. En tiempos de Felipe II los ingresos regios en constante crecimiento permitieron sostener el esfuerzo, a pesar de las bancarrotas. Estos ingresos pasaron, en efecto, de 8.700.000 ducados anuales en 1577 a 12.500.000 en 1598. Pero después no progresaron sino débilmente: con Felipe IV no superaron más que en un 12,50 por 100 el de 1598 y este incremento fue insuficiente. A partir de 1640, el resultado es el hundimiento del sistema de seguridad sobre el que se había fundado la supremacía política y financiera de España.

El considerable desarrollo de las fronteras marítimas, consecuencia de la situación peninsular de España, explica que el esfuerzo material haya afectado muy especialmente al armamento naval. Antes de 1575-1577, el peligro marítimo procedía sobre todo de los berberiscos y de los turcos. Tras el desastre de la Herradura, cerca de Málaga, en 1562, donde se perdieron 25 galeras de Sicilia y de España, se emprendió un enorme esfuerzo de inversión naval con el apoyo financiero del papa: en 1571, la gran victoria de Lepanto demostró la eficacia de este esfuerzo. En 1574, el país disponía de hecho de 146 galeras, lo que representaba una fuerza considerable: el equilibrio se había restablecido en el Mediterráneo.

Al mismo tiempo, la defensa de las costas mediterráneas aconsejó la realización de importantes trabajos de fortificación confiados a grandes arquitectos militares, como Fratino, Vespasiano Gonzague y Juan Bautista Antonelli, que fortificaron varias plazas: Cullera, Jávea, Villajoyosa. En el reino de Valencia, Antonelli construyó una red completa de torres de vigilancia y observación, cada una de ellas provista de una o dos aberturas para cañones. Más tarde, estableció un programa análogo para la costa murciana, que incluía 36 torres vigía y 128 guardias, pero este programa no llegó a realizarse enteramente.

A partir de 1580, el teatro de operaciones principal se trasladó al Atlántico: los corsarios ingleses y holandeses se mostraron tan peligrosos como los berberiscos. Fue necesario fortificar Lisboa, los puertos de Galicia y sobre todo Cádiz, al mismo tiempo que se construía una importante flota de navíos de gran calado para enfrentarse al océano. Un primer plan permitió disponer de 106 navíos en 1587, con la perspectiva del desembarco en Inglaterra. El fracaso de la Armada Invencible en 1588 pareció aniquilar la posición dominante de España como potencia atlántica, pero inmediatamente después de esta grave derrota los astilleros navales cantábricos comenzaron a funcionar: de 1589 a 1598 entregaron de 60 a 70 grandes navíos. Este impulso permitió la protección de los convoyes procedentes de las Indias y la defensa de las costas españolas, que no quedaron entregadas impunemente a las incursiones inglesas, como a veces se cree demasiado a la ligera. Un último gran esfuerzo de armamento naval fue llevado a cabo de 1617 a 1623, de manera que durante los cuarenta años que siguieron al desastre de la Armada Invencible España siguió siendo capaz de hacerse respetar en el Atlántico.

La fortificación de las costas continuó y abarcó especialmente el litoral del Atlántico sur español, sector expuesto a la doble amenaza berberisca y anglo-holandesa. Antonelli había previsto la instalación de una línea de 23 torres-vigía, desde Gibraltar hasta la desembocadura del Guadiana, con 78 vigilantes. Este programa no llegó a realizarse completamente: en 1588, se habían puesto en servicio 9 torres y 14 en 1608. Pero en esta región el duque de Medina Sidonia aportó su contribución a la defensa nacional: creó en 1591 un destacamento de guardacostas a caballo encargados de inspeccionar regularmente la costa entre Sanlúcar de Barrameda y Huelva, y el tercio de milicia creado por el duque contaba en 1609 con más de 1.600 hombres. Por otra parte, en la misma época, las fortalezas de Larache (1610) y de La Mamora (1614), construidas en la costa marroquí, supusieron nuevos puntos de apoyo contra los corsarios.

En el lugar de encuentro entre el Mediterráneo y el Atlántico, Gibraltar, cuya importancia estratégica era evidente, comenzó a ser fortificado a partir de 1537, bajo la dirección del gobernador de la fortaleza, Álvaro de Bazán. Sin embargo, los trabajos de fortificación no adquirieron importancia hasta después del ataque de 1540, y gracias a la intervención de los ingenieros militares enviados por el rey, sobre todo ingenieros italianos: Juan Bautista Calvi, el Fratino, Espanochi, Juan Bautista Antonelli, Luis Bravo de Herrera y Cristóbal de Rojas trabajaron sucesiva o simultáneamente en las fortificaciones de Gibraltar durante los siglos XVI y XVII. Levantaron un muro en el frente sur, muy descubierto, seguidamente otro muro que se extendía de levante a poniente, apoyado por una casamata provista de bocas de fuego, instalada sobre una roca inexpugnable. Los fuertes de Santa Cruz y del Rosario construidos por Fratino completaron el dispositivo. Estos trabajos resultaron muy onerosos: como lo ha demostrado I. A. Thompson, los gastos de guerra y de defensa nacional alcanzaron después de 1587 unos niveles superiores a los del período anterior, a pesar de la preparación de la Armada Invencible. El desafío financiero se reveló a la larga insostenible.

Los límites de la paz:
guerras interiores y peligros en el mar

En consecuencia, durante un dilatado período de ciento quince años, España no estuvo directamente afectada por la guerra sino excepcionalmente y de manera muy limitada gracias a este conjunto de esfuerzos. No obstante, se han de tener en cuenta las excepciones.

En primer lugar, entre la Navidad de 1568 y la de 1570, estalló la revuelta de los moriscos de Granada que desencadenó una guerra despiadada de dos años entre cristianos y musulmanes. Algunos episodios notorios ilustran el carácter cruel de la guerra. Por ejemplo, el 3 de febrero de 1569, Francisco de Córdoba, hijo del conde de Alcaudete, condujo a 800 hombres al asalto del promontorio de Inox, próximo a Almería. El combate, que se desarrolló con arma blanca, tras ocho horas de lucha, causó 400 muertos entre los moriscos, 300 muertos o heridos entre los cristianos, 50 prisioneros moriscos fueron enviados a galeras y 2.700 mujeres y niños quedaron reducidos a la esclavitud. Por su parte, el marqués de Mondéjar, algunos días más tarde, pasó por las armas a cuantos encontró, hombres o mujeres, en el interior del fuerte de Guajar, después de la toma del mismo. Por su parte, los moriscos mataron a 150 hombres y se llevaron a 80 mujeres como esclavas después de la conquista de Serón.

Por duros que hayan sido estos rigores, estamos lejos siquiera de que la guerra haya afectado al conjunto del antiguo reino de Granada: la misma ciudad de Granada y su vega, la región de

Guadix, Baza y Huéscar (con excepción de dos o tres localidades), las ciudades de Motril, Salobreña y Almería no participaron en el levantamiento y la Serranía de Ronda no participó más que parcialmente y ello a partir de abril de 1570, es decir, únicamente durante algunos meses. El corazón de la revuelta fue el macizo de las Alpujarras y algunas zonas costeras como las tierras de Almería y de Salobreña (aunque no las ciudades) desempeñaron igualmente un importante papel. No obstante, la zona devastada por la guerra apenas representa el 2 por 100 de la superficie de la península...

Lo que es más importante, la rebelión morisca demostró que el temor de un desembarco turco en tierras de España no era sino un mito. Los moriscos sublevados habían esperado con fervor el socorro de sus correligionarios del Maghreb o de Estambul. Este socorro no acudió. O, dicho con mayor exactitud, no intervino más que de una manera muy insuficiente: en agosto de 1569, 400 hombres dirigidos por El Hoscain desembarcaron en la costa andaluza. Pero en el apogeo de la rebelión, en la primavera de 1570, no había más de 4.000 turcos y berberiscos sobre los 25.000 combatientes moriscos, cantidad apreciable, sin más. Los otomanos y los argelinos fueron capaces de organizar ataques e incursiones pero jamás pudieron intentar un desembarco de la importancia del que España intentó en 1588 contra Inglaterra, aunque ciertamente sin éxito. Las costas españolas se encuentran demasiado alejadas de las bases de las escuadras otomanas. Indudablemente, los rumores persistieron: en 1589 y todavía en 1591, los turcos, se decía, preparaban una flota enorme destinada a socorrer a los moriscos, y algunos de éstos procesados por el tribunal de la Inquisición de Zaragoza no dudaron en expresar su confianza. Estos rumores, sin embargo, no fueron confirmados por hechos.

¿Se ha de considerar la campaña de Portugal en 1580, como otra excepción? La duda es legítima. De hecho, numerosos portugueses apoyaron de entrada a Felipe II y la «campaña» se redujo a un paseo militar que no afectó al territorio español.

Podemos también evocar las agitaciones que inquietaron el valle del Ebro en 1585-1586 a causa de las agresiones recíprocas entre localidades moriscas y cristianas. Y naturalmente se ha de tener en cuenta la campaña dirigida por Felipe II contra la ciudad de Zaragoza en 1591, como consecuencia de la evasión de Antonio Pérez, facilitada gracias a la revuelta popular. Aunque desde un punto de vista militar, son asuntos de escasa entidad.

La inseguridad permanente, el riesgo de guerra efectivo no afectan, por consiguiente, más que a las regiones marítimas de España: las costas mediterráneas se encontraban bajo la amenaza berberisca y las costas cantábricas recelaban con temor de los corsarios británicos y de toda clase de bribones del mar. Vigo, Cádiz, Sanlúcar de Barrameda, Málaga, Cullera o Gibraltar, ésta es la España del miedo. Una reducida franja del territorio a lo largo de los mares. Castilla sólo supo de los relatos de estos terrores que, desde luego, no eran imaginarios.

Referida solamente a la costa valenciana ésta es una relación no exhaustiva establecida por Sebastián García Martínez: en 1518-1519 Barbarroja saquea Chilches, Denia y Parcent; en 1519, ataques contra Oropesa y Burriana; en 1528 asalto dirigido contra El Palmar; en 1529 desembarco en Oliva; en 1532 Piles y Cullera son saqueadas; en 1534 desembarco en Parcent; en 1532 Barbarroja ataca Oropesa a pesar de un intento de fortificación; en 1543 Salah Raïs desembarca en Guadamar y en 1545 ataca Vinaroz; en 1547 un desembarco en Sagunto es seguido del saqueo del monasterio de Santo Espíritu y de una incursión sobre Alcalá de Chivert; en 1550 Dragut lanza repetidos asaltos contra Benisa, San Juan y Cullera que es saqueada; en 1551 desembarco cerca de Alcudia; en 1554 desembarco en Benicarló; en 1556 violento ataque contra Denia. Durante este período, en 1540, el renegado italiano Caramani, al servicio del rey de Argel, Hacen Aga, dirigió un ataque en regla contra Gibraltar. Y en 1558 una poderosa flota turca desembarca en Menorca, ocupa Ciudadela y luego lanza un nuevo ataque contra Gibraltar. Con ocasión de estos episodios adquirieron fama algunos corsarios, muy temidos: Barbarroja, Salah Raïs y, sobre todo, Dragut.

El gran esfuerzo señalado más arriba para establecer una línea de defensa, el fracaso de los turcos en Malta, en 1565, Lepanto, las hazañas de los corsarios valencianos que no permanecían inactivos, disminuyeron la presión islámica y las treguas hispano-turcas de los años 1580 prolongaron esta calma, relativa, por otra parte, ya que los argelinos no cesaban en sus ataques. Por aquellos mismos años los corsarios franceses intentaron varias incursiones en las costas cantábricas y gallegas. Entre 1570 y 1585 se produjo una recrudescencia del peligro en estas costas con la intervención de los corsarios ingleses y holandeses. Los años 1585-1587 señalan un paroxismo que contribuyó a explicar la tentativa española de la Armada Invencible contra Inglaterra en 1588. Porque, en 1585, Francis Drake sometió a pillaje a Vigo y a Bayona, en Galicia; en abril de 1587 destruyó varios navíos fondeados en la bahía de Cádiz. Más tarde, en 1589, tras el fracaso de la Armada Invencible, un auténtico ejército de 13.500 hombres mandado por Drake y Norris se apoderó de La Coruña y permaneció una quincena de días en Galicia organizando varias expediciones hacia el interior; después, tras un intento fracasado contra Lisboa, saqueó de nuevo Vigo. En 1596 el conde de Essex y Howard, con 6.000 hombres, tomó Cádiz y saqueó la ciudad durante dieciséis días antes de abandonarla en llamas. Es cierto que otros ataques fracasaron, especialmente un nuevo asalto contra Cádiz en 1625. Pero la lista que precede dista mucho de ser completa y no representa más que una muestra de la larga crónica de las desgracias que soportaron los españoles de las comarcas marítimas.

En cuanto a la España interior, permaneció perfectamente al abrigo de estos dramas. Durante este largo período ninguna ciudad española conoció los horrores de un asedio, ni *a fortiori* las violencias de pillaje y saqueo que seguían frecuentemente a la toma de una ciudad; las zonas rurales ignoraron las devastaciones habituales con ocasión del paso de ejércitos extranjeros y las muertes colectivas de represalias o los incendios de las cosechas.

Los límites de la seguridad:
VIOLENCIA ARISTOCRÁTICA, BANDOLERISMO, INSEGURIDAD URBANA

El alejamiento de la guerra extranjera y la limitación de los desplazamientos de tropas no garantizaban una seguridad absoluta. Los Reyes Católicos habían conseguido poner fin a las guerras civiles prolongadas a las que se habían entregado los grandes señores castellanos a lo largo del siglo xv. En cambio, las guerras privadas continuaron en el reino de Aragón durante gran parte del siglo xvi. Hacia 1560, los duques de Segorbe y de Gandía y el marqués de Guadalest mantenían todavía auténticos ejércitos señoriales, de un centenar de hombres o más en el país valenciano. En 1564, por ejemplo, el castillo de los duques de Gandía era una fortaleza considerable donde residía una guarnición de 50 hombres y el duque podía movilizar hasta 600 arcabuceros. Algunos nobles menos prestigiosos se dedicaban sin escrúpulos a una verdadera guerra de clanes recurriendo a los servicios de asesinos a sueldo: antes de las Germanías, los Vilanova se habían enfentrado a los Masco de Valencia; de 1547 a 1550, los Rocafull chocaron violentamente con los Masquefa. Entre 1553 y 1562, por último, la guerra privada desencadenada entre los Pardo de la Costa y los Figuerola implicó a varias de las grandes familias del reino. El duque de Segorbe, virrey desde 1559, respondió con una represión inflexible que costó la vida a su hijo. En todo caso, el desarme de los moriscos de Valencia en 1563 significó el final de los ejércitos señoriales de esta región, porque los nobles reclutaban principalmente sus soldados entre sus vasallos moriscos. En adelante, la influencia de los grandes señores se ejerció a través del apoyo oculto que prestaban a las temibles «bandas» que el país valenciano soportó hasta finales del siglo xvii, ya que las grandes familias mantenían sus venganzas por medio de la actuación de estas bandas y de sus asesinos a sueldo. De esta manera, la facción Anglesola estaba protegida por el marqués de Guadalest, mientras que sus enemigos se encontraban protegidos por el duque de Medina de las Torres y por el arzobispo. El conde de Carlet fue perseguido en 1625 por el virrey por haber protegido a unos bandidos. En Carcagente, en 1609, una auténtica guerra opuso a las familias de los Timors y los Talens, que suprimían sistemáticamente a sus parientes y a los amigos de sus amigos. Varios grandes señores tuvieron que ser condenados a muerte y ejecutados, por ejemplo, el 21 de febrero de 1577 don Juan de Cardona, almirante de Aragón y marqués de Guadalest, por el rapto de dos religiosas.

La violencia aristocrática no se limitaba al reino de Valencia;

conoció una viva recrudescencia en Andalucía hacia finales del siglo XVI y comienzos del XVII, sobre todo en las ciudades pequeñas y medianas, donde las familias patricias situadas a la cabeza de los clanes rivales, los bandos, se disputaban el poder y los honores. Se sucedieron así enfrentamientos hasta desembocar en crímenes de sangre, en ocasiones de una crueldad feroz, entre los Ortega Cabrio y los Cazorla en Úbeda, entre los Quero, Benavides, Lucena y Piedrola en Andújar, los Román y los Vaca en Iznatoraf... Los privilegios de jurisdicción que protegían frecuentemente a los caballeros, sea a través de las grandes órdenes militares, sea gracias a la familiaridad de la Inquisición, exasperaron esta violencia. En ciertas ocasiones algunos jóvenes nobles llegaron hasta el asesinato gratuito, por simple diversión.

En estas condiciones, las fronteras entre violencia aristocrática y bandolerismo son difíciles de trazar en muchos casos. Sin embargo, la política de imposición del orden de los Reyes Católicos, protegida por Carlos V y por Felipe II, había convertido a Castilla en un país mucho más seguro de cuanto lo había sido en el pasado y de lo que llegaría a serlo después. Es suficiente comparar los relatos de los viajeros extranjeros en España entre 1500 y 1650-1660, por una parte, y entre 1660-1680 y 1850, por otra. Los primeros rara vez son inquietados por los bandidos asaltadores de caminos, salvo en Cataluña y en la región de Valencia, de tal manera que el embajador veneciano Antonio Tiepolo pudo escribir en su *Relación* de 1567:

> Pocos delitos se cometen en este reino hasta tal punto de que todos pueden pasear de noche con toda seguridad en todos los lugares (me refiero a las dos Castillas, la Vieja y la Nueva). En los tres reinos de Aragón, Cataluña y Valencia, en los que Su Majestad no dispone del poder absoluto, se cometen los crímenes más atroces y en ellos los viajeros no gozan de ningún tipo de seguridad porque estas regiones están infectadas de bandidos en todas partes.

Los viajeros posteriores a 1650 presentan la amenaza de los bandoleros como una de las principales dificultades de su viaje y esta vez tanto en el reino de Castilla como en el de Aragón, describen el catálogo de los lugares de peligro que se encuentran ya en todas partes: en Galicia, en Castilla la Vieja, en Extremadura, en las Sierras Morena y Nevada, etc. Y multiplican los consejos para prevenir el peligro: llevar armas cargadas al alcance de la mano, viajar en convoy, etc.

Durante el Siglo de Oro, no obstante, y como lo observaba Tiepolo, el bandolerismo rural siguió siendo temible, en primer lugar en Cataluña, donde alcanza su paroxismo durante el primer tercio del siglo XVII; después en Valencia, donde el apogeo del bandolerismo se sitúa un poco más tarde. Los bandoleros catalanes están en todas las partes, tanto en el marco de las luchas de clanes como las que opusieron a *nyerros* y *cadells,* sea que procedan de un proletariado rural miserable, sea que se trate de nobles, estudiantes, o de sacerdotes descarriados. Los envíos de metales preciosos de Castilla a Italia, que transitaban por Barcelona, constituían unas evidentes y fuertes tentaciones. Por otra parte, en Cataluña, muchos campesinos podían en uno u otro momento transformarse en bandidos de ocasión, puesto que todos los hombres estaban armados, al menos con un viejo *pedrenyal* (fusil de piedra).

La lucha contra los bandoleros fue una de las tareas esenciales de los virreyes. Los de Valencia lo consiguieron quizás mejor que los virreyes de Cataluña. Así, por ejemplo, el conde de Aytona, virrey de Valencia entre 1581 y 1594, combatió a los bandidos con toda energía, sin vacilar en obligar a pagar a la fuerza a los grandes señores para financiar sus acciones y sin consideración respecto de los fueros valencianos: deportó sin juicio a Ibiza, a Menorca o a Sicilia al hampa de la ciudad, desmanteló la banda morisca de Solaya, lo que aprovechó para reforzar la seguridad de las costas. El bandolerismo valenciano recuperó fuerzas y audacia bajo sus sucesores, pero otro virrey, el marqués de Caracena, le asestó golpes muy duros durante su mandato que duró de 1606 a 1615. Apoyándose en una nueva legislación que él mismo promulgó (pragmáticas de 1607 y 1608) y en una reorganización de la Audiencia persiguió a los extranjeros sin trabajo, a los gitanos y a los moriscos, a los que acusaba de ser los principales responsables de la inseguridad. Así fue como acabó con las bandas moriscas de Nono y de Carlillos y amenazó a los señores que protegían a los bandidos moriscos con ser deportados al presidio de Orán. Seguidamente el marqués atacó a las *bandositats* de la Ribera, que estaban formadas sobre todo de cristianos viejos.

La picaresca, sobre la que volveremos en un capítulo ulterior, representa sin duda un límite a la seguridad de las ciudades. Sin embargo, la picaresca representaba un peligro mucho menor para la vida humana que el bandolerismo. Los pícaros eran mucho más ladrones, estafadores y tramposos que asesinos. Es cierto que entre ellos existían los asesinos a sueldo, pero no formaban sino una minoría. Además, los pícaros actuaban preferentemente en determinados barrios de las ciudades, perfectamente localizados y de los que era posible desviarse o desconfiar. Las tabernas, las casas de juego, los burdeles, algunas plazas, algunas calles, algunos muelles constituían su dominio, fuera del cual su amenaza disminuía. Robaban preferentemente a los ricos ingenuos, los peruleros[1] presumidos o imprudentes, a los extranjeros demasiado curiosos, a los jugadores impenitentes... El robo por el procedimiento del tirón o en los mostradores de mercados y tiendas, algunas formas de extorsión violenta, hábiles estafas o la utilización de señuelos femeninos eran frecuentemente eficaces, pero no representaban un peligro mortal para la sociedad.

Es preciso rendirse a la evidencia. A pesar de estos límites, de las tensiones sociales que alimentaron el bandolerismo, de la inseguridad de determinados sectores marítimos, España disfrutó de una paz y de una seguridad excepcionales para la época durante un período notoriamente prolongado. La guerra llevada en el exterior por el rey, por sus tercios y por sus navíos, no afectó sino indirectamente a la España profunda. Las creaciones del Siglo de Oro se alimentaron también de paz.

1. Perulero: nuevo rico que había hecho su fortuna en América (Perú).

CAPÍTULO 4

LAS CUENTAS DE LA VIDA Y DE LA MUERTE.
DE LA ARITMÉTICA DE LAS CIFRAS
A LA DE LAS OPINIONES

Protegida de la guerra a domicilio, la España del Siglo de Oro no lo estuvo, como tampoco los demás países de Occidente, del hambre, de la enfermedad y de la epidemia. Sin embargo, hasta los años 1580 o 1590, siguió siendo durante largo tiempo una nación joven donde la vida se imponía a la muerte. Los antiguos trabajos que adelantaban la hipótesis de una decadencia demográfica muy precoz, que hubiera comenzado en el reinado de Carlos V, ya desde 1540, han sido totalmente rechazados en la actualidad. Los censos de población que han sido hallados en los diversos reinos y las numerosas monografías de que disponemos no permiten ya la menor duda. Ahora sabemos también que la verdadera realidad de Cataluña no se correspondía, por definición, con la de Castilla, que podía a su vez no ser la de Andalucía, y conocemos incluso que los ritmos de crecimiento o de reflujo no eran simultáneos. Por añadidura, la verdad histórica, tal como hemos podido reconstruirla gracias al método científico, no se corresponde obligatoriamente con las percepciones de los contemporáneos. Su ilusión, que en no pocos casos era una ilusión pesimista, tuvo para el país tanta importancia como la realidad, que era no obstante menos sombría de lo que imaginaban.

Retengamos ante todo algunas ideas simples. El dinamismo demográfico, desigual según las regiones, es casi general hasta los años setenta o incluso hasta los años ochenta del siglo XVI, pero sin lugar a dudas fue muy tardío en Cataluña donde la peste negra y sus secuelas, en primer lugar, y las grandes luchas sociales del siglo XV más tarde, habían creado unas brechas trágicas. Más allá de 1580 el reflujo se insinúa en Castilla la Vieja, en León y en el litoral cantábrico: en ocasiones es rápido. En cambio la expansión parece que prosigue en Cataluña, en el sur de Castilla la Nueva, en Andalucía y en la región de Murcia, hasta la gravísima crisis de los años 1597-1602, que parece señalar el momento decisivo del cambio. Algunos trabajos recientes han mostrado que el crecimiento demográfico ya secular había podido reanudarse en algún que otro lugar, en ciertos islotes privilegiados, incluso en Castilla la Vieja, después de este trágico episodio. Por consiguiente,

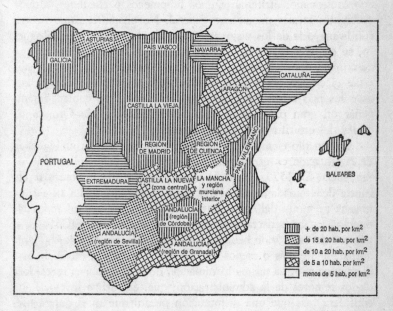

MAPA 3

Densidad de población en España a finales del siglo XVI
(hacia 1591)

después de 1620, en la mayor parte del país, y después de 1640 sobre todo, la disminución es general; a partir de entonces la muerte se impone a la vida. La temida despoblación, denunciada por numerosos escritores políticos que anticiparon su realidad se convierte en un hecho indudable. Muchos pueblos se vacían, algunas ciudades se reducen. Es el otoño del Siglo de Oro.

Este siglo no se presenta, pues, como un período homogéneo enteramente situado bajo el signo del impulso demográfico; acumula dos épocas de signo contrario, crecimiento primero, recesión después. Este cambio de tendencia, cuya cronología fue diferente según las regiones, suscitó entre los contemporáneos interrogantes, inquietudes y dudas. Mientras la población de los reinos continuaba aumentando globalmente, el despoblamiento les parecía un hecho confirmado: atribuían a unos fenómenos particulares, a unos accidentes locales un alcance general. No obstante, como ocurre con la mayoría de los visionarios a modo de pájaros de mal agüero, su error consistía en adelantarse a la realidad. Los males que describían, donde mezclaban lo real y lo imaginario, debían realizarse efectivamente y desarrollarse de manera plena dos o tres decenios más tarde. Esta inquietud, esta angustia, debían desempeñar un gran papel en las creaciones del Siglo de Oro, tanto en las del espíritu como en las del arte.

Un sencillo ejemplo nos permitiría comprender la ambigüedad de la situación en el momento en que se insinuaba el cambio de tendencia. En 1575, Felipe II ordenó en Castilla la Nueva la encuesta denominada de las «Relaciones topográficas». La trigésimonovena pregunta del cuestionario general presentado en todos los pueblos estaba redactado de la manera siguiente: «¿Cuál es el número de casas y de habitantes que hay en este pueblo? ¿Había antiguamente más o menos que ahora, y cuál es la razón de esta disminución?». La misma formulación de la pregunta es reveladora de los temores de la administración, que, en última instancia, no considera más que una disminución puesto que ni si quiera pregunta cuáles podrían ser las razones de un crecimiento. Precisamente, sobre los 370 pueblos que fueron objeto de la encuesta, 234 respondieron que nunca habían tenido antes tantos habitantes (es decir, el 63,20 por 100), 37 se declararon estacionarios y solamente 99 indicaron una disminución de población. Sin embargo, las autoridades de las localidades encuestadas tenían interés en sugerir su declive con el fin de evitar un aumento posible de la fiscalidad.

EL CRECIMIENTO: LÍMITES, VARIACIONES, MODALIDADES

Este libro desea limitar el recurso a las cifras a lo estrictamente necesario y no hacer uso de ellas de manera abusiva; pero cuando se trata de estudiar la evolución de una población no se puede evidentemente prescindir de algunos datos aritméticos.

Por desgracia, dado que España no constituía una unidad administrativa, carecemos de un censo de conjunto, que hubiere sido ejecutado simultáneamente en todos los reinos. Pero lo tenemos referido al reino de Castilla que, con el apoyo de las provincias vascas, reagrupaba hacia finales del siglo XVI aproximadamente el 80 por 100 de la población total. Estos censos no contaban los individuos sino solamente los cabezas de familia o *vecinos*, es decir, los *fuegos*, ya que su intencionalidad era esencialmente fiscal. Si comparamos los resultados de la encuesta de 1528-1536, cuidadosamente corregida por Felipe Ruiz Martín, con los del censo de 1591, constatamos que el número de «fuegos» (incluidos los «hogares» de sacerdotes...) ha pasado de 891.467 a 1.315.237. En sesenta años, el aumento del número de hogares en un 47,53 por 100 es, sin duda, de importancia considerable. Tendríamos que añadir a estos totales los religiosos regulares de ambos sexos: 28.054 en 1528-1536; 41.066 en 1959.

Los historiadores han mantenido abundantes discusiones acerca del coeficiente por el que sería necesario multiplicar el número de fuegos u hogares para obtener el de habitantes: actualmente la amplitud oscila entre 5 (Felipe Ruiz Martín) y 3,75 (Ángel García Sanz). El primero quiere tener en cuenta lo más posible a la población flotante no afectada por las encuestas (vagabundos, gitanos) y a los individuos carentes de indentidad fiscal (criados de las mansiones señoriales, esclavos). El segundo recuerda que las viudas representan un porcentaje notable de hogares: casi el

20 por 100 asegura, lo que es en ocasiones cierto, pero el promedio no rebasa el 15 por 100. Por mi parte, retendré un valor intermedio: 4,4 o 4,5. Pero sobre todo, insitiré preferentemente sobre las variaciones del coeficiente en función de la coyuntura, lo que se descuida con excesiva frecuencia.

Me explico. Hacia 1530, el impulso demográfico parece generalizado. En consecuencia, es probable que las familias hayan tenido muchos hijos vivos. En 1591, este impulso se ha detenido en casi todas partes y con frecuencia ha cedido el paso a un reflujo: deduzco de ello que el número de hijos vivos por familia ha disminuido. En estas condiciones el coeficiente multiplicador de 1591 sería inferior al de 1528-1536 y el incremento neto de de población resultaría ligeramente inferior al que parecía en una primera aproximación. Ahora bien, los casos precisos sobre los que se basan para establecer los coeficientes proceden casi todos de finales del siglo XVI y de comienzos del siglo XVII, época de recesión al menos relativa: ello nos lleva a subestimar los coeficientes de los períodos anteriores.

En todo caso, el crecimiento demográfico fue fuerte y ello tanto más cuanto que el apogeo de población se sitúa sin lugar a dudas antes de 1591, probablemente entre 1578 y 1584.

Los análisis pormenorizados realizados por Francis Brumont para el norte de Castilla la Vieja y especialmente los referidos a sus regiones rurales (merindades de Saldaña, Campos, Cerrato, Castrogeriz, Villadiego) muestran que el número de fuegos continúa aumentando ligeramente (del 3 al 12 por 100 según los casos) de 1561 a 1586: los casos de retroceso son muy escasos mientras que se convierten en la norma de 1586 a 1591 y este retroceso se acentúa de 1591 a 1597. De hecho, gracias a un censo parcial realizado en 1582, este autor puede afirmar que el cambio de tendencia se situó entre 1582 y 1586.

Se observa igualmente que 24 localidades de la tierra de Valladolid arrojaron de 1530 a 1591 un aumento del 20,7 por 100, pero este crecimiento no es sino de un 2,4 por 100 de 1561 a 1591. En consecuencia, el incremento más sensible se sitúa entre 1530 y 1561: durante este período las campiñas de Segovia y de Sepúlveda realizaron un aumento del 20 por 100, pero la ciudad de Segovia alcanzó el 49 por 100.

Estos ejemplos son testimonios de una alza moderada y, salvo en el caso de Segovia, netamente inferior a la media del reino de Castilla. Sin duda porque el impulso demográfico de Castilla la Vieja había sido muy precoz: iniciando a partir de finales del siglo xv, se detiene después de 1560. Lo mismo sucedió en el País Vasco, cuyo crecimiento, en el siglo xvi, es modesto en Guipúzcoa y en Vizcaya y muy débil en Álava y en Navarra. En Galicia, por el contrario, el ejemplo de la comarca de Santiago de Compostela estudiada de manera exhaustiva por Juan Eloy Gelabert muestra que el aumento fue del 46,3 por 100 de 1533 a 1591: en efecto, pasa de 3.143 fuegos a 4.601, casi exactamente conforme al promedio nacional.

Las regiones más meridionales cuyo inicio fue más tardío, conocieron frecuentemente un impulso más importante entre 1530 y 1591.

Si bien la ciudad de Jaén, por ejemplo, no registra más que un aumento del 21 por 100 de 1530 a 1594, la de Córdoba, ciudad mucho más importante, aumenta el número de sus fuegos en un 83 por 100 entre 1530 y 1587. El reino de Sevilla, que corresponde a la Baja Andalucía, pasó entre 1534 y 1591 de unos 355.000 habitantes a 517.000, según los cálculos de Antonio Domínguez Ortiz, es decir un 45,6 por 100 de aumento: por otra parte, el impulso demográfico es muy variable según las zonas. Es prácticamente nulo en las costas a causa de la inseguridad y oscila entre el 20 y el 40 por 100 en las zonas montañosas del norte, pero se eleva al 49 por 100 en la campiña de Sevilla y supera el 50 por 100 en los parajes de la antigua frontera del reino de Granada. Esta situación se reproduce en el «reino de Córdoba» donde el crecimiento más espectacular se refiere a las regiones próximas a la antigua frontera: Cabra pasa de 1.246 fuegos a 2.065 (más del 65,7 por 100); Lucena de 2.043 a 3.041 (más del 48,8 por 100). En los valles del Guadalquivir y del Genil algunas localidades conocen también un fuerte crecimiento. Peñaflor pasa de 164 a 257 fuegos (más del 56,7 por 100) y Puente Genil triplica su efectivo, es decir 1.200 fuegos contra 407. Es cierto que existen algunos casos (raros) de despoblación referidos en general a pueblos pequeños.

El crecimiento más impresionante sigue siendo, sin embargo, el de Sevilla: el censo de 1534 le atribuye 6.634 fuegos de «plebeyos»,

2.229 «fuegos de viudas», 66 de huérfanos, 74 de pobres y algunos otros; en 1561 un nuevo censo registra 19.213 fuegos y el que establece el arzobispo unos años más tarde (en 1567) alcanza 21.803 fuegos a los que es necesario añadir 6.327 esclavos sin hablar de la población flotante... Por último, en 1588, el número de fuegos se eleva a 25.986. Ello significa que la población de Sevilla casi se ha cuadruplicado en poco más de medio siglo y la ciudad se ha convertido en esta época con sus 125.000 habitantes en una de las seis ciudades más pobladas de Europa: no la superan entonces más que Estambul, Nápoles, Londres, París y Venecia. El examen de la evolución de las parroquias muestra el fortísimo crecimiento de las parroquias periféricas pobladas de proletarios: Santa Ana (Triana), San Vicente, Santa Lucía, San Gil, Omnium Sanctorum...

Solamente Madrid realizó un salto comparable al de Sevilla, pero fue más tardío y su origen procede de una decisión política, la de establecer en esta ciudad la capital fija de España. Madrid, pequeña ciudad de 5.000 a 10.000 habitantes en 1560, experimentó entonces un desarrollo rapidísimo, rebasó sensiblemente los 50.000 habitantes a finales del siglo XVI y efectuó el crecimiento más asombroso de 1606 a 1620, aproximándose entonces a los 120.000 habitantes. Había alcanzado entonces a Sevilla.

El sur de Levante, es decir, la región de Alicante y el antiguo reino de Murcia, constituyó otra región profundamente transformada. Casi vacío a finales del siglo XV, es el escenario de un desarrollo espectacular.

Por ejemplo, Alicante y sus dependencias pasan de 624 fuegos en 1493 a 708 en 1505, 1.088 en 1528, 2.004 en 1571 y finalmente a 2.101 en 1616. Elche, que contaba con 974 fuegos en 1562, continúa creciendo hasta 1609: 1.380 fuegos, al igual que Alcoy: 1.150 fuegos contra 793. No lejos de allí, Orihuela registra un crecimiento más modesto: 2.000 fuegos en 1497, 2.766 en 1594. Pero en Caravaca, en el reino de Murcia, la población llega a más que duplicarse entre 1530 y 1591, mientras que en el mismo período de tiempo el aumento es del orden del 88 por 100 en Moratalla y del 76 por 100 en Cehegín.

En el reino de Aragón se asistía a unos fenómenos comparables y las diferencias cronológicas eran quizás todavía más intensas. Muy lento en Valencia durante una buena parte del siglo xvi, el impulso se acelera seguidamente y de 1565-1572 a 1609 el número de fuegos pasa de 64.075 a 96.730, o sea el 51 por 100 de aumento. Del mismo modo Cataluña cuya población había permanecido estancada durante la primera mitad del siglo xvi realiza seguidamente un arranque que se afirma hacia 1580. En suma, parece en conjunto como si el crecimiento de la población hubiese afectado a toda España, pero las regiones que se mostraron más precoces en la mutiplicación de la vida son también, lógicamente, las que más pronto sufren la saturación demográfica y el freno del crecimiento, mientras que las demás ven como todavía aumenta el número de sus hogares. Las variaciones regionales en la cronología del crecimiento han actuado como un factor de cambio, como un agente de migraciones, y estimularon igualmente el cuestionamiento político, económico y social al que se dedicaron las mentes más lúcidas de su tiempo.

Por otra parte, los españoles del siglo xvi vivieron en su mayoría en el seno de una humanidad en expansión en la que se encendían nuevos fuegos y en la que los niños que sobrevivían eran más numerosos. Esta circunstancia representaba un agente de innovación, de creatividad. Pero, poco antes, o poco después, a lo largo del último cuarto del siglo xvi, este crecimiento se detuvo casi en todas partes. Disponemos de un amplio muestrario de ejemplos.

El estudio de los registros parroquiales de bautizos permite, en efecto, datar con bastante precisión el freno de la expansión demográfica.

En la pequeña región rural de la Bureba, al norte de Burgos, los bautizos dejan de aumentar a finales de los años setenta. En 9 pueblos de la «tierra» de Valladolid el máximo absoluto de nacimientos se alcanza en 1570 y la disminución se inicia seguidamente, aunque es lenta hasta 1590. En las campiñas de Segovia y de Sepúlveda, según Ángel García Sanz, el número de bautismos disminuye a partir de los años sesenta. En un cierto número de pueblos de los alrededores de Toledo el impulso prosiguió hasta una fecha más tardía, ya que el máximo de nacimientos se alcanzó en 1575 e idénticos resultados se observan en las ciudades vecinas: en Talavera de la Reina el máximo se obtiene en los años 1570-1574; en 1580 en Ciudad Real y en Salamanca; en 1587-1589 en Cáceres; en Córdoba, donde disponemos de cifras referidas a once parroquias sobre quince, el apogeo se alcanzó en 1585-1589.

Indudablemente los bautizos representan el indicador más seguro respecto de los cambios de tendencia. Los cálculos establecidos sobre los fuegos deforman en cierto modo la realidad ya que veinte o veinticinco años después de su nacimiento los supervivientes fundan nuevos hogares. El número de fuegos (o vecinos) puede pues aumentar, al mismo tiempo que la población disminuye. Además, incluso aunque el número de bautizos disminuya ligeramente, la población puede continuar aumentando si la natalidad es normal porque, una vez hecha la abstracción de la mortalidad infantil siempre considerable, concierne a clases de edad menos numerosas que las de los años 1570 o 1580. La complejidad de estos fenómenos, sus efectos contradictorios, explican el malestar de los contemporáneos y al mismo tiempo la atención muchas veces angustiosa que dedicaban a los datos de la población.

Dicha complejidad se acrecienta todavía por las diferencias regionales. Del norte al sur del reino de Castilla, de la Bureba y de Medina de Campo a Cáceres o a Córdoba, hay diez años de separación en la cronología del crecimiento e incluso más. En Valencia ésta no se detiene, de manera brutal, más que por la expulsión de los moriscos en 1609. Y en Cataluña o en la región de Murcia, a pesar de algunas crisis, la marea de nacimientos crece hasta los años 1620-1625.

El indiscutible crecimiento español —la población posiblemente se duplicó entre 1480 y 1580, y aumentó con certeza en un 50 por 100 entre 1530 y 1580— se efectuó de acuerdo con unas modalidades un poco diferentes a las que se observan en la misma época en Francia o en Inglaterra, por ejemplo. El primer criterio distintivo reside en la precocidad de la edad del matrimonio: los escasos estudios realizados en ese sentido en regiones muy diferentes ofrecen exactamente los mismos resultados. En dos pueblos de los alrededores de Valladolid, en tres pueblos de las cercanías de Valencia, por último en Cáceres, la edad modal de los que se casan entre 1580 y 1640 es siempre de veinticuatro años para los hombres y de diecinueve a veinte años para las mujeres. Una precocidad de esta naturaleza para el matrimonio en las mujeres, prolongando el período de fecundidad, habría podido ser el agente de una expansión demográfica particularmente fuerte. Ahora bien, ello no fue exactamente así: esta expansión no fue más fuerte que la francesa o la italiana. Los contemporáneos se imaginaban una nupcialidad insuficiente. La marcha de muchos hombres jóvenes hacia América, el exceso de vocaciones religiosas que no eran demasiado auténticas y la búsqueda exclusiva de las dotes, les parecían que eran responsables del celibato de demasiadas muchachas. Pero eso no era sino una ilusión más: las tasas de nupcialidad españolas no eran inferiores a las que aparecen en otros lugares, en todo el Occidente cristiano. Encontramos incluso en ciertas localidades unas tasas de nupcialidad muy elevadas, como el 11,05 por 1.000 en la Córdoba de los años 1582-1592.

Sencillamente la cuestión estriba en que las españolas del Siglo de Oro no tenían tantos hijos como generalmente se cree. Los intervalos intergenésicos calculados en algunos lugares lo demuestran sin lugar a dudas: veintiséis meses en Cáceres, treinta y tres en Villabáñez, cerca de Valladolid, treinta y dos en Pedralba, Domeño y Ondara en el reino de Valencia a comienzos del siglo XVII. Dado que la muerte rompía muchas uniones antes del término normal de una vida, el número de hijos por pareja parecía limitado: por ejemplo, es de 4,27 por matrimonio en esos mismos pueblos valencianos y esta cifra, con toda probabilidad, se aproxima bastante al caso general. El cociente nacimientos-matrimonios calculado por un buen número de investigadores oscila generalmente entre 4 y 4,5.

Es verdad que la mortalidad infantil, extremadamente elevada si la consideramos con criterios actuales, era menos elevada en España que en los demás países de Occidente: era del orden del 200 por 1.000.[1] En Cáceres, por ejemplo era del 218 por 1.000

---

1. Recordemos que la mortalidad infantil se refiere a los niños muertos antes de alcanzar un año de edad.

en la segunda mitad del siglo XVI. En el pueblo de Chiloeches (Guadalajara) es del 196 por 1.000 durante el decenio 1603-1612; en el pueblo de Mocejón (Toledo) es del 199 por 1.000 a lo largo de los quince años 1615-1629. Así pues, un niño de cada cinco moría en el curso del año siguiente al de su nacimiento. Representaba para su época un buen resultado, y el historiador inglés James Casey, que comprueba el mismo fenómeno en la región de Valencia, sugiere la hipótesis de que el número menor de niños por matrimonio y la fuerte duración de los intervalos intergenésicos, permitían acentuar los cuidados de los recién nacidos. Me permito añadir que la costumbre de recurrir a nodrizas, factor de fuerte mortalidad infantil, parece haber estado mucho menos extendido en España que en Francia, por ejemplo.

No obstante, la esperanza de vida en el momento del nacimiento no era mayor en España que en los demás países del Occidente cristiano. Según el historiador demógrafo Vicente Pérez Moreda, que se ha dedicado a efectuar numerosos cálculos, oscilaba en torno a los veinticinco años (de veinticuatro a veintinueve años según los casos). Evidentemente, este promedio no es más que una abstracción y sería mucho más significativo si eliminase de entrada la mortalidad infantil. Pero indica a pesar de todo que las ganancias realizadas en el curso del primer año quedaban anuladas posteriormente, sea a causa de una mortalidad juvenil más desarrollada, sea porque las defunciones de los jóvenes adultos eran particularmente elevadas. Por consiguiente, a pesar de modalidades diferentes, el crecimiento demográfico de España en el siglo XVI tropezó con unos límites comparables a los de los demás países de Occidente.

EL RETORNO DE LAS GRANDES EPIDEMIAS Y EL REFLUJO DEMOGRÁFICO

Es probable que hacia 1580-1590 España alcanzase un umbral de saturación demográfica, teniendo en cuenta los recursos de la época. Las provincias vascas y la Montaña, Galicia, Castilla la Vieja, León, una parte de Castilla la Nueva y la región de Valencia constituían unos «mundos llenos» de acuerdo con la expresión acuñada por Pierre Chaunu. En efecto, no hay que dejarse engañar: a pesar de los grandes progresos del Sur, corresponde a la España del Norte la mayor densidad de población; la densidad supera los 30 habitantes por kilómetro cuadrado en Guipúzcoa, Vizcaya y centro de Castilla la Vieja (región de Valladolid), sobrepasa los 20 en todo el litoral cantábrico y en el resto de Castilla la Vieja, mientras que no es sino de 15,7 en la Andalucía atlántica y a duras penas de 10 en el antiguo reino de Granada. Cataluña fue la única excepción. Por increíble que ello pueda parecer hoy, Extremadura, región desfavorecida, actualmente abandonada, tenía una densidad comparable a la de Cataluña, de 11 a 12 habitantes por kilómetro cuadrado... En cuanto a Aragón, a la Mancha, y a la región de Murcia, tenían sin duda una densidad inferior a 10 habitantes por kilómetro cuadrado.

Estos promedios regionales disimulan unas variaciones muy fuertes que muestran que la población había alcanzado el máximo posible: las tierras fértiles incluyen también fuertes densidades rurales.

Sea por ejemplo el caso de la Rioja, situada en los confines de Castilla la Vieja y de Navarra, que posee algunos ricos terrenos agrícolas, en especial en el valle del Ebro y en la cuenca de Cañas. Si bien en el noroeste de la Rioja la densidad era escasa, oscilando entre los 12 y los 18 habitantes por kilómetro cuadrado (en las parroquias de Fonzaleche, Tirgo, Treviana, Ochanduri, etc.), e incluso muy débil en algunas parroquias como Baños de Rioja y Villalobar (7 a 8 habitantes por kilómetro cuadrado), oscilaba entre 25 y 30 en la mayoría de las parroquias del valle de Cañas, alcanzaba 32 en Grañón, 37 en Briones, 38 en Baderán y Cárdenas, se elevaba a 60 en Berceo y en San Andrés, pueblos situados en la llanura de San Millán, e incluso a 84 en la parroquia de Torrecilla.

Encontraríamos unas densidades comparables en los valles bajos de la Montaña y de Asturias y en las rías bajas de Galicia. La carga humana de estos territorios era comparable a la de las más pobladas campiñas de los Países Bajos, de Italia y de la Francia del Norte de la misma época.

Semejantes concentraciones humanas eran frágiles. El aumento del poblamiento había producido la implantación de cultivos en tierras de valor medio o mediocre en las que debía operar obligatoriamente, al término de dos o tres decenios, la ley de los rendimientos decrecientes. Hacia finales del siglo XVI la realidad del Languedoc y de Normandía es también la de Castilla la Vieja. Una serie de cosechas deficientes y el estallido de epidemias de peste o de tifus podían provocar auténticas catástrofes.

La primera parte del Siglo de Oro no había estado al abrigo de accidentes demográficos. En 1530, 1539-1540, 1557-1558 sobre todo, 1565 o 1566, 1575-1576, cosechas muy deficitarias, o epidemias de peste, de tifus o de viruela, habían asolado el país. Pero estos incrementos de mortalidad no tuvieron un carácter general. Por ejemplo, en 1557-1558 el hambre o la enfermedad habían afectado sobre todo a Castilla la Vieja y al reino de Valencia. En 1565 o 1566 la peste había arrasado Galicia y la región de Burgos, pero no se había extendido al resto del país. Además, el impulso demográfico era entonces tan vigoroso que la oleada de nuevos nacimientos colmaba rápidamente las brechas abiertas en las poblaciones.

La gran epidemia de 1597-1602, precedida por el hambre de 1594, anuncia unos tiempos nuevos, revela un cambio estructural. Aunque no creo que la localización de esta epidemia sea fruto del azar: la peste bubónica y las enfermedades que la acompañan golpearon a las provincias cantábricas hasta Galicia, Castilla la Vieja, el norte de Castilla la Nueva y la Andalucía del Guadalquivir, es decir, a casi todas las zonas más densamente pobladas del país. Prolongando, completando, mejorando la encuesta que yo había efectuado hace doce años, Vicente Pérez Moreda ha demostrado que las regiones de Ávila o de Segovia, situadas en el corazón de Castilla, la sufrieron con particular virulencia. Las 500.000 a 600.000 víctimas de este episodio devastador, y no es sino un balance provisional, fueron escogidas de entre los «mundos llenos» de la península. Por el contrario, Cataluña, afectada en 1589-1590, aunque casi únicamente en Barcelona, la región de Murcia y la Andalucía mediterránea, donde la densidad de población era de dos a tres veces menor, quedaron al margen.

La recuperación subsiguiente a esta epidemia, que erróneamente se había desdeñado, apenas se prolongó más allá de 1620-1625. Además, quedó anulada por otras crisis graves, especialmente en 1615-1616 y en 1631, que aceleraron el declive demográfico de las dos Castillas y sobre todo del centro del país: la peste ya no es la responsable de estos excesos de mortalidad, provocados a partir de entonces por las crisis de subsistencia y el tifus cuyos efectos se combinan estrechamente, como ha demostrado Vicente Pérez Moreda. Aunque bastante tardía, igualmente es cierta la caída de la nupcialidad, cualesquiera que hayan sido sus causas, desequilibrio entre los sexos o evasión ante las responsabilidades del matrimonio... Y, por consiguiente, la natalidad se hundió, lógicamente. La muestra establecida por Pérez Moreda es espectacular: de 17 ciudades o pueblos del interior hay 14 casos que presentan una fuerte disminución de nacimientos desde la década 1601-1610 hasta los años 1631-1640. En pleno Siglo de Oro, Castilla se encuentra enferma y los escritores políticos de la segunda generación pueden evocar con toda la razón los campos abandonados, las muchachas solitarias y los tristes aromas de la decadencia.

Con tanta mayor razón cuanto que la gran epidemia de peste bubónica de los años 1647-1652 llegaría a afectar cruelmente a las regiones que habían escapado a la plaga precedente. Cataluña, Levante, tanto valenciano como murciano, Andalucía entera o casi iban a conocer una mutilación comparable a la soportada por la España del norte y del centro en 1597-1602. En Valencia se produjo el primer impacto a partir de junio de 1647 y la epidemia arrasó la ciudad hasta octubre de 1648, causando, según fuentes fiables, 16.789 víctimas, es decir el 34 por 100 de la población de entonces. En Orihuela, donde los cálculos no pueden ser tan precisos debido a la carencia de registros conservados hasta el final, la enfermedad que estalla en enero de 1648 aniquila rápidamente el cuerpo médico disponible (los seis cirujanos), provoca la huida de los ricos y del clero secular, y envía a la tumba a la mitad de la ciudad, aproximadamente a 5.000 personas. En Andalucía la catástrofe reviste una amplitud comparable.

Es preciso comprender con claridad que estos desastres son

unos signos, síntomas tanto como causas. La cuestión de saber si el declive demográfico se debe a la repetición de estos incrementos de mortalidad catastróficos o a una elevación de la mortalidad «ordinaria» representa un falso problema. Una y otra participan de una misma realidad; una y otra instalaron, hacia 1640, a España entera o casi en una depresión demográfica de larga duración, prolongada hasta los años ochenta de este mismo siglo XVII, incluso aunque el declive demográfico de las regiones mediterráneas no haya sido tan acentuado como lo fue en los parajes de Burgos, de Segovia y de Toledo, y aunque la España cantábrica constituya una excepción.

Por añadidura, la expulsión de los moriscos, realizada de 1609 a 1614, representa una pérdida neta de 280.000 personas. Es verdad que algunos millares de moriscos, que no podían consolarse en su exilio, consiguieron regresar clandestinamente a España en los años siguientes, pero ello no modifica en nada lo esencial. De esta manera, el reino de Valencia perdió el 30 por 100 de su población, Aragón (en sentido estricto) el 15 por 100, Castilla del 2 al 3 por 100 seguramente. Si en torno a 1585-1590 la población total de España había podido superar ligeramente los 8 millones de habitantes (en mi opinión se trata de un máximo) no hay la menor duda de que perdió, como mínimo, un millón de almas en el transcurso de los sesenta años siguientes. En consecuencia, la última parte del Siglo de Oro, con su cortejo de hambres, de epidemias y de ruinas constituyó el último desfile de una sociedad moribunda en la que algunas decenas de hombres maduros y envejecidos, lúcidos y sin ilusiones, sabían suscitar todavía el brillo de las palabras y de las cosas

LAMENTO DE UN REINO DESPOBLADO

La figura de Casandra estuvo encarnada en Martín González de Cellorigo. Éste era abogado en la Audiencia (o Chancillería) de Valladolid y había contraído un ventajoso matrimonio: su esposa había aportado como dote un paquete substancial de rentas. A causa de lo cual, Cellorigo se convirtió en un adversario encar-

CUADRO 1

La población de España en el Siglo de Oro
(Elementos estadísticos)

a) Distribución geográfica de la población hacia 1590

Región	Superficie (por 100)	Efectivos	Total (por 100)	Densidad (hab./km²)
Reino de Castilla	75,58	6.600.000	81,23	17,74
País Vasco	1,48	200.000	2,46	27,58
Navarra	2,12	150.000	1,85	14,39
Aragón	9,57	350.000	4,31	7,43
Cataluña	6,53	370.000	4,56	11,50
Valencia	4,72	450.000	5,54	19,37
		8.120.000		16,50

b) Efectivos de los moriscos expulsados según las regiones

Valencia	117.464
Aragón	60.818
Castilla, la Mancha y Extremadura . .	44.625
Andalucía (excepto Granada) . . .	29.939
Reino de Granada	2.026
Murcia	13.552
Cataluña	3.716
Total	272.140

NOTA: El mapa 3 permite comprobar que existen importantes diferencias dentro del reino de Castilla.

FUENTES: a) Evaluación propuesta por Valentín Vázquez de Prada, *Historia económica y social de España*, t. III, p. 94. b) Henri Lapeyre, *Géographie de l'Espagne morisque*, SEVPEN.

nizado del sistema de rentas, cuyo parasitismo denunciaba con toda justicia, y de las dotes excesivas... Pero sobre todo, ya desde 1600, consideraba la decadencia de España como una evidencia y presentaba el despoblamiento como la causa primera de esta decadencia. Escribiendo en 1600, acusaba naturalmente a la gran epidemia que asolaba entonces el país, y aludía a la gran disminución de la población causada en todo el reino por la enfermedad, según los informes que llegaban de todas partes. Pero añadía inmediatamente que el despoblamiento era anterior a la epidemia y que se debía menos a las guerras que a la necesidad y a la carencia de toda clase de alimentos. Y explicaba que el descenso de la población engendraría la carestía y no el abaratamiento, como lo creían algunos ingenuos, porque una fuerte escasez de brazos reduciría todavía más la producción. Por consiguiente, el primer remedio frente a la decadencia consistía en detener la despoblación.

En los años siguientes otros escritores políticos aceptaron y desarrollaron el discurso de Cellorigo respecto de la despoblación. El canónigo Pedro Fernández de Navarrete, capellán y secretario del rey, dedicó en 1619 varios de sus discursos al estudio de las causas del fenómeno. Afirmaba que «la despoblación y falta de gente es la mayor que se ha visto ni oído en estos reinos porque totalmente se va acabando».

Tras enumerar sucesivamente la expulsión de los judíos [2] y la de los moriscos, la emigración hacia América, la ociosidad y el descenso de la nupcialidad, añadía sin embargo que la causa principal de la despoblación era el exceso de la fiscalidad que arrojaba a los hombres y a las mujeres a los caminos del éxodo. Y subrayaba que los demás reinos de Su Majestad, que no sufrían los abusos fiscales, escapaban a la despoblación. La observación era tanto más pertinente cuanto que Castilla seguía siendo con mucho el reino más poblado de la monarquía. Y Navarrete concluía: «La grandeza de los reyes consistía en la muchedumbre del pueblo».

Sancho de Moncada pretendía el mismo objetivo cuando afir-

2. Recordemos que, en 1492, los Reyes Católicos obligaron a los judíos a elegir entre la conversión o el exilio.

maba en 1621 que «la gente es el reino». No vacilaba en sostener que España había perdido la tercera parte de su población y no atribuía a Castilla más de 6 millones de habitantes. Admitía la importancia de la expulsión de los moriscos, señalaba el papel de la peste de 1597-1602, alegaba la existencia del gran número de eclesiásticos y subrayaba el retroceso de la nupcialidad: los registros parroquiales de 1617-1618, precisaba, no han registrado sino la mitad del número habitual de matrimonios.

Vemos, pues, cómo estos tres autores, los más famosos entre otros, constatan y deploran firmemente la baja de la nupcialidad. El primero de ellos es Cellorigo. Representaría un lamentable error convertir al abogado vallisoletano en un precursor de una forma cualquiera de emancipación femenina. Cellorigo deseaba el mantenimiento del orden social existente, opinaba que la mujer debía obedecer a su marido y reclamaba que las transgresiones de las mujeres a las leyes del matrimonio fuesen severamente castigadas. Pero todo ello en modo alguno le impedía opinar que en España se reservaba a las mujeres la peor condición posible, que los hombres no les concedían la estimación que merecían, que era indispensable revalorizar el matrimonio en cuyo seno el respeto mutuo de los esposos debía ser la regla. Los hombres debían desposar a las mujeres por sí mismas y no por su dote, y Cellorigo no vacilaba en reclamar una ordenanza regia prohibiendo la costumbre de la dote: admitía como máximo un ajuar.

Navarrete y Moncada insisten de manera parecida en la revalorización necesaria del matrimonio como una condición previa al aumento de la nupcialidad y de la natalidad. Aunque ambos eran eclesiásticos, no dudaron en recomendar el freno a las vocaciones religiosas, llegando incluso a la prohibición de fundar nuevos conventos y monasterios porque consideraban que el fuerte incremento de las entradas en religión procedía menos de vocaciones auténticas que de la búsqueda de un beneficio y de una vida cómoda o de una huida ante las responsabilidades. Las cifras reveladas por los censos permiten comprender las preocupaciones e incluso la inquietud de Navarrete y de Moncada, que escribían en 1619-1620. En efecto, de 1530 a 1591, el número de sacerdotes seculares había pasado de 23.171 a 33.087 en el reino de

Castilla, lo que representa un aumento próximo al 43 por 100. En el mismo tiempo, el número de los religiosos de ambos sexos se había elevado de 28.054 a 41.066. Este aumento era todavía más considerable puesto que superaba el 46 por 100. En resumen, el aumento numérico del clero había acompañado al impulso demográfico. Pero, a comienzos del siglo XVII, cuando el movimiento de los nacimientos declina, la Iglesia continúa recibiendo la afluencia de jóvenes de ambos sexos, mucho más preocupados por asegurarse una vida material sin problemas que de preparar el reino de Dios. Yo mismo he tenido la oportunidad de mostrar hace poco, a través del estudio de un linaje nobiliario, el de los Quintanos, cómo estas supuestas vocaciones eran particularmente frecuentes en las familias numerosas de la nobleza.

La angustia por el incremento de la población provocaba acentos moralizantes. Cellorigo opinaba que los malos hábitos, como la deplorable costumbre de los amos de expulsar a sus criados cuando se casaban, llevaban consigo la abstención del matrimonio y el aumento catastrófico de los abandonos de niños que España había soportado hasta entonces menos que Francia o Inglaterra pero que, en los años del tránsito entre el siglo XVI y el XVII, aumentan de manera dramática. Con una perfecta lucidez Cellorigo constataba que el 80 por 100 de los niños «expósitos» no sobrevivían. Se requería, por consiguiente, un gran esfuerzo para conseguir la desaparición de esta plaga y para ello era preciso revalorizar el matrimonio entre todas las categorías de la población, castigar duramente el adulterio y perseguir la prostitución, aunque también era necesario proteger al más necesitado prodigando cuidados adecuados a los niños abandonados. Siguiendo los pasos del abogado vallisoletano, en esta época, no pocos escritores políticos desarrollaron, en algunas ocasiones antes que él, unos argumentos similares.

La necesidad de hombres le parecía a Cellorigo tan perentoria que no vacilaba en manifestarse violentamente hostil a la expulsión de los moriscos. No obstante, formulaba duras críticas contra ellos, contra su fingida fe católica, considerándoles enemigos del rey y de los cristianos. Tenían que estar celosamente vigilados, tenían que ser instruidos en la fe y dispersados entre las poblaciones cristianas, pero se había de conservar cuidadosamente su fuerza de trabajo. Llegaba aún más lejos, porque al mismo tiempo que reclamaba la protección de los pobres y de los necesitados, Cellorigo recomendaba el aumento del número de «esclavos»: España tenía una gran necesidad de contar con una población servil a la que obligar a trabajar en los campos y en los talleres y que pudiese reemplazar a los criados que los ricos utilizaban de forma exagerada. Influido sin duda por Cristóbal Pérez de Herrera proponía una persecución implacable contra los vagabundos, contra los mendigos que gozaban de buena salud, contra los falsos inválidos, y aconsejaba que se les impusiese a todos ellos el trabajo forzado en unas instituciones comparables a las *work-houses* inglesas. Al igual que otros muchos arbitristas juzgaba excesiva la emigración hacia las Indias y creía que se había de prohibir.[3]

UN PAÍS DE TRABAJADORES INMIGRADOS

Cosa extraña, ni Cellorigo ni sus sucesores, hasta Martínez de la Mata a mediados del siglo XVII, parecen tomar en consideración la inmigración extranjera. Porque si bien España, y especialmente ambas Castillas, Extremadura y Andalucía, eran exportadoras de hombres hacia América, si bien el país rechazó a unos 280.000 moriscos, considerándolos inasimilables, España recibió igualmente entre los siglos XVI y XVII un número considerable de inmigrantes extranjeros, sobre todo franceses. Y además, incluso en el interior de España, los movimientos migratorios eran importantes.

La España del Siglo de Oro ilustra con claridad las mutaciones profundas de la historia, hasta qué punto la verdad de una época permanece precaria y de qué manera el tiempo redistribuye las cartas. En el Siglo de Oro, los inmigrados del interior eran los nórdicos: la situación era exactamente la inversa de la actual, con la única excepción de Galicia que sigue siendo una tierra de emi-

---

3. Cellorigo es más radical que Pérez de Herrera (como ya veremos en el capítulo 9: «La parte de los pobres»). Recordemos que un arbitrista es un «elaborador» de proyectos de reformas más o menos realistas.

gración. De esta manera, los gallegos, pero también los asturianos, los montañeses, los vascos afluían hacia las ciudades del centro de Castilla y de Andalucía, hacia Valladolid, Madrid, Segovia, Toledo, Córdoba, Sevilla o Cádiz. En otra ocasión he demostrado la importancia de esta emigración cantábrica hacia Valladolid a finales del siglo XVI.

A lo largo de las décadas siguientes, la población procedente del norte representa con mucho el principal contingente de inmigrantes en Madrid.

La encuesta de 1665, un poco tardía sin duda, sobre la población de 240 posadas madrileñas, es significativa: de las 1.072 personas cuyo origen geográfico puede conocerse, 485, o sea el 45,3 por 100, proceden de Galicia, de Asturias o de León y una parte de los 193 castellanos proceden de la «Montaña» de Santander. Por el contrario, no se encuentran en esta muestra más que 59 andaluces y 28 extremeños sobre un total de más de mil personas, es decir, el 5,5 y el 2,6 por 100 respectivamente.

Los inmigrantes llegados del Norte a veces no eran más que unos temporeros, como los gallegos que acudían a recoger las cosechas a la Tierra de Campos, en el corazón de Castilla la Vieja. En todo caso constituían un auténtico proletariado desprovisto de cualquier especialización, con excepción de algunos obreros vascos del metal: peones de las ciudades, mozos de cuerda o porteadores de agua, jornaleros agrícolas, domésticos, lacayos... éstas eran las ocupaciones habituales, el destino común de los inmigrados del Norte.

Pero España acogió también a un gran número de extranjeros; «naturalizó» a un buen número de artistas y de mercaderes italianos y flamencos, algunos obreros alemanes, mineros y tejedores o tipógrafos. Sobre todo atrajo a una gran cantidad de súbditos del reino de Francia, muchachos y hombres jóvenes principalmente, procedentes de casi todos los países de lengua de oc: del Languedoc, por supuesto, pero también de Rouergue, de Auvernia, bearneses... En Barcelona, en Valencia, en Sevilla y en Cádiz comerciantes franceses se establecieron con facilidad, consiguiendo colocarse en buen lugar en la jerarquía social de estas plazas comerciales. Pero del mismo modo que los inmigrantes del Norte cantábrico, casi todos los hombres llegados de Francia eran proletarios expulsados de su país por la miseria o las guerras de religión, en ocasiones capaces de ejercer un oficio remunerador: herrero, tejedor, carpintero, albañil, panadero... Otros eran buhoneros o pescadores de atún en las almadrabas del Sur. Muchos de estos inmigrantes regresaban a su país al cabo de algunos años con unos ahorros, como ocurrió al menos con una parte de esos Rouergats d'Arnac a los que el guía Antonio Andrieu condujo hacia el reino de Valencia en la segunda mitad del siglo XVII. En esa época el flujo migratorio orientado en el sentido Francia-España era ya más que secular. Hace unos veinte años, Jordi Nadal y Emili Giralt demostraron que los franceses del Midi habían desempeñado un papel esencial en el repoblamiento de Cataluña, después de las duras pruebas que había padecido a finales de la Edad Media: el apogeo de la inmigración se sitúa en los años 1580-1600 hasta tal punto que hacia el final del siglo XVI los franceses representaban el 20 por 100 de la población catalana. De hecho, muchos jóvenes inmigrantes se casaron con catalanas y fijaron sus raíces al otro lado de los Pirineos.

Igualmente, los inmigrantes franceses fueron muy numerosos en las otras partes del reino de Aragón, especialmente en el Levante valenciano y alicantino. Los libros de vecindad de Valencia y los registros de catolicidad de Alicante incluyen también a numerosos marinos franceses. En 1607, el barón de Sancy en su *Relación de España* afirmaba incluso: «Actualmente, en el reino de Valencia no existen otros labradores que los moriscos y los franceses». Aunque juzgaba con razón que la inmigración francesa era indispensable para la economía valenciana, exageraba sin embargo al calcular en una cuarta parte la proporción de los franceses en la población total del reino.

Se habría podido creer que la expulsión de los moriscos suscitaría un aumento considerable de la inmigración francesa a Valencia. No fue así, porque muchas de las tierras abandonadas por los moriscos de esta región se encontraban entre las menos atractivas del reino, a causa también de las exigencias de los propietarios valencianos, que pretendían imponer a sus nuevos vasallos unas prestaciones comparables a las soportadas anteriormente por los moriscos. Los franceses prefirieron instalarse en los distritos que dejaron vacantes los moriscos de Aragón donde las condiciones eran mejores: valles más fértiles y libertad individual. De manera que hacia 1620 los franceses detentaban en Aragón un lugar proporcionalmente tan importante como en Cataluña.

En 1626 el embajador de Francia calculaba en 200.000 el número de franceses instalados en España —lo que quizás es excesivo—. En efecto, desde el comienzo del siglo XVII la inmigración francesa se orientó hacia el reino de Castilla amenazado por el despoblamiento y ya no afectaba solamente al reino de Aragón: en 1665 los extranjeros representan el 18 por 100 de la población de las posadas madrileñas y más de las tres cuartas partes de estos extranjeros eran franceses. Un hospital dedicado a los franceses, el de San Luis, había sido creado en la capital, donde todavía existe. No obstante, en 1665, la tendencia había cambiado y la corriente migratoria había disminuido mucho desde hacía una veintena de años. La atracción española languidecía sin llegar a desaparecer completamente.

¿Cómo explicar que dicha atracción haya durado tan largo tiempo, que España haya sido durante más de un siglo, en el Occidente cristiano, el país más buscado por los trabajadores extranjeros de condición modesta o miserable? Sin desdeñar las causas locales del éxodo que he expuesto más arriba (guerras de religión, miseria) creo estar en disposición de afirmar que las razones esenciales de la afluencia de los inmigrantes franceses obedecían a que España les ofrecía unas tierras libres —sobre todo en Cataluña, después también en Aragón, tierras que un buen trabajador podía esperar obtener, sea mediante el matrimonio con la hija de un granjero, sea a través de un arrendamiento enfitéutico—, empleos de trabajadores manuales en la construcción, el artesanado y la industria y, por último, salarios altos. La desvalorización del trabajo manual, que los arbitristas y los escritores políticos combatieron en vano, y el dinero ganado fácilmente apartaron, sin lugar a dudas, a muchos españoles de los oficios llamados «mecánicos», considerados como viles —hasta el punto de que un escultor del Siglo de Oro como Esteban Jordán, hidalgo desde luego, que estableció en 1598 un mayorazgo para su hija Magdalena, preveía como causa de caducidad el matrimonio con un hombre de oficio mecánico. Por consiguiente, la oferta de trabajo en estos sectores era considerable. Además, España, y Castilla sobre todo, ofrecía entonces los salarios más elevados del Occidente cristiano.

A partir de 1550, en las grandes ciudades del interior, la tensión sobre el mercado de mano de obra, que escasea en numerosos sectores, es tan aguda que los índices de salarios alcanzan a los de los precios e incluso los superan ligeramente. Al menos hasta finales del siglo XVI, probablemente hasta 1620, los salarios españoles acompañan el alza de los precios mientras que en los países vecinos, y particularmente en Francia, el salario real se deteriora progresivamente: ello ocurría, por ejemplo, en Languedoc como lo ha demostrado Emmanuel Le Roy Ladurie y recordemos que muchos inmigrantes franceses procedían precisamente del Languedoc.

Sobre todo y al menos hasta los años 1610-1620, los salarios eran pagados en una buena moneda contante y sonante de un metal de buena ley: a veces en doblones de oro y en la mayoría de los casos en reales de auténtica plata, con el título de once denarios cuatro granos. Las piezas de 8 reales que pesaban aproximadamente 25 gramos eran muy apreciadas en Francia, donde se cambiaban con prima. Significaba un estímulo suplementario para los que, tras algunos años de duro trabajo, regresaban a su país. Al servir para remunerar el trabajo de los inmigrantes, el oro y la plata de las Indias coincidieron también de esta manera en la encrucijada del Siglo de Oro.

Pero hacia 1640 las condiciones ofrecidas a los inmigrantes se degradan; ya desde hacía mucho tiempo los extranjeros eran sospechosos de herejía, sobre todo si eran bearneses o del Languedoc y no pocos de estos últimos tuvieron dificultades con los tribunales inquisitoriales de Logroño, Zaragoza y Barcelona. Además, a partir de los años 1620-1630 los salarios se pagan cada vez más en moneda de cobre, sin valor al otro lado de los Pirineos. Dado que en Francia se inicia la baja de los precios, los estímulos para la emigración tienden a desaparecer.

Los historiadores catalanes han concedido toda su importancia al fenómeno. En cambio los castellanos, incluso los que recientemente se han ocupado más de las cuestiones de población, como Vicente Pérez Moreda, lo desdeñan de manera sorprendente. Porque los escritores políticos del siglo XVII deploraron este recurso masivo a la mano de obra extranjera que suponía en todo caso importantes salidas de numerario. Pero en los «países desarrollados», en cualquier época que se considere, las cosas nunca han ocurrido de un modo diferente: los nacionales han abandonado los trabajos subalternos que han hecho ejecutar a otros. Ahora bien, la España del Siglo de Oro, dentro de una igualdad general, era un «país desarrollado». No lo era gracias a una tecnología «de punta», a una organización sofisticada de la producción y de la distribución; pero lo era por las existencias de metales preciosos y por la liquidez de que disponía, incluso aunque su rey pelease sin cesar con sus acreedores. De esta manera el tiempo liberado para unos millares de españoles estaba disponible para unas actividades que la escala situaba por encima del trabajo manual: la guerra y el servicio del rey, la oración y el culto, el estudio de las letras y de las leyes, la creación literaria, las grandes concepciones arquitectónicas y las obras de arte de todo tipo. Indirectamente, aunque a su modo, la mano de obra extranjera participó en las realizaciones del Siglo de Oro.

CAPÍTULO 5

EL ORO Y LA PLATA

«Siglo de Oro» no es una expresión escogida al azar. Naturalmente, a semejanza de la expresión emparentada «Edad de Oro», es de un alcance más general, sugiere una época privilegiada de la vida de los hombres y de sus creaciones. Pero la imagen del oro no es una simple representación del espíritu. En efecto, en un reino hasta entonces todavía rudo, en el que las riquezas se medían en tierras, en rebaños, en caballos, en armas o en ajuar doméstico, el metal precioso se hace más abundante, después inunda el país, brilla, resuena, pesa en las bolsas, viaja en cajones a través de mesetas y de sierras, al paso de caravanas de mulas, bajo una adecuada escolta, resplandece en los cofres de joyas de la aristocracia, en los vestidos oscuros de los hombres, se convierte en adorno de las mujeres, ilumina las iglesias. El metal amarillo primero, el metal blanco más tarde.

EL METAL AMERICANO EN ESPAÑA Y LO QUE DE ELLO QUEDÓ

No creamos que la conquista de América sea la única responsable de esta explosión. En un magnífico libro al que será necesario referirnos con frecuencia, *Oro y moneda en la historia*, Pierre Vilar recordaba: «La riqueza española y europea es preexistente al oro de América». Florencia y Venecia crearon en la

Edad Media unas monedas de oro prestigiosas, el florín y el ducado. La misma España a finales del siglo xv succiona una parte del oro africano recogido por los portugueses, y los Reyes Católicos, al término de su reorganización económica, crean una moneda de oro casi puro por medio de la ordenanza de Medina del Campo en 1497: el «excelente de Granada», al que pronto se bautiza con el nombre de ducado (a partir de 1504) a causa de su similitud con el ducado veneciano, con un título efectivo de 23 quilates 3/4. Esta creación y las acuñaciones que la siguen demuestran con claridad que el país y el tesoro real disponen de importantes existencias de oro: la reciente conquista del reino de Granada, último estado musulmán de España, acompañada de un rico botín, representa un elemento de explicación. Valencia y Cataluña, muy vinculadas con el gran comercio internacional, habían precedido por otra parte a Castilla, Valencia desde 1483, Cataluña desde 1493, en la creación de una moneda de oro de gran valor.

Dicho esto, es evidente que la conquista de América transforma el ritmo de este enriquecimiento bajo el signo del oro y de la plata; acelera, multiplica, otorga a la irrupción del preciado metal en la vida cotidiana, en las transacciones, ese carácter de explosión que yo evocaba hace un instante.

Pensemos, por ejemplo, en lo que representó la requisa del tesoro de Atahualpa, precisamente en el inicio del «Siglo de Oro», en 1532, tal como nos la refiere en su *Historia de Indias* Francisco López de Gomara: «Francisco Pizarro hizo pesar el oro y plata; despues de quillatado hallaron cincuenta y dos mil marcos de plata y un millon y trescientos veinte y seis mil y quinientos pesos de oro; suma y riqueza nunca visto en uno». Esto representaba, en efecto, 11.960 kilos de plata y 1.326.500 pesos de oro.[1] El rey recibió su parte legal de este tesoro, o sea el 20 por 100. Pero cada uno de los soldados, nos indica Gomara, percibió 4.450 pesos de oro (más de 18,6 kilos) y 180 marcos de plata (41,4 kilos). Cada uno de los capitanes recibió de 30 a 40.000 pesos... Ahora bien, como lo recuerda Pierre Vilar, los conquistadores y sus sol-

1. El peso de oro equivale a un poco más de 4,18 gramos y el marco de plata a 230 gramos.

dados no conservaron en América todo el metal ganado o conquistado. Algunos, añade Gomara, perdieron toda su parte en el juego de dados. Pero ello hizo más ricos a sus ganadores. Y los palacios de Extremadura, comenzando por el de los Pizarro, «marqués de la conquista», en Trujillo, representaron, invertida en piedra de sillería y magnificada por el arte, una parte de esta impresionante fortuna.

El tesoro de Aatahualpa es, desde luego, un episodio excepcional. Pero Sevilla, aunque nos atengamos a las cifras oficiales que se sitúan por debajo de la realidad, recibió no obstante cerca de 5.000 kilos de oro de 1503 a 1510, más de 9.000 de 1511 a 1520, un poco menos de 5.000 de 1521 a 1530, luego 14.466 de 1531 a 1540, 24.957 de 1541 a 1550 y 42.620 de 1551 a 1560. Así pues, las llegadas de oro alcanzan su punto culminante cuando Carlos V cede el trono a Felipe II. Después de 1560 declinan, aunque se mantienen generalmente por encima de los 10.000 kilos de oro por decenio y ascienden incluso hasta 19.451 kilos de 1591 a 1600.

Ya en los años 1530 la afluencia de plata había superado la llegada de oro: más de 86 toneladas en 1531-1540 contra 14,5 de oro, 303 contra 42 en 1551-1560. Se ha de tener en cuenta, de todos modos, que a igualdad de peso, el valor del oro era casi once veces superior al de la plata. De manera que hasta 1560 la afluencia del metal americano a España estuvo netamente dominada por el oro.

Sin embargo, después de 1560 la situación se transformó bajo el efecto del comienzo de la explotación regular de las minas del México árido (Zacatecas, Durango, Guanajato, San Luis de Potosí, etc.) y del Perú, que es necesario considerar en un sentido amplio: no solamente Potosí, el yacimiento más importante, en el sur de la actual Bolivia, sino también el Cerro de Pasco en el Perú central, que llegó a ser casi tan considerable como el Potosí al comienzo del siglo XVII, y algunos yacimientos más modestos en la región de Quito y de Pasto; la introducción de nuevas técnicas, fundamentalmente la de la amalgama con mercurio, es la responsable del prodigioso incremento de las llegadas de plata. El promedio anual de aproximadamente 30 toneladas entre 1551 y

1560 asciende bruscamente a 94 entre 1561 y 1570 y supera las 250 a finales de siglo, después se mantiene a un nivel elevado hasta 1620, disminuye débilmente hasta 1630 y con mayor rapidez de 1630 a 1660, aunque siga siendo superior a lo que fue de 1561 a 1570, por ejemplo. Después de 1560 representó pues mucho más que el oro, cuyo valor, naturalmente, subió: en lugar de una relación de 10,11 mantenida hasta 1536, la *ratio* oro-plata se eleva a 12,12, entre 1566 y 1608 y a pesar de esta subida la tendencia al atesoramiento del oro se refuerza.

Gracias a esta apropiación de los metales preciosos americanos que ha podido calcularse en unas 25.000 toneladas de equivalencia-plata entre 1503 y 1660 (la casi totalidad de las cuales después de 1550), las existencias de metales preciosos detentadas por Europa triplicaron. Decenas de autores se han ocupado ya de los efectos económicos y sociales de esta inundación metálica. Por el momento no nos ocuparemos de ellos. Pero rechazamos sin vacilar a los que repiten sin cesar que el flujo de oro y de plata no hizo sino rozar España, como si Sevilla no hubiera sido más que un simple relevo entre América y Amberes, Amsterdam, Londres, Génova, Augsburgo, Nantes o Rouen. La verdad es mucho más compleja.

Semejantes apreciaciones se fundan en el hecho de que «el dinero político», tanto el metal amarillo como el blanco, se gastaba fuera de España por el rey debido a las necesidades de su política de potencia. Dado que este «dinero político» casi siempre era adelantado por unos banqueros extranjeros: los Fugger y los Welser primero, los genoveses y algunos otros después, los marranos portugueses por último, el rey de España se veía obligado a transferir inmediatamente hacia el extranjero el preciado metal recibido de las Indias con el fin de reembolsar a sus acreedores.

Esto es indudable. Pero Pierre Vilar tiene cien veces razón cuando recuerda que la parte del rey en estos tesoros no supera apenas ligeramente la cuarta parte en el período 1503-1660. Además se trata de un cálculo fundado en las cifras oficiales que no tienen en cuenta el contrabando. Las tres cuartas partes del metal precioso llegado a España fueron a los bolsillos de los particulares: conquistadores, colonos, administradores que regresaban de las Indias; mercaderes que de esta manera recuperaban el contravalor de sus exportaciones.

También es muy cierto que una parte importante del dinero de los particulares se perdía seguidamente para España. Algunos extranjeros participaron en la financiación de los proyectos de conquista y retiraron su beneficio. Sobre todo, la balanza comercial de España era deficitaria y el saldo negativo se cubrió con la exportación de numerario. Hemos visto igualmente en el capítulo precedente como España había recurrido a trabajadores inmigrados, sobre todo franceses, muchos de los cuales regresaban un día a su país con un peculio, fruto de sus ahorros: algunos cartuchos de hermosas piezas amarillas o blancas.

Pero este dinero atravesó España *mucho más lentamente* que el del rey. Y este tránsito suscitó importantes efectos: los empleos, su producto o algunas comisiones, por ejemplo. Por último y sobre todo una parte considerable del tesoro americano, imposible de ponderar desde luego, se quedó en España bajo formas diversas. Contribuyó a estimular durante la primera parte del Siglo de Oro un cierto número de producciones nacionales: los viñedos y los olivares de Andalucía por ejemplo; las fábricas de tejidos de Segovia, de Villacastín, de Cuenca y de Ávila; la de guantes de Ocaña; la cerámica de Talavera de la Reina; las sederías de Valencia, de Granada y de Toledo; los guadamecíes de Córdoba; la armería toledana... Mantuvo la prosperidad, en pleno siglo XVII, de un sector de producción en el que los españoles no eran deficitarios, el de las industrias de arte. Pierre Vilar subraya también que «numerosas iglesias se beneficiaron de la afluencia directa del oro ... [que] la construcción, el ornato, el amueblamiento de esos palacios y de esas iglesias también emplearon una masa —y una élite— de arquitectos, albañiles, ebanistas, escultores generosamente pagados, lo que contribuyó a la creación de unas capas artesanas de gran tradición»... Incluso aunque la colocación de fondos por parte aristocrática o eclesiástica pudo orientarse «al puro y simple atesoramiento» ello no significaba una inversión estéril para el futuro.

De acuerdo con la visión mercantilista que fundamenta la riqueza de una nación en las existencias de oro y de plata que posea,

España se enriqueció indudablemente durante la primera parte del Siglo de Oro, al menos hasta los años 1600-1620. Pero, entonces, ¿qué significó para ella y para las diversas categorías de españoles esta nueva riqueza en oro y en plata?

DE LA MONEDA FUERTE AL VELLÓN: SEGURIDADES, FACILIDADES, TENTACIONES, PERVERSIONES

Hasta los años 1580-1590, los españoles pudieron creer que la marea de plata procedente de América continuaría creciendo sin cesar. Entre el primero y el último quinquenio del reinado de Felipe II la contribución de las Indias al Tesoro real se había multiplicado por cinco: durante cuarenta años el incremento había sido continuo. Cuarenta años representan un largo período, y la España del primer Siglo de Oro vivió de esta manera en la creencia un poco simplista de que el oro y la plata de las Indias eran inagotables y resolverían todos los problemas de intendencia y de tesorería que se planteasen al país.

En estas condiciones se comprende mejor la elección mantenida durante largo tiempo —durante más de un siglo— de una moneda fuerte, una moneda europea de referencia, de hecho aunque no de derecho. Como ya hemos visto, los Reyes Católicos habían creado el *excelente* o *ducado* de oro fino y el real de plata con un título de más de once duodécimas partes de plata fina (once denarios y cuatro granos exactamente). Se ha de llegar hasta 1537 para que Carlos V acceda a los requerimientos de las Cortes de Castilla disminuyendo la aleación y el peso de la moneda de oro: el escudo acuñado entonces en lugar del ducado alcanzaba una titulación de 22 quilates en lugar de 23 quilates 3/4. Hasta entonces la excesiva calidad de la moneda castellana había favorecido su evasión porque se cambiaba con prima en todas las plazas de Europa. No obstante, el escudo seguía siendo una excelente moneda con un 91,67 por 100 de oro fino. La moneda de plata no sufrió ninguna modificación antes de 1686.

Dos monedas españolas alcanzaron un renombre internacional totalmente excepcional: el doble escudo de oro llamado frecuente-

mente doblón y en Francia *pistole,* y la pieza de ocho reales de
plata conocida universalmente bajo el nombre de *piastra* acuñada a
partir de 1566. La primera, que pesaba casi 7 gramos, fue cada vez
más apreciada porque las cantidades de oro recibidas en España y
en Europa ya no progresaban y porque el valor relativo del oro en

CUADRO 2

Las monedas españolas del Siglo de Oro

Metal	Nombre	Título	Peso	Período	Valor en maravedís (moneda de cuenta)
oro	ducado	23 quilates 3/4	3,52 g	1497-1537	375
oro	escudo	22 quilates	3,38 g	después 1537	350 luego 400
plata	real	11 denarios 4 granos	3,43 g	1497-1686	34
vellón	blanca	cobre + 7 granos de plata		1497-1603	1/2

NOTA: Las piezas de moneda más corrientes eran: 1) El doble escudo
o dobe corona de *oro* denominado *doblón* o *pistolete,* en francés *pistole.*
Esta pieza pesaba un poco menos de 7 gramos. 2) La pieza de un real, el
doble real y sobre todo *la pieza de 8 reales,* acuñada a partir de 1566 y que
pesaba más de 27 gramos. Más tarde, recibió la denominación de piastra y
este término se aplicó sobre todo a los nuevos reales acuñados después de
1686. Las acuñaciones de los antiguos reales fueron poco numerosas en
el siglo XVII. 3) A partir del reinado de Felipe III se llevaron a cabo abundantes acuñaciones de monedas de cobre casi puro o puro, cuyo valor en
maravedís y cuyo peso variaron con gran frecuencia.

relación con la plata no cesaba de aumentar, como ya he señalado. La segunda, qué pesaba aproximadamente 25 gramos, de los cuales 23,36 gramos eran de plata fina, conoció acuñaciones masivas y una difusión muy amplia; acuñada en las casas de moneda de Madrid, Sevilla, Segovia y México, conquistó Europa, Asia y África. Posteriormente sirvió de prototipo al dólar de plata.

El imperio de la moneda fuerte de oro y de plata permaneció incólume durante todo el reinado de Felipe II. Durante este período hubo incluso una evidente carencia de moneda fraccionaria de vellón (aleación de plata y de cobre) hasta tal punto que las transacciones muy modestas eran satisfechas en plata. Hasta los primeros años del reinado de Felipe III no procedió el Tesoro real a las acuñaciones masivas de una moneda de vellón cuyo valor legal era sensiblemente superior al valor intrínseco (es decir, el del metal aumentado con el costo de la acuñación). Pero, a pesar de las protestas de las cortes, el mercado se encontraba entonces tan desprovisto de moneda fraccionaria que este vellón sobrevalorado no ejerció sino una débil presión inflacionista. Solamente hacia finales del reinado de Felipe III, después de 1617, la realización de nuevas emisiones de vellón de cobre de considerable importancia transformaron totalmente el sistema monetario español y ello sobre todo cuando Felipe IV, desde poco después de su acceso al trono, procedió también a la realización de enormes emisiones de moneda de cobre casi puro. El oro y la plata desaparecieron casi completamente de la circulación: sus detentadores los atesoraban y los mercaderes extranjeros los acaparaban para exportalos. Mientras que la prima sobre la plata no había superado el 3 o el 4 por 100 hasta 1615, se elevaba al 20 por 100 en 1625, al 45 por 100 en 1626, al 190 por 100 en agosto de 1642.[2]

El desorden monetario que alcanzó su apogeo en tiempos de Felipe IV fue provocado voluntariamente. En el momento en que al rey se le reducen las llegadas de oro y de plata de América,

2. Se llama prima sobre la plata al descuento concedido a los que pagaban en plata los géneros o los servicios cuyos precios se expresaban en moneda de cuenta (como si hoy diésemos como pago monedas de plata u oro en lugar de billetes).

tras 1620, cuando los gastos militares crecen a causa de la guerra
de los Treinta años, el Tesoro implanta sutilmente una doble circulación monetaria: monedas de cobre para el interior, piezas de
metal precioso para las transacciones internacionales. Al mantener
el curso de las monedas de vellón muy por encima de su valor
real y al suscitar por este procedimiento una fuerte prima sobre
la plata, los financieros del rey impulsaban de esta manera a los
detentadores de plata a que aprovechasen el poder liberatorio de
sus monedas, muy aumentado de pronto, y a deshacerse de ellas
para adquirir bienes o pagar sus deudas. Así eran recuperadas estas
monedas para las necesidades de la política exterior, pero en
buena doctrina mercantilista el resultado era el empobrecimiento
del país.

Las páginas precedentes son austeras. Nos permiten una conclusión clara: los españoles dispusieron de una moneda fuerte
—la mejor de Europa— hasta 1620 y esta moneda siguió siendo abundante a pesar de una evasión continua, gracias a las acuñaciones regulares sostenidas por la afluencia del metal americano.
Entre 1617 y 1626 esta moneda de calidad desapareció progresivamente de la circulación y fue reemplazada por las monedas de
vellón de cobre de débil valor intrínseco que no provocaba la
tentación de atesorar. ¿Cuáles fueron los efectos de esta doble
situación sobre la vida del país y el comportamiento de los hombres?

La primera conclusión evidente es que el rey de España conservó durante mucho tiempo los medios para la continuidad de
una política de poder. A pesar de sus bancarrotas: 1557, 1575,
1596, 1627... siempre encontró banqueros extranjeros dispuestos
a adelantarle inmediatamente las sumas que necesitaba para pagar a sus soldados o a sus funcionarios en Flandes, en Alemania,
en Italia. Los genoveses especialmente hasta 1627, después los
marranos portugueses. Porque estos banqueros especulaban con los
reembolsos y los intereses que serían pagados con magnífica
moneda de oro y de plata con el sello de Castilla. Los ejércitos
del rey de España y sus banqueros desfallecen cuando el oro y la
plata comienzan a faltar, después de 1640. Fue también después
de esta fecha, lo sabemos ya, cuando el territorio español, por

primera vez desde hacía un siglo y medio, fue violado por un ejército extranjero. Encontramos de nuevo esta realidad esencial: gracias a sus recursos financieros, España pudo exportar la guerra durante un largo tiempo.

Un historiador concienzudo, Modesto Ulloa, ha conseguido calcular los gastos militares de Felipe II: costo de las guarniciones de Navarra, de Fuenterrabía, de Menorca y de Ibiza, de Cataluña, de Orán, del Peñón de Vélez y de Melilla, de Cádiz, de Cartagena y de Málaga; costos de las fortificaciones; gastos de armamento. Solamente el costo de las fuerzas permanentes de tierra se elevó en 1584-1585 a 1.044.000 ducados; en 1590 a 1.053.000 ducados. En el mismo año, la contribución de las Indias al tesoro real se elevaba a 1.835.000 ducados.[3] Ni siquiera dos veces más. En realidad es seguro que los gastos militares totales superaron el importe de la aportación americana al tesoro real, incluso en la época de Felipe II. Pero este dinero americano no representaba, a pesar de todo, más que el 20 por 100 aproximadamente de los ingresos del estado. Con ocasión de la reanudación de la guerra de los Países Bajos en 1621, tras el final de la tregua de doce años, la guerra costará casi 3 millones de ducados cada año durante siete años. Era mucho. Terminó por ser demasiado.

La segunda seguridad fue de orden alimentario. España pudo pagar el trigo indispensable del que carecían algunas regiones del país, sobre todo en años de cosecha deficiente. En la época de Felipe II, en especial al comienzo de su reinado, el trigo procedía sobre todo de Sicilia. La correspondencia del rey de España con su virrey en Palermo está saturada de menciones referidas al trigo:

> Administrar, gobernar Sicilia, para los virreyes españoles, significa en primer lugar ocuparse del trigo —señala Fernand Braudel—. No hay ni una sola de sus cartas que no hable de

---

3.   Aunque el ducado no haya sido acuñado ya después de 1537, sirve todavía de referencia. Se ha convertido en moneda de cuenta y equivale a 375 maravedís.

cosechas, de precios, de licencias de exportación, de acuerdos a establecer, con los negociantes extranjeros establecidos en Palermo.

Ante cada cosecha insuficiente, real o temida: 1561, 1568, 1578, etc., las peticiones del rey se hacen urgentes, inquietas... Valencia, que carece de trigo, envía regularmente un síndico a Sicilia para adquirir el trigo necesario para el consumo de la ciudad. Murcia, que no produce apenas grano y que no puede conseguirlo de manera suficiente en Castilla, compra lo esencial de su complemento en Sicilia a través del puerto de Cartagena. Andalucía, que fue rica en trigo pero que ha apostado por el aceite y el vino que se venden a altos precios en América, se ve obligada igualmente a suministrarse en Sicilia. Incluso en el siglo XVII, a pesar de las crisis finales del siglo XVI, la isla seguirá siendo una importante productora de granos y de sus *caricatori*, de Castellamare, de Sciacca, de Licata, de Catania, llegará frecuentemente la salvación para España. Pero Sicilia no es el único proveedor lejano y Murcia no es la única que compra una parte de su trigo en África del Norte a través del presidio de Orán. En año de carencia el trigo llega también de Turquía o Bretaña; en los años noventa del siglo XVI una caída provisional del trigo mediterráneo provocará el recurso al trigo nórdico: los barcos de Danzig traerán entonces trigo polaco para calmar el hambre de España.

Pero ello sólo es posible gracias a su solvencia. Si el rey dedica su atención a las compras de trigo, con mucha mayor frecuencia son las mismas ciudades y sus magistraturas quienes se preocupan por asegurar al pueblo el grano indispensable. Fernand Braudel ha trazado un retrato magistral de la oficina del trigo de Venecia. Pero en el Siglo de Oro cada ciudad de España y aún muchos pueblos disponen, a su modo, de una oficina de trigo: pósito o alhóndiga, poco importa el nombre, este despacho funciona como un servicio público. Compra lejos y caro si es preciso, dentro del reino en primer lugar, pero, si es necesario, fuera de él: en Sicilia, por ejemplo, en las Pouilles, en África del Norte, en Bretaña, en Danzig. Vemos incluso al servicio del trigo de Valladolid, en 1594, año de sombría carencia, comprar trigo en Portugal, lo que es el colmo, porque este reino se considera que está «maravillosamente desprovisto de toda clase de tierras de cultivo» (sic). De igual modo el servicio municipal, en Valladolid, en Murcia, o en cualquier parte, previene la falta de alimentos y lucha contra la carestía: suministra cada día a los panaderos la cantidad de grano panificable que parece necesaria y posible teniendo en cuenta las disponibilidades y a un precio razonable, en ocasiones inferior al precio de compra. Presta a los pueblos de su jurisdicción la simiente necesaria en caso de carencia. Asegura, por consiguiente, al pueblo llano de las ciudades y de los campos un mínimo de subsistencia. Resultado que no es nimio y que representa un testimonio para una civilización.

Igualmente España adquiere, mediante compra a los holandeses, a los ingleses o a los bretones, el bacalao y la sardina que sus marinos no pescan en cantidad suficiente. Pero la aparente facilidad del recurso a los extranjeros, atraídos por la magia de las monedas fuertes, enmascaraba las tentaciones y la trampa: la ilusión de la perennidad del sistema. El oro y la plata de América y la «abundancia» monetaria que provocaron pudieron estimular las producciones nacionales, ya lo he subrayado; pero solamente durante un tiempo. La tentación de comprar fuera, a precios mejores, se acaba imponiendo irresistiblemente porque los productos de importación parecen siempre más baratos a los países de moneda fuerte: en 1587 en el presidio de Orán el trigo indígena cuesta cuatro o cinco veces menos que el trigo español...

De igual modo existe la tentación de adquirir en el extranjero el trigo y el pescado que escasean; pero pronto también ocurrirá lo mismo con los paños y las telas y las armas en perjuicio de las producciones castellanas. Además está la tentación de confiar las tareas desagradables, los trabajos subalternos a la mano de obra inmigrada. A la hora europea de las doctrinas mercantilistas, España se construye un sistema de vida que convierte el mercantilismo en imposible, que lo escarnece y lo destroza, a pesar de Luis de Ortiz, a pesar de Cellorigo, a pesar de Sancho de Moncada y a pesar de las advertencias de todos los profetas de la desgracia. Tanto más así cuanto que las inversiones productivas, en relación con los capitales disponibles, *no se imponen, no son evidentes*; éste es un aspecto sobre el que debemos insistir. Pierre Vilar lo ha observado con agudeza: «La masa del metal monetario superaba sin duda las posibilidades mismas de las necesidades de la época en equipamiento». Esta circunstancia era real para el desarrollo de una «mentalidad suntuaria».

El sistema, en cambio, no era eterno. Después de 1620 las llegadas del preciado metal a España comienzan a flojear, se estabilizan y declinan. Indudablemente, las minas americanas continúan produciendo más de lo que creía Earl J. Hamilton. Pero la población española de las Indias, instalada en la cima de la jerarquía social, utiliza de manera creciente el metal monetario; además, la evasión hacia un Extremo Oriente, ávido de plata y suministrador de productos delicados y caros, se acentúa, y los circuitos de contrabando se organizan y dirigen directamente hacia la Europa del Norte una parte creciente del fabuloso metal. En el mismo momento, la política extranjera de Olivares y la participación directa de España en la guerra de los Treinta Años aumentan los gastos militares. La consecuencia es que desaparece la moneda fuerte y cede su lugar al cobre, a las monedas de vellón cuyo valor legal se burla cínicamente del valor real.

Sin embargo no se debe pasar por alto que no existe ninguna incoherencia en el nuevo sistema monetario. El historiador castellano Felipe Ruiz Martín, uno de los mejores especialistas internacionales en cuestiones financieras, nos ha permitido comprender el mecanismo. Olivares escoge la política de grandeza y sacrifica el consumo de las masas a través de un procedimiento simple: al hacer desaparecer el oro y la plata de la circulación interior aniquila la capacidad de compra en el extranjero de las ciudades y de los mercaderes, rompe las importaciones, y lo que nosotros llamaríamos «el nivel de vida» se desploma. Las instituciones benefactoras de las ciudades, los servicios del trigo por ejemplo, no pueden ya funcionar normalmente. Vicente Pérez Moreda, que ha estudiado las crisis de mortalidad de la España interior, comprueba que después de 1602 la peste ha desaparecido casi completamente de las dos Castillas, pero el hambre, las carencias de subsistencias, desempeñan desde entonces el papel protagonista. En las dos mesetas, la muy escasa cosecha de 1628 y luego le pérdida casi total de la cosecha de 1630 provocan una subida extraordinaria de los precios y una intensificación de la mortalidad, agravada además por el tifus, que acompaña habitualmente al hambre.

El país ya no es capaz de comprar en el exterior el trigo indispensable, con el agravante de que las malas cosechas son generales en Europa. Menos aún podrá hacerlo en los años 1647-1652, durante los cuales las dos Castillas, preservadas de la peste que asola Andalucía y el litoral mediterráneo de España, sufren duramente el acoso del hambre. Vicente Pérez Moreda ofrece como ejemplos las fuertes mortalidades provocadas por el hambre en el otoño de 1631, al término de dos o tres años de subalimentación crónica, en comarcas como Vitigudino, Peñaranda de Bracamonte, El Barco de Ávila, Almazán, Burgo de Osma y Cifuentes, todas ellas situadas en Castilla la Vieja. Por supuesto, en el siglo XVII, España continúa comprando trigo extranjero y especialmente en Sicilia, con lo que Sevilla, Valencia o Barcelona consiguen alimentarse. Pero en un mal año, España ya no puede comprar bastante y las necesidades quedan lejos. Esta incapacidad expresa sencillamente el tránsito del país de la riqueza a la pobreza cuando escasean el oro y la plata, después de que la función fiscal, muy agravada desde 1575-1577, ha afectado, por otra parte, severamente la riqueza de los particulares.

Y precisamente la imposibilidad de poder recurrir al extranjero se presenta cuando la producción nacional ha llegado a ser deficiente incluso en año normal porque se ha desdeñado, despreciado. Ya en 1600, Martín González de Cellorigo denunciaba los perniciosos efectos de la plata de las Indias, peores que los de la peste porque había desviado a los ciudadanos de la búsqueda de las verdaderas riquezas, las «que dependen de la industria humana».

UNA MENTALIDAD SUNTUARIA

No recogeré aquí el análisis de Claudio Sánchez Albornoz, de acuerdo con el cual este proceso histórico ha forjado la mentalidad hispánica, ha llevado a los hombres de España, a los hombres sobre todo, a esperar del rey, de la Iglesia o de improbables hazañas personales el poder, la riqueza y los honores. Los que se interesen por esta cuestión pueden consultar mi obra *Los españoles*. En todo caso, los contemporáneos más lúcidos denunciaron con energía a partir de los años 1600-1620 las nefastas consecuencias de la mentalidad suntuaria producida por la abundancia de oro y de plata y las facilidades que permitió. Cellorigo se muestra muy explícito: en 1600, en la primera página de su memorial, señala la causa fundamental de la decadencia:

> Menos preciar las leyes naturales, que nos enseñan a trabajar:y que de poner la riqueza en el oro y la plata, y dexar de seguir la verdadera y cierta que proviene y se adquiere por la natural y artificial industria ha venido nuestra Republica a decaer tanto de su florido estado.

El oro y la plata, añadía, no son más que instrumentos de cambio. «La verdadera riqueza no consiste en tener labrado, acuñado, ò en pasta mucho oro, y mucha plata.» Ya que la conciencia entre la abundancia del metal precioso y la penuria de mercancias no producía más que el costo excesivo de todas las cosas.

Cellorigo y sus sucesores, Diego de Corral y Arellano, Pedro Fernández de Navarrete, Juan de Santamaría y Sancho de Moncada denunciaban el recurso excesivo de los ricos y del propio rey a la utilización de toda clase de criados, el afán excesivo de hacerse servir. La multitud de criados domésticos esterilizaba una parte de la mano de obra. ¿Por qué, por ejemplo, se había aumentado en dos tercios el número de servidores de las casas reales entre 1598 y 1618? Este aprecio traicionaba una concepción equivocada del honor:

Y como nuestros naturales, han querido poner la authoridad en el mucho acompañamiento ... Lo que mas ha distraydo à los nuestros de la legitima ocupacio, que tanto importa à esta republica, ha sido poner tanto la honra y la authoridad en el huyr del trabajo.

Los mismos autores denunciaban con parecida energía los excesos del lujo en el vestuario, que provocaba importaciones excesivas de tejidos muy costosos, el exceso de coches y de lujosos correajes. Sancho de Moncada, verdadero teórico del valor añadido, criticaba con tanta mayor energía las importaciones de artículos de lujo cuanto que España exportaba lanas o sedas en bruto de gran calidad, cuya transformación en el propio territorio por la manufactura hubiera sido mucho más fecunda para el país porque habría creado empleos y economizado disponibilidades monetarias. El lujo en el vestuario era considerado por Moncada como un grave perjuicio únicamente porque se mantenía a base de artículos importados; lo habría considerado excelente si hubiera proporcionado trabajo a unos ciudadanos ociosos. Todo el remedio de España está en transformar sus mercancías, sostenía. Con menos vehemencia, pero con mayor rigor científico que antaño Cellorigo, Moncada pone de relieve el carácter parasitario de la renta que predispone a la mentalidad suntuaria. ¿Pero cómo podría ocurrir de un modo diferente si la tasa de interés del capital colocado en rentas supera el porcentaje del beneficio del comercio, por ejemplo? Es natural que el capital se dirija entonces hacia la renta. Para restablecer la inversión productiva es preciso restablecer el beneficio del comercio, de la agricultura, de la industria y del artesanado. La crítica de Moncada llegaba, sin embargo, demasiado tarde o en todo caso demasiado pronto...

Las manifestaciones de la mentalidad suntuaria son innumerables. Son corrientes en los mismos soberanos que prodigan las mercedes a sus favoritos. Navarrete reprende seriamente a Felipe III a este respecto, aprovechando la caída del duque de Lerma:

No se puede hacer gracia y merced desto [el patrimonio real] como de cosa ajena, sin muy gran cargo de conciencia y de incurrir, no solo en pecado de prodigalidad sino de injusticia. Porque si Vuestra Majestad las hace de sus rentas ordinarias se pone a peligro de empobrecer y molestar al pueblo con exacciones ...

Y la conclusión de Navarrete es de una claridad meridiana, sin disimulos: «Que vuestra majestad se sirva de mandar rever las mercedes más considerables y cuantiosas que ha hecho desde el primer día de su corona hasta este ... para que Vuestra Majestad las revoque todas o reforme».

Lo mismo puede decirse del austero Felipe II. El Escorial representa un colosal gasto suntuario. Según el padre Sigüenza, entre 1562 y 1598 el palacio costó 5.260.560 ducados y, como máximo, teniendo en cuenta los gastos anejos como las compras de reliquias, 6.200.000 ducados, es decir, un promedio de 167.000 ducados al año para todos y cada uno de los treinta y siete años de la realización del palacio. Por consiguiente el «Rey prudente» dedicó del 2 al 3 por 100 de sus ingresos a la edificación y a la ornamentación de su palacio-monasterio. Y durante el mismo reinado, los otros Sitios reales: Aranjuez, el Pardo, la Alhambra, el Alcázar de Sevilla y el monasterio del Abrojo cerca de Valladolid, costaron cada año en conjunto algunos miles de ducados suplementarios.

Los poderosos se comportaban como los reyes: Francisco de los Cobos, secretario de Carlos V, dispone al final de su carrera de un palacio en Valladolid. Ordenó la construcción de otro palacio de un admirable estilo renacentista en Úbeda, su ciudad natal: el palacio llamado de los Vázquez de Molina, convertido hoy en el ayuntamiento de la ciudad, en el estilo de Bramante con una fachada clásica adornada en sus ángulos con cúpulas. Andrés de Vandaelvira, su arquitecto favorito y uno de los mejores de su tiempo, concibe y ejecuta la obra, después realiza, siempre para Cobos y en Úbeda, la bellísima iglesia de San Salvador sobre unos planos de Diego de Siloé. El mismo arquitecto diseña el hermoso patio del castillo de Camena, cuyo señor es Cobos naturalmente.

Los herederos de Francisco Pizarro, conquistador del Perú,

hicieron construir en Trujillo, cuna de la familia, un espléndido palacio barroco cuya cornisa se adorna con una original serie de estatuas que representan a los meses. Muchos de los conquistadores una vez regresados de las Indias se convierten igualmente en constructores de mansiones señoriales. Rivalizan con los grandes nobles, la mayoría de los cuales continúa residiendo en sus tierras: en Cuéllar, los duques de Albuquerque transforman el castillo fortificado del siglo xv en una residencia más acorde con los gustos del Renacimiento; en Vélez Blanco, los marqueses de Los Vélez acondicionan el admirable castillo cubierto de torretas construido a comienzos del siglo xvi; en Gandía los duques instalan en el castillo unos fastuosos apartamentos, dignos de los Borja; en Valladolid, la Corredera de San Pablo se convierte en una calle de palacios en la que numerosos grandes señores decidieron levantar a mediados del siglo xvi su residencia de la corte: en 1592 el flamenco Henry Cock cita concretamente las del almirante de Castilla, los condes de Benavente y de Buendía, del duque de Nájera, de los marqueses de Aguilar, de Aguilafuente y de Camarasa. A veces, los financieros se permiten jugar el papel de mecenas constructores: por ejemplo, siguiendo con Valladolid, Fabio Nelli de Espinosa, que hizo construir un hermoso edificio barroco flanqueado por dos torres, terminado en 1594; y muy cerca de allí, en Medina del Campo, un hombre de negocios igualmente famoso y rico, con una fortuna similar, obsequia a su ciudad natal con un hospital monumental que todavía hoy lleva su nombre: el hospital Simón Ruiz.

Los gastos suntuarios de los grandes señores se traducen también en la multiplicación de domésticos y de esclavos: los Borja, duques de Gandía, emplean en 1636 en su palacio de Gandía a 24 servidores y en 1671 a 41; el conde de Oropesa, al comienzo del reinado de Carlos II, tiene 74. Cuando el embajador francés Bertaut asiste a una corrida de toros en Écija, en 1659, queda impresionado por la comitiva del duque de Osuna: tres carrozas tiradas por seis mulas y otras dos por cuatro mulas; la duquesa, vestida con un cuidado extraordinario, instalada bajo un palio, se presenta rodeada por 10 damas de honor. En medio de este panorama, el secretario de Felipe II, Mateo Vázquez de Lecca,

conserva una imagen de modestia al contentarse con 12 servidores domésticos.

Éste es el ejemplo de los consejeros de Castilla, «nobleza de
toga» al estilo francés, que nos indica Jeanine Fayard. En general, tienen entre 8 y 15 criados: en 1638 don Fernando Ramírez
Farina tiene 8 domésticos, 5 mujeres y 3 hombres, entre los cuales un mayordomo; el doctor Juan Pareja cuenta a su muerte,
en 1651, con 9 servidores; pero don Miguel de Salamanca tendrá
23 en 1676. Algunos consejeros disponen además de uno o varios esclavos. La mansión madrileña de un consejero de Castilla
exhibe generalmente bellos tapices flamencos y alfombras que
proceden de los cuatro puntos cardinales. Tapicerías murales y
alfombras representan muchas veces un importante valor en bienes muebles: el 5,15 por 100 en tiempos de Felipe IV. Los consejeros coleccionan igualmente cuadros.

La platería y las joyas señalan una de las inversiones más
características para el oro y la plata americanos: se trata de un
atesoramiento evidente al que además se incorpora un valor añadido merced al talento de los grandes orfebres del Siglo de Oro.
Jeanine Fayard ha calculado que en la época de Felipe IV platería y joyas representaban el 11,19 por 100 de los bienes de los
consejeros. Las vajillas de plata incluyen generalmente una o varias docenas de platos, jarras y aguamaniles, bandejas o patenas,
tinteros o relicarios. Las joyas consisten en anillos y sortijas, bra-
zaletes, collares, pendientes, diademas de diamantes, piedras preciosas. Se ha de subrayar que el valor de los muebles y del ajuar
doméstico, que es importante sin embargo, es, en el promedio
general, tres veces inferior al de las vajillas de plata y las joyas
que frecuentemente se eleva a varias decenas de millares de reales de plata.

No hemos de imaginar que el género de vida ostentoso de los
consejeros, impulsados por una obligación social de aparentar,
haya exagerado su aprecio por las tapicerías, los cuadros o la
platería. La sociedad española en su conjunto adoptaba similares
comportamientos, a la medida de sus recursos.

A comienzos del siglo XVII las personalidades notables de Córdoba atesoraban del mismo modo. Don Antonio Fernández de Córdoba, caballero de Calatrava, veinticuatro de Córdoba,[4] que murió arruinado en 1605, no por ello carecía de una vajilla de plata considerable y de joyas abundantes, una parte de las cuales, además, se encontraba como prenda en poder de diversas personas: varias decenas de platos, copas de todos los tamaños, azucareros, saleros, piezas para pimientas y especias de plata chapados en oro, aguamaniles, tarros y tazas, pesados candelabros; pulseras, sortijas, collares, zafiros, rubíes... El administrador de la catedral, don Pedro Maldonado de Guzmán, fallecido en 1613, antes de la inflación que instituyó la prima sobre la plata, poseía una vajilla de plata de 5.000 reales; también esta vez compuesta de platos y bandejas, tazones, jarras, copas, tarros, tazas, cucharas y tenedores, aguamaniles, candelabros y soportes de velas.

En Valladolid, diez, veinte o cincuenta años antes, la mentalidad suntuaria ha invadido a los más modestos. El sastre Gaspar Hernández no posee tierras ni rentas, pero ha decorado su casa con guadamecíes de grandes dimensiones y tapices con dibujos de leyendas y tiene una vajilla de plata y numerosas joyas: un rosario de coral de 56 granos de oro, crucifijos de oro con incrustaciones de perlas, pendientes de cristal y de oro, etc. El pasamanero Hernando de la Dueña, el pastelero Pero Pérez y Ana de Toro, viuda de un cerrajero modesto, poseen también algunas piezas de vajilla de plata y algunas joyas. Más acomodado, el procurador Diego de Alfaro presenta una esposa cubierta de joyas: en 1547 doce pulseras, diez sortijas y anillos, y dos collares de oro, otro con piezas de oro y diamantes alternados, cadenas y cadenillas, una cruz, un rosario, un mondadientes, todo ello de oro. Casilda Rotulo de Salazar, que contrae matrimonio en 1596 con el encargado de los servicios de correo de Valladolid, García de Vera, con la atractiva dote de 7.000 ducados, posee un cofre de joyas envidiable: cadenas y cadenillas de oro y de plata, pulseras de oro incrustadas de piedras preciosas, una docena de sortijas de oro, dos de ellas ornadas con diamantes, varios *agnusdei*, rosarios y crucifijos...

En la cumbre de la jerarquía social de esta ciudad, doña Agustina de Cañizares, viuda de Nicolás de Raimundo, riquísimo mercader, y el conde de Aguilar, don Felipe Ramírez de Arellano, tienen una profusión de joyas: joyeros de oro, de plata, de coral, de cristal, de ébano y de pedrería. Aunque también los campesinos y los horte-

4. Recordemos que por «veinticuatro» se designa a un miembro del concejo municipal en las ciudades importantes de Andalucía.

lanos acomodados de las cercanías de la ciudad, como Sebastián de Pesquera o Inés Martín, viuda de Esteban Calvo, poseen igualmente algunas piezas de vajilla de plata y algunas joyas.

Hemos presentado aquí dos ejemplos: Valladolid y Córdoba entre 1550 y 1620. Es suficiente leer y analizar los inventarios realizados después de las defunciones en los registros de los notarios de estas ciudades para descubrir la misma búsqueda del mueble lujoso (preferentemente de nogal), bellos cobres (entre los cuales los braseros con sus tarimas claveteadas), porcelana de Génova y cerámica de Talavera, cristalería de Bohemia y de Venecia, fino ajuar de sábanas de Holanda o de Rouen. Los «excesivos trajes» denunciados por los escritores políticos están bien guardados en los armarios, sobre todo los femeninos, como los miriñaques. En Córdoba la esposa de don Antonio Fernández de Córdoba, caballero arruinado, posee dos, y doña Isabel de Montemayor, viuda de licenciado, solamente uno, pero varios justillos, vestidos completos y faldas de damasco o de raso. En Valladolid, doña María Ortega, esposa del licenciado Antonio Vaca, abogado de la audiencia, posee tres: uno de tafetán verde, el segundo de bayeta roja, el tercero de terciopelo.

De hecho, después de 1580 y a pesar del elevado precio del miriñaque, todas las mujeres que quieren y pueden aparentar tienen al menos uno, aunque sean mujeres de artesanos o de mercaderes: en Valladolid las mujeres e hijas del cerero Antonio de Montoya, del orfebre Francisco Flores y del sastre Gaspar Hernández, del músico Pedro Crespo, del notario Alonso Rodríguez, tienen un miriñaque en ocasiones recibido en el ajuar de matrimonio —por no hablar de los faldones, justillos, capas y pamelas y camisas de fina tela. Los tejidos de gran calidad: sedas de Toledo y de Granada, panas de Génova, brocados y damascos, abundan en la vida social. Y las leyes suntuarias del comienzo del reinado de Felipe IV, destinadas a frenar estos dispendios de lujo no produjeron ningún efecto.

Aunque un poco en todas partes, cuando ello era posible, las vajillas de plata y las joyas eclipsaban a los demás bienes muebles. En Valladolid también, en el domicilio del licenciado Diego

Nuño de Valencia, cuya fortuna total alcanzaba aproximadamente los 40.320 ducados en 1598, la platería y las joyas se valoraban en 2.254 ducados. Sin duda esto no representa sino el 5,6 por 100, la mitad aproximadamente de la parte que estos bienes suponen en las fortunas de los consejeros de Castilla en tiempos de Felipe IV; pero contando solamente la platería y las joyas representan más que todos los demás bienes muebles valorados en 1.520 ducados (excluidos los títulos de renta evidentemente).

El atesoramiento del metal precioso, con el valor añadido gracias al trabajo de los artistas, define claramente, como lo presintió Pierre Vilar, uno de los obstáculos para las inversiones en la Europa de ese tiempo. La tierra, valor-refugio, constituye otro. Todos hemos evocado, en cuanto historiadores de esta época, las «traiciones de la burguesía». Es muy cierto, indudablemente, que en Italia, en los Países Bajos, en la Alemania del Sur y en Inglaterra, las burguesías respectivas interpretaron su papel con más audacia que en España en el capitalismo comercial y financiero, esto es, en la inversión marítima por ejemplo, y en ocasiones también en las mejoras agrícolas, aunque la mayoría de las veces se debieron a los príncipes. Pero en España la burguesía naciente fue decapitada por la expulsión de los judíos en 1492, más tarde por la persecución violenta o larvada cuyas víctimas fueron los conversos acosados por la Inquisición y por la opinión pública. Por otra parte, también en Génova y en Augsburgo los grandes capitalistas de la época se convirtieron en señores y propietarios terratenientes. De manera que ante la ausencia de una auténtica revolución agrícola y de una verdadera mutación industrial, las posibilidades de inversión productiva eran muy limitadas. El Siglo de Oro fue producto de esta circunstancia: una fiesta del consumo, un paroxismo del atesoramiento mediante la obra de arte.

Sin ningún género de dudas la Iglesia fue la institución que llevó hasta los límites más extremos la inversión suntuaria; le dedicó una amplitud tan ingente que aseguró a los arquitectos, a los escultores, a los pintores, a los orfebres, una prosperidad insólita incluso en el corazón de la decadencia. Las creaciones del Siglo de Oro son en gran manera deudoras de la relación privilegiada entre la religión y el arte.

Capítulo 6

LOS ALIMENTOS TERRESTRES

En 1599, Diego de Granada, maestro de cocina residente en la corte, publicó en Madrid un *Libro de Arte de Cozina* que alcanzó un éxito extraordinario y que fue reeditado en 1609, luego en 1614. Esta obra, un pequeño volumen en octavo de catorce centímetros por nueve, incluía unas setecientas sesenta y tres recetas repartidas en cuatrocientos treinta y dos folios. Ésta es una de tales recetas:

Berenjenas a la cazuela

Se han de pelar las berenjenas y cortarlas seguidamente en tres o cuatro trozos cada una. Cocerlas en un caldo de cordero con dos cebollas. Una vez que las berenjenas están bien cocidas cortarlas finamente sobre una plancha, añadid un buen queso de Aragón rayado y algunas yemas de huevo, después mezclarlo todo y picarlo finamente como si se tratase de un relleno para cabrito. Aliñarlo con especias finas: gengibre, nuez moscada, perejil. Poner la cazuela al fuego. Cuando el plato está bien dorado, retirarlo del fuego y añadir azúcar y canela.

Otra receta:

Capirotada de perdiz

Desplumar las perdices, chamuscar el resto de plumón a la brasa. Limpiarlas, cubrir de manteca y asarlas. Una vez que las perdices se hayan rustido, cortarlas en lonjas muy finas, tomar

un buen queso rayado y dos dientes de ajo convenientemente
pelados y aplastados; colocar el queso y el ajo en un mortero,
machacar todo hasta pulverizarlo, añadir una cucharada de grasa y yemas de huevo, luego desleír todo con caldo de cordero
tibio. Preparar unas tostadas, raspando la parte quemada, colo-
carlas sobre un plato y verter el caldo de carne muy caliente sobre las tostadas. Depositar sobre éstas una capa de perdiz, re-
cubrir con tostadas, nueva capa de perdiz y así sucesivamente.
Derramar sobre el resultado, especias y grasa caliente...

Por supuesto, nadie se imagina que la comida ordinaria de
los labradores de Aragón o de Castilla y de los más humildes
habitantes urbanos estuviese compuesta de platos tan excesivamente cargados de proteínas y tan ricos en calorías. Pero todavía
con mucha menos razón se ha de conservar la imagen estereotipada que transmite una vieja mentira: la de un Siglo de Oro repleto
de contrastes, en el que el esplendor de los palacios y de las iglesias, las creaciones de los grandes pintores y de los geniales escritores no serían más que una brillante fachada tras la cual se
ocultarían la miseria y el hambre del pueblo, incluso de una buena parte de la pequeña nobleza formada por hidalgos famélicos
para los que la imagen del honor reemplazaría a la comida. Y se
recurre al *Lazarillo de Tormes*, novela picaresca, publicada en
1554, una de cuyas figuras principales la representa el hambre,
compañera habitual del Lazarillo y de algunos otros personajes.
Durante demasiado tiempo, la historia escrita en París o en Londres ha difundido este viejo tópico con una complacencia todavía
actual. Sin embargo hace ya veinticinco años que Fernand Braudel
advierte a los historiadores que no anticipen exageradamente la
decadencia de Italia y de España. No es serio creer que la ruina
de Lombardía o de la república de Venecia se produjo antes de
1630. De igual modo, se ha de renunciar a la idea de un debilitamiento económico de España, considerada en su conjunto, antes
de la década 1591-1600, y solamente en los años 1620 este empobrecimiento producirá de un modo duradero un pauperismo
masivo diezmado por los períodos de hambre y de enfermedad,
especialmente en el centro del país.

En el siglo XVI, España no es de ninguna manera un país

«marginal» o «atrasado». Vive al mismo ritmo que Europa y sus desgracias son las mismas: años de cosechas insuficientes, períodos de escasez, epidemias, en una palabra, supermortalidad, son fenómenos más o menos contemporáneos de los que entristecen Italia y Francia, y también Inglaterra y los Países Bajos. El eje mediano de España, desde los puertos cantábricos y Burgos, hasta Sevilla y Cádiz, pasando por Valladolid, Medina del Campo, Segovia, Toledo y Córdoba, soporta *globalmente* la comparación con las demás regiones «desarrolladas» de la Europa de ese tiempo; y una ciudad como Valencia, situada fuera de este eje presenta el rostro de la prosperidad.

Pero, tal como lo han sugerido los capítulos precedentes, el Siglo de Oro asocia dos períodos de signo contrario entre los cuales la transición se sitúa en los años 1590-1620. La distanciación entre España y la Europa del Noroeste se crea después de 1620. Y el foso de separación se ensancha lentamente, de lo contrario no podría comprenderse las ilusiones que continuaban manteniendo Francia e Inglaterra respecto del poderío español, ilusiones que las victorias españolas del año 1636 contribuyen a mantener. En 1636, «el año de Corbie», España todavía suscita mucho temor en París.

Entonces, sencillamente, vayamos a las pruebas. Veamos, en pocas páginas, qué ocurre con la producción de los artículos de primera necesidad, con los rendimientos, con las raciones alimenticias, con «la cesta de la compra». A este aspecto, y hasta finales del siglo XVI, España no manifiesta minguna inferioridad en relación con sus vecinos europeos. Pero hay más, en las ciudades y pequeñas localidades, la organización del aprovisionamiento, con frecuencia muy elaborada, garantiza a las poblaciones la *seguridad alimenticia*, salvo en año de escasez. (Ya lo he indicado brevemente en el capítulo precedente.) La ruptura del sistema después de 1620 producirá sin lugar a dudas un descenso neto del nivel de vida, que ya era vulnerable desde hacía algunas décadas.

Producciones y rendimientos

La agricultura española dedica la mayor parte de su extensión a los cereales; como en toda Europa, «desde las islas Británicas a los Balcanes, de la llanura rusa a la meseta castellana». En Castilla la Vieja, en el triángulo cuyos vértices son Burgos, León y Palencia, la Tierra de Campos produce grano (trigo y cebada) en el 90 o 95 por 100 de su superficie. Pero la Tierra de Campos no es el único territorio gran productor de cereales. También en Castilla la Vieja tenemos el Cerrato y en Castilla la Nueva la fértil Sagra toledana, que representan otros graneros. Por otra parte, en los pueblos de Castilla la Nueva estudiados por José Gentil Da Silva, en la segunda mitad del siglo XVI los cereales representan el 76,4 por 100 del valor del producto bruto en la provincia de Cuenca, el 74,9 por 100 en la de Madrid y todavía el 69,4 por 100 en la de Toledo... Las campiñas cordobesas están también dedicadas a los cereales, al igual que la hoya de Baza o la llanura de Antequera en el reino de Granada, del mismo modo que la alta llanura de Urgell, la llanura de Lérida o el Campo de Tarragona en Cataluña. Únicamente algunas regiones del Noroeste, las huertas del Levante y algunos enclaves dedicados al viñedo o al olivo escapan a la supremacía de los cereales. Incluso en Levante la zona de colinas se dedica al cultivo de granos (el 90 por 100 en Morella). No obstante, en la huerta de Murcia por ejemplo, entre 1560 y 1590, la morera ocupa entre el 42 y 43 por 100 de la superficie, el viñedo y los olivares entre el 7 y el 8 por 100, cada uno, los árboles frutales aproximadamente el 12 por 100, de manera que el grano no ocupa ni siquiera la cuarta parte de la superficie cultivada.

Sin embargo, las superficies cultivadas no guardan ninguna relación con el rendimiento, con la productividad del suelo. Desde hace varios años, nuestros conocimientos han realizado grandes progresos en este terreno: las excelentes fuentes estadísticas españolas y particularmente las cuentas de algunas explotaciones, estudiadas por jóvenes historiadores, nos permiten afirmar que los rendimientos cerealísticos españoles no eran en modo alguno inferiores a los de las restantes regiones de Europa en la misma época. Podrá juzgarse por el cuadro comparativo que he trazado. Existe un inconveniente grave, no obstante: en la mayoría de casos (tanto en España como en el resto de Europa) conocemos las cantidades recogidas en relación con las cantidades sembradas y no las cantidades recogidas por hectárea. Ahora bien, las cantidades de semilla por hectárea pueden variar mucho de una región a otra.

Naturalmente, disponemos de ejemplos de rendimientos débiles. En los años 1579-1586 el rendimiento de trigo panificable del pueblo de Navares de las Cuevas, región de Segovia, es de 3 por 1. El rendimiento medio de la granja de Quintanajuar, en el extremo norte de Castilla la Vieja, es de 4 por 1 durante doscientos años (1625-1825), pero es de 4,4 por 1 entre 1630 y 1690. El rendimiento de 40 cortijos pertenecientes al capítulo catedralicio de Córdoba y situados en el territorio municipal de Córdoba oscila entre 4,21 y 5,25 por 1 entre 1611 y 1615, pero cae a 2,22 por 1 y a 1,79 por 1 en 1616 y 1617, años de crisis aguda, es cierto. Estos rendimientos cordobeses son más débiles de lo que parecen, ya que la cantidad de simiente, conocida en esta ocasión, es escasa, de manera que la producción por hectárea oscila en el transcurso de estos años entre 2,3 y 4,5 hectólitros.

Se encuentran sin ninguna dificultad abundantes rendimientos tan escasos en Europa: 3,1 por 1 en Heighton-Saint-Clair, en el Sussex inglés, en 1562; de 2 a 3,9 por 1 en la granja de Rocolles, en el Languedoc, en los años 1583-1585; 2,5 por 1 en Mariental, en Sajonia en 1601-1602; 1,1 a 4,3 por 1 en 51 reservas señoriales de la llanura húngara entre 1552 y 1590.

Otros rendimientos se clasifican en una honrosa media europea: 5 por 1 en los pueblos segovianos de Cuevas de Provanco y Hoyales, de 1579 a 1586; 5 por 1 igualmente en Cigales, cerca de Valladolid, en 1549. Rendimientos que podemos comparar, por ejemplo, con los de once pueblos loreneses a finales del siglo XVI (de 4 a 5 por 1), a los del valle de Chevreuse en 1591-1592 (5 por 1), a los de Weimar, en Sajonia (3,4 a 5,4) en 1549-1564. Por último, otros territorios obtienen unos resultados comparables a los buenos, incluso a los muy buenos rendimientos europeos: las tierras del monasterio de La Estrella en Villarica y San Asensio, en los valles del Ebro y del Najerilla, obtienen en cuarenta y cinco cosechas recogidas entre 1557 y 1609 un promedio anual de 5,7 por 1. Se trata como vemos de un resultado excelente porque aquí la cantidad de simiente por hectárea es importante y en San Asensio el rendimiento medio ha sido de 13,4 hectólitros por hectárea, lo que equivale a un buen rendimiento europeo. Otro buen resultado, aunque válido solo para el año 1586, que fue un buen año, lo encontramos en 35 pueblos de la Bureba burgalesa, con unos rendimientos que oscilan entre 5 y 10,4 por 1, o sea 6,8 por 1 como término medio. Este mismo año el pueblo toledano de Cobeja obtiene un 8,46 por 1, lo que resulta francamente notorio. Estos rendimientos, sin que lleguen a alcanzar los de Onnaing y de Quarouble, en el norte de Francia, o de Hitsum en la Frisia, pueden compararse ampliamente con los del Hurepoix francés y con los de ciertos terrenos ingleses o alemanes, escogidos entre los mejores.

Además, los rendimientos son mejores para la cebada, en una proporción al menos de un 25 por 100. Por ejemplo, de 1557 a 1609, el promedio de las tierras de Villarica y de San Asensio se establece en 7,1 por 1, es decir, 18,7 hectólitros por hectárea. En Cigales en 1549 la cebada da un 6,5 por 1. En la campiña de Córdoba, de 1611 a 1615 entre un 6,1 y 8,3 por 1. En Cobeja en 1586, el 12,7 por 1. Ahora bien, no se trata de una regla universal: en Hitsum, en Frisia, en Harwell en el Berkshire inglés, los rendimientos de la cebada son inferiores porque las mejores tierras se reservan para el trigo y por la misma razón los rendimientos de Weimar en Sajonia son poco más o menos análogos para la cebada y para el trigo. Ese detalle no debe pasar desapercibido.

El resultado de nuestros análisis nos permite afirmar que el alza de la producción pudo responder durante largo tiempo al aumento de la población: en 21 pueblos de la Bureba burgalesa la producción aumentó en un 24 por 100 para el trigo panificable y en un 25 por 100 para la cebada, entre los años 1557-1560 y 1579-1584, término más allá del cual decae. En la Rioja occidental, la tasa de los contratos de aparcería aumenta sin cesar hasta 1575, lo que no puede concebirse sin un aumento correspondiente de la producción, y la parte a entregar por el aparcero puede alcanzar los 4 hectólitros de grano por hectárea cultivada. En varios pueblos toledanos la producción parece aumentar hasta 1586 e incluso hasta 1592. De igual manera, la producción agrícola del reino de Valencia conoce todavía una fuerte expansión hasta 1573-1574, después se estabiliza en un nivel bastante elevado hasta 1609. En Galicia se da un fenómeno comparable.

En la periferia de España otros cereales aportaban complementos de alimentación: por ejemplo, el arroz en la huerta de Valencia, y en Galicia el centeno y el mijo superan con mucho al trigo, pero a partir de comienzos del siglo XVII, desde Guipúzcoa a Galicia, el maíz se expande rápidamente. Introducido en los primeros años del siglo en los valles vascos, santanderinos, asturianos o gallegos, adquiere ya una singular importancia en los años 1610-1620 y hará posible la emergencia de las regiones del noroeste, durante largo tiempo atrasadas, a la vez que permitirá la desaparición progresiva de los períodos de hambre.

Si bien el ganado bovino es escaso en España y limitado al Noroeste (León y las provincias cantábricas) o a los Pirineos, la importancia de los rebaños de corderos y de cabras garantiza una alimentación cárnica notable para la época, aunque muy desigualmente repartida, como veremos. La pesca es una actividad fundamental, sobre todo en Galicia y en todo el litoral cantábrico, así como en las orillas de la Andalucía atlántica. En el mercado de pescado de Santiago de Compostela puede encontrarse a buen precio una gran variedad: doradas, merluzas, lampreas, rayas, congrios, barbos, salmonetes, lenguados, pescadillas, sardinas, rodaballos, truchas de mar, salmón, anguilas, pulpos, calamares, langostas, bogavantes... En la primera década del siglo XVI, una dorada de gran tamaño costaba 5 blancas, es decir, 2,5 maravedís, el mismo precio que por una langosta. Paradójicamente, un congrio o un lenguado cuestan más, 4 maravedís. En aquel tiempo con una sola blanca (medio maravedí) podían comprarse 9 sardinas frescas o dos saladas. De manera que un simple jornalero que entonces ganaba 17 maravedís al día, podía pagarse diariamente 5 o 6 langostas y más de 300 sardinas frescas. En la misma época, en la Andalucía atlántica, de Tarifa a Huelva, las almadrabas obtenían una abundante producción de atún.

Se dirá que se trata de regiones marítimas. Pero el aprovisionamiento de pescado del interior del país no se descuida. Los convoyes de mulas llevan hasta Burgos, Valladolid, Madrid o Toledo cargamentos de pescado seco o salado, que es remojado antes de su consumo, pescado en escabeche y en barriles. Las sardinas, el congrio, el bacalao, y también el atún, las doradas, los sábalos son las variedades más consumidas. Muchas ciudades e incluso pequeños pueblos reciben de este modo pescado: Quintanajuar, localidad próxima a Burgos, se abastece regularmente y, aún mucho más lejos hacia el interior, el pueblo de Mojados, entre Valladolid y Segovia, también. Pero veamos, por ejemplo, el mercado de Toledo, ciudad continental: de 1583 a 1604 este mercado dispone regularmente de congrios, doradas, lenguados, atún, salmón salado, sardinas de Galicia o de Setúbal, pulpo, truchas y de manera más episódica, anguilas, merluzas, lampreas y ostras. Se dice que el pescado está fresco, es decir, simplemente salado para ser remojado, o bien en escabeche.

Sin embargo, el litoral mediterráneo estaba menos fevorecido y, si juzgamos al menos por el caso de Murcia, el pescado era sensiblemente más caro. En Murcia ciertamente el mercado de pescado no presenta la variedad del de Santiago de Compostela, ni siquiera la del de Toledo: sardinas, bacalao, atunes y salmones, por este orden, representan la casi totalidad de la pesca vendida.

Una antigua tradición alimentaria, que se refleja acusadamente en las contabilidades de los hospitales, cuando podemos disponer de ellas, sugiere una producción importante de huevos. Las aves de corral son muy caras porque las gallinas se destinan esencialmente a la producción de huevos. En el hospital de Guadix, en la Andalucía oriental, donde hay muy pocos acogidos, el ecónomo compra huevos cada dos días, lo que permite suponer que los enfermos o las gentes en tránsito comían al menos un huevo cada dos días. En el hospital de Esgueva de Valladolid las compras de huevos eran igualmente importantes.

Veamos ahora el azúcar. Además de la miel que España produce al igual que sus vecinos pero cuya importancia es imposible valorar con exactitud, el país cultiva la caña de azúcar, siendo casi el único que lo hace en Europa. Hay dos regiones que deben mencionarse a este respecto: en primer lugar, la costa del antiguo reino de Granada, de Casares hasta Adra, donde todas las pequeñas huertas cultivan la caña, que representa casi un monocultivo desde Torrox a Motril, en una tierra de calidad con buen sistema de regadío. Además, esta región cuenta con numerosos molinos de azúcar: tres en Motril, tres en Almuñécar, tres en Lojuela, dos en Salobreña, dos en Torrox, uno en Loberas... El otro sector es la huerta de Valencia, donde el cultivo de la caña es importante en torno a Játiva y Gandía, cuyos molinos de azúcar son atendidos y cuidados por equipos de varios centenares de trabajadores y el azúcar representa una parte importante de la renta del duque de Gandía, del conde de Villalonga o del abad de Valldegar, grandes señores valencianos.

En estas regiones en las que la producción de granos es notoriamente insuficiente, la diversificación de la agricultura permite recurrir a la importación. El país valenciano no produce más que la mitad de su grano y su déficit en carne es evidente; pero el volumen de la seda producida en el valle del Júcar, en las huertas de Valencia y de Orihuela permite una fuerte exportación de materia prima. Significa «la seda a cambio del pan», ya que Valencia importa regularmente el trigo que le falta de Sicilia adonde, casi cada año, envía un síndico para organizar las compras. El mismo escenario se repite en Murcia, donde la seda paga el pan que se adquiere en Sicilia o el Oranesado y el bacalao que llega del Atlántico. En el reino de Granada donde el déficit de grano es menor, éste se salda también gracias a la seda, aunque igualmente por el azúcar y, cada vez más, por el vino.

La expansión del viñedo en el siglo XVI es un hecho cierto: se pueden mencionar los viñedos de Ribadavia en Galicia, del Bierzo en el norte de León, del Penedés en Cataluña. El viñedo de Valladolid y sobre todo el de Medina-Rueda, que produce un vino de gran calidad, está en pleno desarrollo. En el reino de Granada, constata Bernard Vincent, en medio siglo se pasa «de una situación de penuria a otra de abundancia». La vega de Granada, la región de Málaga y hasta las montañas de las Alpujarras se cubren de plantaciones de viñas. Un movimiento comparable afecta a la Andalucía occidental, de Córdoba a Jerez. La fuerte demanda de los españoles instalados en América, que ha provocado la subida de los precios, es la responsable de este impulso así como también del del olivo, por las mismas razones. Los olivares de

Écija, donde abundan los molinos de aceite, mantendrán su prosperidad al menos hasta 1640.

Es imposible valorar las producciones de carne de cerdo, de caza, de pescado de río, de frutas y de verduras, aunque sabemos que los higos y las almendras tenían una importancia notoria en todo el litoral mediterráneo. Pero, teniendo en cuenta el hecho de que los déficits periódicos de granos podían cubrirse, como hemos visto en el capítulo precedente, mediante la importación del llamado «trigo del mar», las condiciones de una alimentación suficiente se mantuvieron a lo largo de todo el siglo XVI y no se deterioraron de manera duradera más que después de los años 1620-1630. El estudio del consumo y el cálculo de algunas raciones permiten ahora afirmar que ese fue en efecto el caso para la mayoría de la población, fuera de los años de gran penuria.

Consumos y raciones

El consumo es un sector más retrasado en la investigación histórica, preocupada durante largo tiempo por los precios y los salarios, que no permiten sino una aproximación lejana a los niveles de vida de las sociedades antiguas. Con todo, desde hace unos diez años, en particular desde el Congreso internacional de historia del consumo, organizado en octubre de 1973 por la Asociación francesa de historiadores económicos, los progresos de nuestros conocimientos han sido sensibles.

Desgraciadamente, las fuentes no permiten calcular más que el consumo de determinados productos: el grano o el pan, la carne, el vino, a veces el pescado, el aceite, y poco más. Las raciones calculadas en calorías, en proteínas, lípidos y glúcidos son, pues, siempre incompletas y siempre se sitúan por debajo de la realidad. En el caso de colectividades, por ejemplo hospitales o colegios, se puede llegar a una precisión muy superior gracias a las contabilidades de estos establecimientos, pero éstos constituyen unos sectores «protegidos», incluso privilegiados, que no son realmente representativos. Reunamos, por tanto, los datos disponibles actualmente en la tabla que figura en la página siguiente:

CUADRO 3

Consumos alimentarios en España (Raciones diarias medias)

Nombres	Año(s)	Pan (g)	Carne (g)	Pescado (g)	Aceite (cl)	Vino (cl)
a) *Ciudades*						
Valladolid	1557-1561	433	79,5	32,8	0,57	27,9
	1586-1590	?	72,5	?	?	29,9
Murcia	1561	?	56	?	?	?
	1571	408	85,4	41,4		18
	1586	327	?	?	?	?
	1599	?	85,2	32,3	?	?
Ciudad Real	1575	331	?	?	?	?
Cuenca	1575	738	?	?	?	?
Jaén	1575	138 (?)	?	?	?	?
Madrid	1575	782	?	?	?	?
Toledo	1575	538	?	?	?	?
Oviedo	1557-1561	?	101,3	?	?	?
b) *Pueblos* *						
Bureba						
(30 pueblos)	1586	600	27,4	?	?	?
Mojados	1562	?	45,4	?	0,5	?
Bargas	1582-1584	?	24,6	?	?	?
c) *Colectividades* **						
Col. mayor	1555	910	575	?	?	50
Fonseca	1588	920	690	?	?	75
Col. menor						
San Juan	1555	862	460	?	?	0
Hospital de						
Guadix	1581-1582	?	82,2	?	?	?

NOTAS: *   Los pueblos de la Bureba, Mojados y Bargas se encuentran, respectivamente, en las provincias de Burgos, Valladolid y Toledo.

**   Los colegios de Fonseca y de San Juan se encontraban en Santiago de Compostela. En el segundo la ración de carne se remplazaba por su equivalencia en pescado los días de abstinencia y en Cuaresma.

¿Qué podemos concluir del análisis de estos datos?

En dos ciudades disponemos de las cantidades consumidas de ciertos productos que podemos considerar como unos alimentos de base: pan, carne, pescado, aceite y vino. Los datos son muy comparables y solamente el hecho de tener en cuenta otros factores nos llevará a conceder una ventaja a Valladolid. El balance calórico proporcionado por estos productos es aproximadamente de 1.500 calorías diarias. Ahora bien, sabemos que la FAO considera como adecuada una media calórica de 2.750 calorías (hombres: 3.200; mujeres: 2.300) para los individuos adultos. El balance obtenido se nos presenta, en consecuencia, a primera vista, muy inferior al nivel deseable. Pero, además de que nuestros promedios engloban la totalidad de la población, incluidos los niños muy jóvenes, estos promedios han sido establecidos sin el concurso de productos que desempeñaban un papel indudable en la alimentación: los huevos en primer lugar, la miel o el azúcar, las frutas frescas o secas (higos, almendras, castañas, uvas pasas), las legumbres secas (habas, lentejas), las hortalizas y verduras, la carne de cerdo, un poco de queso, alguna ave aunque sea de vez en cuando, la sal, las especias... El abanico de las compras de los hospitales de Guadix o del Esgueva, en Valladolid, resulta elocuente a este respecto.

Además, nuestras estadísticas no han podido incluir la carne o el pescado vendidos en franquicia en días determinados. Incluso en Valladolid, la carne vendida en la mesa franca de la cancillería para la clientela rica de esta institución, que tenía un poder de compra fuerte, se nos escapa, de manera que el promedio de carne tendría que ser sensiblemente mayor.

En las zonas rurales, nuestras estadísticas ignoran por definición el autoconsumo. En resumen, tenemos la convicción de que los pocos centenares de calorías suplementarias que cada individuo necesitaba diariamente eran suministradas por algunos artículos no cuantificables.

Otros elementos acuden en apoyo de esta convicción. En 1575, tres de las ciudades cuya ración de pan he indicado se sitúan claramente por encima de las de Valladolid y de Murcia (Cuenca, Madrid, Toledo), una sensiblemente por debajo (Ciudad Real), mientras que el nivel de consumo de Jaén es absurdo. El nivel elevado de Madrid corresponde al de una capital en la que el poder de compra es más alto, aunque Cuenca y Toledo tienen una ración satisfactoria. Además, es preciso tener en cuenta que la carne de cordero predomina en general, salvo en Oviedo y en Valladolid. En Guadix sucede incluso que la carne de cordero es la única consumida. Ahora bien, este tipo de carne es más rico en proteínas, aunque lo es menos en lípidos y en calorías.

Los dos colegios de Compostela que albergan a estudiantes de teología rebasan ampliamente los niveles calóricos recomendados, puesto que las raciones oscilan entre 3.450 y 4.358 calorías e incluyen, gracias a a la generosa ración de carne de cordero, un porcentaje muy satisfactorio de proteínas animales. A pesar de todo, se trataba de una alimentación poco equilibrada y terriblemente monótona, reducida a tres artículos (pan, carne de cordero y vino) y a un caldo muy ligero. La ausencia de vitaminas A y C, la insuficiencia de oligoelementos y de otros compuestos, y por el contrario la superabundancia de grasas y de hidratos de carbono, sobre todo tratándose de estudiantes que tenían unas actividades físicas limitadas, ofrecen una imagen escasamente halagadora de la dietética de estos colegios, cuyos pensionistas en todo caso no corrían el riesgo de morirse de hambre. Pero cuando comprobamos que el corregidor de Málaga hace servir a trece bandidos moriscos encarcelados del 15 de agosto al 4 de noviembre de 1576, unas raciones que superan siempre las 3.000 calorías y alcanzan en ocasiones las 4.000, con abundancia de pan y de carne o de pescado y el complemento periódico de algún conejo o un plato de cuzcuz, huevos o legumbres, mal podemos imaginarnos una situación de penuria, aunque el hecho de que el año 1576 haya sido un mal año nos permitiría sospecharlo.

LA ORGANIZACIÓN DEL ABASTECIMIENTO

Fernand Braudel ya nos ha facilitado una magnífica descripción del servicio de trigo de Venecia. Pero la institución veneciana no era sino el modelo más perfecto de un servicio que existía en un gran número de otras ciudades de aquel tiempo y las ciudades españolas no eran las peor dotadas. Y sabemos ya que a principios del siglos XVI, bajo el nombre de alhóndiga o de pósito, encontramos unos servicios de trigo en muchas ciudades, como Sevilla, Madrid, Toledo, Burgos, Valladolid, Jaén, Tafalla, Puente la Reina... A lo largo del mismo siglo aparecieron otros: el cardenal Cisneros organizó un pósito en Alcalá de Henares en 1513; la ordenanza municipal del 16 de octubre de 1556 que dispuso la creación de un pósito de trigo en Murcia, organismo regido por un consejo de administración en el que participaban el corregidor, un regidor, un jurado y un canónigo de la catedral, ha sido publicada recientemente por Francisco Chacón Jiménez. El principio de estos servicios de trigo reside en constituir una reserva de granos que permita a la vez «asegurar la soldadura» entre cosechas, prevenir una cosecha deficiente y controlar, limitándola, el alza de los precios. Cuando los mercados se encontraban faltos de suministro, el servicio vendía a los panaderos las cantidades de grano necesarias para la distribución del pan cotidiano y, en casos excepcionales, podía distribuir grano de simiente a los campesinos. En la segunda mitad del siglo XVI, algunos modestos pueblos se dotaron de una alhóndiga. Por ejemplo, en las proximidades de Valladolid, lo hicieron los pueblos de Matapozuelos, Tudela de Duero, Cigales, Ciguñuela, Villanubla...

Las alhóndigas de Toledo y de Sevilla, por ejemplo, estaban muy bien organizadas. El consejo de administración que las dirigía reunía las informaciones precisas para la compra de grano (nivel de las cosechas, precios, etc.) y desplazaba sobre el terreno a unos comisarios que debían comprar en las mejores condiciones las cantidades determinadas. Toledo, por ejemplo, compraba generalmente su trigo en la Sagra y en la Mancha. Pero en los años malos, los comisarios de la alhóndiga no vacilaban en ir mucho más lejos, a los campos de Toro y de Salamanca y hasta la Tierra de Campos, en las proximidades de Medina de Rioseco y de Palencia donde cada vez más competían con los enviados de la alhóndiga de Madrid.

Los consejos de administración se esforzaban por obtener del poder regio la legislación propicia para asegurar el pan barato: lucha contra los acaparadores y eliminación de los intermediarios. Por ejemplo, el labrador que transportaba su grano a Sevilla tenía que disponer de un certificado de uno de los alcaldes de su pueblo,[1] garantizando la procedencia del trigo. De igual manera las alhóndigas de Burgos y de Valladolid actuaban como auténticos servicios públicos, aceptando el déficit con el fin de mantener los precios en un nivel razonable y asegurar así el mínimo vital de la población: en consecuencia se vieron obligados a vender su grano con pérdida cuando una buena cosecha hacía descender los precios brutalmente. Tanto en Valladolid como en Burgos el déficit del sistema se cubrió durante mucho tiempo por medio de plusvalías fiscales. Hasta los años 1575-1577 en que se produjo un aumento del impuesto principal, la alcabala, estas dos ciudades, como otras muchas, conseguían, gracias a la prosperidad general, imponer un impuesto sensiblemente superior al importe global que les exigía el Tesoro real. De esta manera podían financiar su política de trabajos públicos, de asistencia, de pan barato y los diversos festejos.[2]

La importancia concedida por los municipios a sus servicios de trigo queda fuera de toda duda: con frecuencia, el encargado de ir a comprar el trigo necesario, es un regidor, que recorre el campo durante dos o tres semanas para desempeñar su misión.

Pero la preocupación por la «garantía alimentaria» no se limitaba al trigo. Todas las ciudades importantes y aun simples pueblos habían desarrollado un sistema que debía asegurarles el aprovisionamiento en productos básicos: carne, pescado, especiería (entendida en un sentido amplio), vino, en ocasiones leña y carbón vegetal, lámparas, etc. Este sistema es el de los obligados, cuyos contratos definían con precisión sus derechos y deberes a

1. Los pueblos del reino de Castilla estaban administrados generalmente por dos alcaldes elegidos según procedimientos diversos.
2. La alcabala —recordémoslo— era, en teoría, un impuesto indirecto que afectaba a los intercambios y cuyo porcentaje, siempre en teoría era aproximadamente del 3 por 100, más tarde, en 1575, se elevó al 10 por 100. Pero dadas las deficiencias en la administración de su percepción fue cedido en arriendo de servicio público.

cambio de un cuasi monopolio, excepto algunos mercados francos y las inevitables exenciones, debiendo el obligado (individuo o compañía) comprometerse a proporcionar a la ciudad unos artículos convenidos a unos precios determinados que podían variar según la estación del año o ser incrementados en circunstancias excepcionales. Los obligados de las carnicerías disponían de prados reservados para que el ganado pudiera pastar en la proximidad, con el fin de que se conservase en buen estado en espera de la matanza. En Murcia, donde los abastecedores reclutados por adjudicación sustituyen a los obligados, tenían que disponer de cuatro mesas de carne de cordero y dos de carne de buey. En el pueblo de Tudela de Duero, en Castilla la Vieja, el obligado de la pescadería debía garantizar el aprovisionamiento, especialmente en tiempo de cuaresma, de «pescado de red», congrios y sardinas, aceite y sal, pero gozaba de un monopolio total, salvo que debía tolerar la venta de un arriero de paso bajo ciertas condiciones.

En las épocas de dificultades podía suceder que ningún candidato se presentase a la adjudicación. Entonces las ciudades se veían obligadas o bien a tomar el servicio a su cargo directo, o bien a estimular a los negociantes consintiéndoles mejores condiciones o incluso facilitándoles un crédito. Por ejemplo, en 1585, ningún obligado aceptó el servicio de carnicería con los precios exigidos por la ciudad de Valladolid: ésta proponía que la carne de buey se vendiese a 14 maravedís la libra y la de cordero a 21 (en esa misma época un jornalero ganaba 74 maravedís al día). La ciudad decidió entonces administrar directamente las carnicerías y en nueve semanas perdió más de un millón de maravedís. En consecuencia se resignó a aceptar las condiciones de un candidato a obligado, admitiendo la libra de cordero a 22 maravedís y la libra de buey a 15.

El sistema de los obligados tuvo una expansión casi general y además de las ciudades afectó a un gran número de pueblos de mediana importancia. Valga como muestra este simple testimonio: en 1595, a la localidad de Los Yébenes, cerca de Toledo, importante proveedor de ganado para las carnicerías, acuden los pueblos vecinos de Ajofrín, Sonseca y Villacañas para reclutar a sus obligados de carnicería entre los traficantes de dicho pueblo, que, también los proporcionará, en 1597, a los pueblos de Tembleque, Lillo, Corral de Almaguer, Ocaña, Consuegra y Villarubia. Es cierto, no obstante, que en esa época Ocaña es ya una ciudad.

Pero, también en esta ocasión, el sistema no sobrevive a la prosperidad. Hacia finales del siglo xvi, la producción agrícola considerada globalmente ya no aumenta o desciende ligeramente; en consecuencia, las raciones tienden a reducirse. Las intensas roturaciones del siglo xvi han alcanzado sus límites y la ley de los rendimientos decrecientes en tierras de un valor medio comienza a producir sus efectos. Muchos textos se refieren a las «tierras fatigadas». ¿Cuál es el resultado? A lo largo del siglo xvii, la organización de «seguridad alimentaria» creada por los municipios entra en crisis. En Castilla, los municipios no alcanzan ya a cubrir el déficit de las alhóndigas o de las administraciones públicas de carnicería o pescadería por medio de los excedentes procurados por el arriendo de la alcabala, porque la depresión económica ha provocado la caída de las adjudicaciones a un nivel que suprime los excedentes. Y, en el reino de Valencia, en época del reinado de Felipe IV (1621-1665), James Casey comprueba que todos los presupuestos municipales, especialmente el de Valencia, se arruinan en gastos de sanidad y sobre todo en compras de granos, de «trigo del mar», en distribuciones de pan y de carne a los indigentes. Los municipios del Levante viven en adelante por encima de sus recursos y este tipo de situación no podrá sostenerse. No es asombroso, pues, que la imaginación de los autores de la novela picaresca haya elegido la España hambrienta del siglo xvii.

Para los privilegiados de este tiempo: la gastronomía del Siglo de Oro

Ésta fue la suerte de la mayoría. Pero, para los ricos y los grandes del Siglo de Oro, siempre hubo hermosas piezas de carne y finas especias. Para ellos los maestros de cocina de la época inventaron una gastronomía llena de sorpresas, cuyas recetas nos han sido conservadas por los libros de cocina.

Es sabido que Italia fue la verdadera patria de los libros de cocina, siendo precisamente las imprentas de Venecia las que aseguraron su difusión.[3] De hecho, el primer libro de cocina importante publicado en España procedía de Italia. Era la obra de Ruperto de Nola, cocinero del virrey de Nápoles, y su traducción se publicó en Valencia en 1525 con el título de *Libro de guisados*. Contenía doscientas cuarenta y tres recetas y su éxito permitió diez reediciones hasta 1577. El primer libro de cocina auténticamente español, que por otra parte no se limitaba a la alimentación, fue el *Banquete de nobles caballeros*... publicado en Augsburgo en castellano en 1530, reeditado más tarde bajo el título de *Vergel de sanidad* en Alcalá de Henares en 1542. Obra del doctor Luis Lobera de Ávila, manifiesta unas tendencias dietéticas muy marcadas.

Ya he señalado al comienzo de este capítulo el libro de Diego de Granada. Publicado en 1599, la obra comenzaba por reproducir de manera muy fiel las recetas de Ruperto de Nola. También reproduce recetas alemanas (costilla de buey a la alemana, trucha a la alemana...), incluso húngaras, pero la aportación original es igualmente importante. Recordemos que se pasa de las doscientas cuarenta y tres recetas de Ruperto de Nola a setecientas sesenta y tres. Sin duda el autor vivió en Italia al servicio de algún gran señor español porque conocía muy bien la cocina italiana. Pero está también muy informado de las especialidades de los grandes *chefs* españoles de los siglos XV y XVI: el maestro Sardinas, cocinero de don Álvaro de Luna; Lopera, cocinero de la reina Juana la Loca; el maestro Joaquín (o Jotxim), jefe de cocina de Fernando el Católico; Louis le Noir, maestresala de Gonzalo de Córdoba, o Bañuelo, que gobernaba las mesas del insaciable Carlos V.

Por último, la obra de Francisco Martínez Motino, *Arte de*

3. El libro de Guillermo Tirel, cocinero de Carlos V, *Le viander*, que data de 1545 y cuya primera edición impresa apareció en Lyon en 1545, es una excepción.

la cocina, publicada en 1611 y reeditada veinte veces hasta comienzos del siglo XIX, acaba de componer el retrato de la gran cocina del Siglo de Oro, a condición de tener en cuenta los *Cuatro libros del arte de la confitería*, impresos por Juan Gracián en Alcalá en 1592.

Nos parece un sueño. Los historiadores nos habían prevenido acerca del uso intensivo de las especias en la alimentación del pasado, pero es preciso leer estas recetas para saber lo que ello quiere decir. Se utilizan profusamente la pimienta, el jengible, el azafrán, la canela, el clavo, la nuez moscada, el anís, el comino, el almizcle y el agraz. Todas las salsas incluyen un buen número de especias. La «salsa blanca», por ejemplo, no es en modo alguno, como pudiera creerse, una salsa a base de leche. Está hecha con un caldo de gallina al que se añade agua de rosas en el que se han disuelto polvo de jengibre blanco, almendras blancas convenientemente peladas, una rama entera de canela hervida, y también algo de clavo. Cuando todo ello ha cocido lentamente, se vierte azúcar fina.

La «salsa de ocas», que se hace también a base de caldo de aves en el que se ha desmenuzado un hígado de ganso, o en su defecto de gallina, recibe una buena cantidad de especias. Únicamente se desaconseja el azafrán. Por supuesto, la influencia oriental, árabe especialmente, sobre esta cocina italoespañola es indudable: el lugar que en ella ocupan el azúcar, la leche de almendras, las pasas, condimentos raros como el ámbar molido o el sándalo, ofrecen claro testimonio de ello.

Descubrimos también la importancia del recurso a las hierbas aromáticas, sobre todo en los platos de carne. Si bien el perejil, el ajo y la cebolla eran algo esperado, aparecen además la salvia, la menta, la mejorana, el laurel, el romero, la pimpinela, el hinojo, la albahaca.

No podemos, sin embargo, por menos de reconocer la marca específica de España. El número de platos de pescado y de moluscos y mariscos es impresionante: de las setecientas sesenta y tres recetas de Diego de Granada, ciento cincuenta aproximadamente se refieren a pescados y productos de mar, a las que se añaden algunas recetas de conservas. Se preparan de diversas maneras los atunes, doradas, lenguados, barbos o lobos, lampreas, congrios, salmonetes, merluzas, pez-espada, rodaballos, sardinas, sábalos y salmones; y también las langostas y langostinos, los cangrejos y erizos de mar, los calamares, los pulpos, las sepias, los camarones, ostras y tortugas de mar; además, todavía, las truchas, las tencas, anguilas, ranas y los cangrejos de río... Se indica con precisión que las truchas negras con motas rojas, que en Francia se denominan *fario*, son las mejores.

Los patés y las tartas representan otro sector importante. No existe un ave que carezca de alguna receta de paté. Y las tartas se hacen con toda clase de cosas: hay tartas de carne, de garbanzos, de lentejas... Tarta de nabos, de coles, tarta de calabaza, de zanahoria. Y, naturalmente, tartas de frutas: manzanas y peras, cerezas y guindas frescas, castañas frescas y castañas secas, también tarta de nueces, de melocotón, tartas de nísperos...

Cocina rica, cargada de especias, pesada aunque se supone que las especias debían facilitar la digestión. Cocina rica en proteínas animales para los privilegiados del banquete de la vida.

Capítulo 7

ENCUENTROS CON DIOS

El tiempo de los santos

¿Quién era Ignacio de Loyola en 1530? Apenas deformaríamos las cosas calificándole de «andariego». Este hombre de casi cuarenta años (n. 1491), nacido en el seno de una familia vasca de mediana nobleza, no se había distinguido en ningún sentido en su juventud. Afirma de sí mismo que «hasta los veintiséis años de su edad fue hombre dado a las vanidades del mundo, y principalmente se deleitaba en ejercicio de armas, con un grande y vano deseo de ganar la honra».

Pendenciero susceptible, muy capaz de cometer graves infracciones a las leyes y a la moral, tuvo que huir de su localidad natal de Azpeitia en 1515 para escapar de la prisión, sin que sepamos exactamente por qué: ¿golpes y heridas con motivo de una pelea? ¿Rapto de seducción? En 1521, a los treinta años, defiende Pamplona contra los franceses: recibe una herida grave, le han de serrar la pierna dos veces (no es necesario recordar que sin anestesia) y sufre una larga convalecencia durante la cual el gentilhombre guerrero lee la *Leyenda dorada* de Jacques de Voragine y la *Vida de Cristo* del cartujo Ludolfo de Sajonia, dos obras de considerable difusión en aquella época. Es el repentino golpe de gracia que le convertirá en adelante en el «andarín de Dios».

Loyola recorre entonces Europa, la mayor parte del tiempo a pie, cojeando ligeramente, o montado sobre una mula: acude en peregrinación a Aránzazu, santuario mariano vasco, luego a Montserrat, donde en una gruta cercana se entrega a exigentes disciplinas, a experiencias ascéticas poco comunes: apenas come, se deja crecer el cabello, la barba y las uñas, duerme directamente sobre el suelo de su gruta o al aire libre, la mayoría de las veces reza de pie o arrodillado; accede a visiones extraordinarias que le provocan abundantes lágrimas, al tiempo que va adquiriendo en el transcurso de los meses pasados en Montserrat una instrucción religiosa muy sólida bajo la dirección espiritual del benedictino francés dom Chanon. Se decide entonces a realizar la peregrinación a Tierra Santa.

Se dirige a Barcelona donde se embarca en un navío que le lleva a Gaeta; desde allí, atravesando gran parte de Italia, llega a Venecia donde encuentra un navío que parte hacia Tierra Santa: efectúa el viaje en unas condiciones de miseria casi total, agravado por todo género de burlas y vejaciones, como las que le infligen los monjes franciscanos que custodian en Jerusalén los santos lugares, entonces bajo dominación turca. De regreso a Venecia, marcha hacia Génova para desde allí dirigirse a Barcelona.

A sus treinta y tres años Ignacio se convierte en estudiante: primero en Barcelona, después en las universidades de Alcalá de Henares, de Salamanca y finalmente en la de París, entre 1525 y 1533, para conseguir los títulos de bachiller en artes, más tarde de licenciado en artes. No debemos imaginarlo, sobre todo, como un estudiante «formal», dedicado al estudio aprovechando alguna beca o bolsa de estudios substanciosa, en un colegio mayor confortable con una ración alimenticia de 3.000 a 4.000 calorías... Del mismo modo que había dormido en cuevas y en los campos, en el mismo suelo de la plaza de San Marcos, dormirá ahora en los hospicios reservados a los pobres, como por ejemplo en París el de Santiago de los Españoles. Se desplaza caminando, de Salamanca a París, de París a Normandía o a Flandes y llega hasta Amberes. Camino de Rouen, Ignacio atraviesa la Beauce cantando. Mendigo de Dios tanto como caminante, paga sus estudios gracias a las ayudas de algunas mujeres piadosas, como Isabel Rosell de Barcelona, que organiza colectas de dinero para él en el círculo de devotos que ella frecuenta, o gracias a las donaciones de ricos mercaderes españoles establecidos en Flandes a los que visita durante sus vacaciones universitarias.

Tampoco debemos imaginarlo como un creyente tranquilamente instalado dentro de la institución eclesiástica y en una fe acomodaticia. Ignacio enseña en la calle, atrae a los que pasan, ensaya con sus primeros fieles los balbuceos del método del que pronto surgirán los *Ejercicios espirituales*. Es una forma de piedad, de apostolado, que molesta, que inquieta. ¿Es Ignacio un «iluminado», o por lo menos un erasmista, o, lo que sería peor, un criptoluterano? Detenido y encarcelado en Alcalá primero, en Salamanca después, es puesto en libertad en cada ocasión una vez que demuestra su ortodoxia dogmática, pero es «advertido» en París después de haber sido convocado por el inquisidor y, más tarde, vigilado en Italia adonde regresa con sus primeros compañeros tras el voto de Montmartre. ¿Cómo puede comprenderse que este marginado, este mendigo espiritual, desconocido a los cuarenta años, muerto a los sesenta y cinco, sin haber escrito otra cosa que un breve opúsculo, un fragmento de diario y... varios millares de cartas haya podido crear una de las sociedades religiosas más estructuradas, más poderosas, más influyentes, más eficaces de la historia de la humanidad? ¿Cómo es posible que este hombre cuyas cincuenta y una páginas conservadas del *Diario espiritual* (1544-1545) revelan una sensibilidad extraordinaria, rayando en el límite de lo patológico, manifestada por abundantes lágrimas e incluso sollozos, sea el mismo que organiza metódicamente la reconquista católica de Alemania y de Europa central, que envía a sus hombres, dondequiera que se encuentren, en Italia, en España, en Portugal, en Alemania, hasta en Extremo Oriente, las instrucciones más claras y más firmes? Los caminos de la santidad presentan extraños meandros. Éstos son los dos Ignacios:

Diario espiritual	*Correspondencia*
Lunes, 11 de febrero de 1544	Roma, febrero de 1546
En medio de la oración acostumbrada, sin elecciones, en ofrecer o en rogar a Dios nuestro Se-	Carta a los padres enviados a Trento Para ayudar las ánimas.

ñor, la oblación pasada fuese por la su divina majestad aceptada, con *asaz devoción y lágrimas*,[1] y después un rato adelante coloquendo con el Espíritu Santo para decir su misa, con la misma devoción o lágrimas me parecía verle o sentirle en claridad espesa o en color de flama ignea modo insólito ...

A esto, entrando en mí mayor devoción y quitarme toda gana de mirar más en ello, con un *lacrimar y sollozos*, hice la oblación de no nada al Padre, de rodillas, y con *tantas lágrimas por la cara abajo y sollozos* al hacer de la oblación y después, casi no me podiendo levantar de *sollozos y lágrimas de la devoción* y gracia que recibía, y así tandem me levanto, y levantando aún seguirme *la devoción con los sollozos*, ellos viniendo habiendo hecha la oblación de no tener nada, dando por rata, válida, etc.

Después, de ahí un rato, andando y acordándome de lo pasado, una nuevo moción interior y *devoción y lacrimar*.

De ahí a un rato, para salir a la misa, llegándome a corta oración, *una devoción intensa y lágrimas*, a sentir o ver (en) cierto modo el Espíritu Santo, como cosa acabada cerca la elección, y no poder así ver ni sentir a ninguna de las otras dos personas divínas.

1) A mayor gloria de Dios N.S. lo que principalmente en esta jornada de Trento se pretende por nosotros, procurando estar juntos en alguna honesta parte, es predicar, confesar y leer, enseñando a muchachos, dando ejemplo, visitando pobres en hospitales y exhortando a los prójimos ...

2) Predicando, no tocaría ningunas partes donde difieren los protestantes de los católicos, mas simplemente (exhortando) a las buenas costumbres y devociones de la Iglesia ...

3) Leyendo, lo mismo que predicando, y así procurando con deseo de inflamar las ánimas en amor de su Criador y Señor, declarando la inteligencia de lo que lee ...

4) Confesando y haciendo cuenta que lo que les dijese a los penitentes decía en público en todas las confesiones dándoles alguna penitencia de oraciones por el tal efecto.

5) Dando Ejercicios y en otros coloquios, asimismo pensando que hablo en público, advirtiendo que a todos diese en general los de la primera semana, y no más, si no fuese a personas raras y dispuestas para disponer sus vidas por vía de las elecciones, en las cuales, ni durante los ejercicios no los dejando hacer pro-

1. Las cursivas han sido añadidas por el autor.

Después en capilla, antes de la misa y en ella *con abundancia de devoción y de lágrimas* ...

mesas, asimismo no los encerrando, mayormente a los principios ...

6) Enseñando muchachos por algún tiempo cómodo, según el aparejo y disposición de todas partes, mostrando los *primeros rudimentos*; y, según los auditores, más o menos declarando ...

7) Visitando hospitales en alguna hora o horas del día más convenientes a la salud corporal, confesando y consolando a los pobres ...

8) Exhortando a las personas (que conversando pudiere) a confesar, comulgar y celebrar a menudo, a Ejercicios espirituales y a otras obras pías, moviéndolos asimismo a hacer oración por el concilio.

9) Así como cerca el definir de las cosas ayuda el hablar tardo o poco, como está dicho, por el contrario, para mover a las ánimas a su provecho espiritual, ayuda el hablar largo, concertado, amoroso y con afecto.

Así era Ignacio de Loyola: un vidente con los ojos llenos de lágrimas y un organizador sagaz creador de una pedagogía diferenciada. Por supuesto, Ignacio era un «caso». Pero la España de este tiempo es una exposición de «casos». Francisco Javier, noble navarro originario de Obanos, otro jesuita entre los primeros compañeros de Ignacio, murió con menos de cincuenta años cerca de Cantón, misionero mártir, después de haber implantado en un período de diez años varias comunidades cristianas en Asia, sin duda frágiles aunque fervientes: en Travancore, en Bengala, en las Molucas, en Japón...

Qué decir también del increíble Pedro de Alcántara, nacido en una familia de buena nobleza, que eligió la más insigne de las pobrezas y que se impuso terribles penitencias: durante más de treinta años no se concedió más de una hora de sueño al día; no se acostaba jamás porque su celda tenía una longitud de cuatro pies y medio y no podía tenderse, y dormía sentado con la cabeza apoyada en un tajo de madera. No vestía sino un burdo sayal, caminaba con los pies descalzos tanto en la nieve del invierno como sobre las piedras recalentadas del verano castellano; comía algunos mendrugos de pan una vez cada tres días y llevaba un cilicio hecho de láminas de hojalata. Llegó hasta a negarse a levantar los ojos. Se concibe que haya fundado, en el seno de la orden franciscana, la congregación de más estrecha observancia. San Pedro de Alcántara es uno de los amantes más exclusivos que jamás habrá encontrado la «Señora Pobreza».

Otro estilo es el de san Juan de la Cruz, uno de los más grandes poetas de lengua castellana. El *Cántico Espiritual*, la *Noche oscura del alma* y la *Llama de amor viva* han garantizado la gloria literaria a este carmelita descalzo cuyos comienzos modestos y discretos no parecían dejar presagiar un destino tan luminoso. Nacido en 1542 de un padre hidalgo y de una humilde campesina, a una veintena de kilómetros de Ávila, en el corazón de una tierra despojada recorrida por el viento, queda huérfano muy pronto y como tal es enviado al colegio de niños de la Doctrina, en Medina del Campo. Del colegio entra como enfermero en el hospital de bubónicos, es decir, de los apestados de la ciudad. Las ferias de Medina, consideradas entonces entre las más famosas de Europa, no inclinan a este castellano de corta estatura, delgado y cetrino al aprecio por los esplendores de este mundo. Entra, de manera muy discreta, en el Carmelo en 1564 y su orden le envía a estudiar a Salamanca, pero al cabo de tres años se retira a una cartuja. Su vía no será la de la universidad sino, más estrecha y más elevada, la de la experiencia mística y la de la poesía, que se convierte en su expresión natural.

Es capaz de revelarse también como hombre de acción, pero por encargo: aceptará ser colaborador de Teresa de Ávila, respondiendo a su llamada, contribuyendo esencialmente a la reforma del Carmelo, haciendo pasar la reforma en los conventos masculinos. Llegará a crear quince conventos de carmelitas descalzos, es decir reformados, y trabajará con sus manos en 1582 en la construcción del claustro de Granada, del que fue elegido prior. Pero lo que le distingue, lo que le hace único, es la forma y la expresión de su espiritualidad.

Algunos eminentes críticos han insistido en las fuentes orientales de la mística de Juan de la Cruz, y Asín Palacios la considera como inexplicable fuera de la tradición ascética y mística conservada por los moriscos castellanos. El gusto de Juan de la Cruz por la soledad concuerda perfectamente con esta tradición eremítica y su estancia en la cárcel en 1577 pudo constituir la última etapa en el camino de la visión mística.

Ésta no triunfa más que al término de las pruebas del alma o «noches». En la oscuridad de estas noches el alma se despoja de los elementos caducos de la creación y accede a una capacidad de unión con el creador después de haber eliminado todos los obstáculos: el apego a los bienes temporales, la voluntad individual, la memoria, la imaginación, hasta los mismos objetos de devoción:

> ¡Oh noche que guiaste,
> Oh noche amable más que el alborada,
> Oh noche que juntaste
> Amado con Amada
> Amada en el Amado transformada!

Paul Valéry interpretaba de esta manera la *Noche oscura*: [2]

> La fe exige o se crea esta noche que debe ser la ausencia de toda luz natural y el reino de estas tinieblas que son las únicas que pueden disipar las luces sobrenaturales. Lo que le importa, por consiguiente, por encima de cualquier otra consideración, es aplicarse para conservar esta preciosa oscuridad, preservándola de toda claridad, figurada o intelectual. El alma debe ausentarse de todo lo que conviene a su naturaleza, que

2. Paul Valéry, *Variété V*, «Le cantique spirituel», p. 165 y ss.

es lo sensible y lo razonable. Solamente bajo esta condición podrá ser conducida a una contemplación muy elevada. Permanecer en la noche oscura y mantenerla dentro de sí debe consistir, en consecuencia, en no ceder en nada al conocimiento ordinario ya que todo lo que el entendimiento puede comprender, la imaginación forjar, la voluntad ambicionar, todo ello es muy diferente y desproporcionado de Dios.

Así pues, la evasión de la *Noche oscura* no es posible más que a través de la unión total con Dios. Las estrofas del *Cántico espiritual* que describen la relación entre el Alma y el Esposo exaltan esta unión:

> ¡Oh cristalina fuente,
> si en esos tus semblantes plateados
> formases de repente
> los ojos deseados
> que tengo en mis entrañas dibujados!

> Detente, cierzo muerto,
> ven, austro, que recuerdas los amores,
> aspira por mi huerto
> y corran tus olores,
> y pacerá el Amado entre las flores.

Y la *Llama del amor viva*, de manera más metafórica, establece esta unión en la eternidad.

> ¡Oh cauterio suave!
> ¡Oh regalada llaga!
> ¡Oh mano blanda! ¡Oh toque delicado
> que a vida eterna sabe
> y toda deuda paga!
> Matando, muerte en vida la has trocado.

La poesía de Juan de la Cruz presenta la extrema originalidad de ser también teología, como lo explica el comentario redactado por el mismo santo a propósito de sus poemas y especialmente de la *Ascensión al Monte Carmelo* que ilumina *la Noche oscura del alma*.

Veamos ahora a uno de los más grandes señores de las Españas, representante de una de las familias más asombrosas de este tiempo, los Borja, duques de Gandía, a la que sin duda debemos un papa escandaloso, Alejandro VI, y luego César, y más tarde Lucrecia, pero también san Francisco de Borja. Nacido en 1510, heredero del título ducal, Francisco sigue en un primer momento los caminos del mundo: esposo de Eleonora Castro, es nombrado virrey de Aragón. Pero ante el cadáver putrefacto de la emperatriz Isabel cuya belleza había admirado, formula el voto de no servir jamás a un amo que sea mortal. Después de la muerte de su esposa en 1545, entra en la Compañía de Jesús, de forma secreta primeramente. El Grande de España se impone las más duras penitencias: ayunos, abstinencias, maceraciones corporales sangrientas... En 1548, Ignacio de Loyola le invita a moderar sus impulsos: en lo referente a las mortificaciones corporales («de lastimar su cuerpo por el Señor nuestro»), se pronuncia por «quitar de mí todo aquello, que pueda parecer a gota alguna de sangre». Francisco de Borja rechazará en varias ocasiones, siguiendo el enérgico consejo de Ignacio, el capelo cardenalicio y se convertirá en el tercer general de la Compañía de Jesús hasta su muerte en 1572.

Es verdad que la Iglesia de España produjo también en esa época unos santos más habituales, más «normales» si puede decirse: el bienaventurado Juan de Ávila, «apóstol de Andalucía», cuyas predicaciones en Granada, en Écija, Baeza y Montilla, difundieron con fuerza el espíritu de la Contrarreforma tridentina antes incluso del final del concilio, representa un ejemplo: este maestro espiritual que no coincidió nunca con Ignacio de Loyola se encontraba sin embargo cercano a él. El santo arzosbispo de Lima, Toribio de Mogrovejo, nacido en Mayorga cerca de Valladolid en 1538 y muerto en Perú en 1606, canonizado solamente en 1726, representa el ejemplo del pastor entregado y riguroso, enviado al Perú cuando contaba más de cuarenta años sin estar realmente preparado para realizar su tarea, supo ser, a fuerza de aplicación y de voluntad, a la vez el pastor de los españoles y el de los indios.

Hay todavía otros que se distinguieron por una vida enteramente consagrada a la caridad: como san Juan de Dios (1485-1550), fundador en Granada de la orden hospitalaria; como santo Tomás de Villanueva, su contemporáneo (1488-1553), ordenado sacerdote tardíamente, en 1520, después de haber ingresado en los agustinos, y que adquirió gran renombre primero como predicador brillante, llegando más tarde a ser arzobispo de Valencia: de los 18.000 ducados de su renta anual dedicaba 2.000 al mantenimiento de escuelas para la instrucción religiosa de los niños moriscos y 10.000 para socorrer a los pobres y a los enfermos, lo que le permitió alimentar a 500 pobres al día en su palacio episcopal. Uno de sus sucesores en la sede metropolitana de Valencia, san Juan Ribera, se dedicó en primer lugar al apostolado de los moriscos (antes de su expulsión), después a atender el pauperismo y... a demostrar un auténtico talento político como virrey de Valencia.

Sin embargo, uno de los «casos» más fascinantes corresponde a una mujer, Teresa de Ahumada, más conocida como santa Teresa de Jesús (1515-1582). Esta bella muchacha nacida en el seno de la nobleza de Ávila, a quien gustaba agradar, que atraía las miradas de los hombres sin permanecer indiferente a ellas, no parecía destinada al convento. Sin duda era exaltada: a los diez años, después de haber leído las vidas de los santos, arrastra a su hermano mayor Rodrigo a una fuga para ir a buscar el martirio en país de moros. Una lectura expulsa a otra y Teresa se apasiona por las novelas de caballerías, las «vanidades del mundo». Cuando eligió el convento, en un acto de voluntad más que de deseo, a los veinte años, su padre, a pesar de su piedad, opone una negativa terminante. Debe quebrar la voluntad paterna merced a una nueva huida, esta vez muy organizada, e ingresa en el convento del Carmelo de su ciudad natal Ávila, el convento llamado de la Encarnación. Este establecimiento no podía satisfacer la exigencia de Teresa: su regla «mitigada» admitía el confort, incluso el lujo, no imponía una clausura y el locutorio se prestaba a las conversaciones mundanas de las que no quedaban excluidos los temas galantes. Parece que en esta época Teresa permanece en la Encarnación sólo por efecto de su voluntad. Se impone entonces duras pruebas, como dedicarse a cuidar a una monja que sufría una atroz enfermedad intestinal. Pero la violencia que Teresa ejercía sobre sí misma la enferma: síncopes, vómitos, adelgazamiento y debilitamiento general. Médicos y curanderos no saben qué hacer. Atendida por su familia, hay un momento en que la creen muerta: cuerpo blanco inmóvil sobre el lecho, aliento imperceptible que apenas consigue empañar un espejo, tumba excavada, sudario preparado... Viaje extraño del que retorna al cabo de cuatro días.

Así como la *Vida de Cristo* de Ludolfo de Sajonia había transformado a Ignacio de Loyola, el *Tercer abecedario espiritual* de Francisco de Osuna, regalo de su tío, revoluciona la conversación que Teresa mantiene con Dios. Descubre en este libro el método de la oración mental. Se abre entonces un camino largo y difícil para la carmelita: sus éxtasis, sus visiones, sus diálogos con Cristo suscitan la desconfianza, la burla y, peor aún, la sospecha de herejía. Es cosa del demonio, afirma uno de sus confesores, Gaspar Daza. Es obra de Dios, diagnostica otro confesor, un modesto jesuita. En varias ocasiones Teresa es amenazada con los rayos de la Inquisición. Pero tiene la suerte de recibir sucesivamente la caución de dos personajes de gran prestigio de paso en Ávila, prometidos como ella a la canonización: Pedro de Alcántara, en primer lugar, Francisco de Borja después: «Déjese cautivar por Su majestad, regocíjese en él pues quiere regocijarla», le dice el jesuita, antaño duque de Gandía.

Tardíamente, Teresa encuentra la energía para imponer la reforma del Carmelo, triunfando sobre todos los obstáculos, y ante todo sobre una oposición furiosa en el seno de su orden, en el corazón mismo de su convento de origen, esa casa de la Encarnación en la que pasó casi veinte años. La mayoría de las monjas se conforman con una regla fácil que se adapta perfectamente a una serie de compromisos con el mundo. El retorno a una regla muy estricta, cuyo símbolo es la descalcez, es decir el de caminar con los pies desnudos en unas sencillas sandalias en todas las estaciones, representa una manera de juzgarlas, de denunciar su lujo, su vanidad, su gula. A pesar de todo, al cabo de veinte años, Teresa consigue fundar el primer convento de carmelitas descalzas, el de san José de Ávila, en 1562; seguidamente, funda otras doce casas, en Medina del Campo, Malagón, Valladolid, Toledo, Pastrana (transferido luego a Segovia), Salamanca, Alba de Tormes, Beas, Caravaca, Villanueva de la Jara, Palencia y Soria. Se trata de pequeñas comunidades porque, aleccionada por la experiencia del convento de la Encarnación que acogía a más de 100 monjas, Teresa ha tomado la decisión de limitar a 13 el número de carmelitas de cada convento con el fin de obtener una auténtica vida comunitaria.

Teresa de Ávila participa directamente en el lanzamiento de varias de estas casas, por ejemplo en Medina del Campo, Toledo y Alba de Tormes, donde le sorprendió la muerte. Es capaz de convertirse en intendente, contable, contratista, capataz de obras, mujer de negocios, y el *Libro de las fundaciones* ofrece testimonios de estos talentos que no le fueron enseñados. A pesar de las malevolencias y de los rencores, de las amenazas del general de la orden, a pesar también de la miseria, porque el convento de san José carece a veces de pan, a pesar de la enfermedad y de los accidentes, resiste hasta el final de su objetivo. Y a pesar de las tareas y de las preocupaciones, encuentra tiempo para escribir, siguiendo el consejo y la orden de sus confesores, la *Autobiografía*, el *Libro de las fundaciones*, pero también, y sobre todo, las descripciones de sus experiencias místicas en *Caminos de la perfección* y, especialmente, en *Las moradas*, una de las exploraciones más sorprendentes de lo que la misma santa denomina los «placeres de Dios» y del itinerario, a través de las siete moradas del alma, que conducen hacia las bodas místicas entre la criatura y su divino esposo.

Aunque los poemas son de una calidad mediocre, aunque dista mucho de alcanzar la cadencia musical que subyuga a los lectores de san Juan de la Cruz, Teresa se revela como una gran escritora en prosa. Véase, como muestra, al comienzo de *Las moradas*, cómo el alma en estado de pecado mortal contempla la resplandeciente visión, sin poder gozar de ella:

Antes que pase adelante, os quiero decir, que consideréis, que será ver este castillo tan resplandeciente y hermoso, esta perla oriental, este árbol de vida, que está plantado en las mesmas aguas vivas de la vida, que es Dios; cuando cae en un pecado mortal: no hay tinieblas más tenebrosas, ni cosa tan oscura y negra, que no lo esté mucha. No queráis más saber, de que con estarse el mesmo sol, que le daba tanto resplandor y hermosura, todavía en el centro de su alma, es como si allí no estuviese para participar de Él, con ser tan capaz para gozar de Su Majestad, como el cristal para resplandecer en él el sol. Ninguna cosa lo aprovecha, y de aquí viene, que todas las buenas obras que hiciere, estando así en pecado mortal, son de ningún fruto para alcanzar gloria; porque no procediendo de aquel principio, que es Dios, de donde nuestra virtud es virtud, y apartándonos de Él, no puede ser agradable a sus ojos ...

Al término del camino místico, en la entrada de la Séptima morada, llega el momento del matrimonio espiritual:

Pues vengamos ahora a tratar del divino y espiritual matrimonio, aunque esta gran merced no debe cumplirse con perfección, mientras vivimos; pues si nos apartásemos de Dios, se perdería este tan gran bien. La primera vez que Dios hace esta merced, quiere Su Majestad mostrarse a el alma con visión imaginaria de su sacratísima Humanidad, para que lo entienda bien, y no esté inorante de que recibe tan soberano don. A otras personas será por otra forma: a ésta de quien hablamos se le representó el Señor acabando de comulgar con forma de gran resplandor y hermosura y majestad, como después de resucitado, y le dijo que ya era tiempo de que sus cosas tomase ella por suyas, y Él ternía cuidado de las suyas, y otras palabras que son más para sentir que para decir.

Parecerá que no era ésta novedad, pues otras veces se había representado el Señor a esta alma en esta manera: fue tan diferente que la dejó tan bien desatinada y espantada; lo uno, porque fue con gran fuerza esta visión, lo otro porque las palabras que le dijo, y también porque en lo interior de su alma, a donde se le representó, si no es la visión pasada, no había visto otra. Porque entended, que hay grandísima diferencia de todas las pasadas a las de esta morada, y tan grande del desposorio espiritual al matrimonio espiritual, como lo hay entre dos desposados, a los que ya no se pueden apartar.

Ya he dicho, que aunque se ponen estas comparaciones, porque no hay otras más a propósito, que se entienda que aquí no hay memoria de cuerpo, más, que si el alma no estuviese en él, sino sólo espíritu; y en el matrimonio espiritual, muy menos, porque pasa esta secreta unión en el centro muy superior del alma que debe ser a donde entre: digo, que no es menester puerta, porque en todo lo que se ha dicho hasta aquí, parece que va por medio de los sentidos y potencias; y este aparecimiento de la Humanidad del Señor, ansí debía ser; mas lo que pasa en la unión del matrimonio espiritual es muy diferente. Aparécese el Señor en este centro del alma sin visión imaginaria, si no intelectual, aunque más delicada que las dichas, como se apareció a los Apóstoles, sin entrar por la puerta, cuando les dijo *Pax vobis*. Es un secreto tan grande, y una merced tan subida, lo que comunica Dios allí a el alma en un instante, y el grandísimo deleite que siente el alma, que no sé a qué lo comparar, sino a qué quiere el Señor manifestarle por aquel momento la gloria, que hay en el cielo por más subida manera que por ninguna visión ni gusto espiritual.

Bajo el impulso de estas nobles figuras, modelos prácticamente inaccesibles, España conocía una auténtica moda de la santidad que culminó en los años veinte del siglo XVII, cuando España celebra en el mismo año, en 1622, la triple canonización de Ignacio de Loyola, de Francisco Javier y de Teresa de Ávila. Aunque desde hacía varias décadas ya, los candidatos a la santidad se reagrupaban preferentemente en torno a las mujeres que se proclamaban a sí mismas «esclavas de Dios» y a las que se llamaba beatas, mujeres escogidas que recibían, gracias a sus oraciones, el privilegio de revelaciones y de visiones sobrenaturales, de éxtasis sublimes. Las comunidades de beatas eran particularmente abundantes en las dos Castillas y en Extremadura y algunas originaron el nacimiento de conventos —como las nueve beatas nobles de Villanueva de la Jara, que se habían reunido alrededor de la inverosímil doña Catalina de Cardona, mujer de la más alta nobleza que se había retirado del mundo, y que después de la muerte de su consejera y cabeza, solicitaron y consiguieron de Teresa de Ávila en 1580 la transformación de su residencia en convento del Carmelo, tras llevar a cabo una gran limpieza porque las nueve nobles señoritas habían creído que debían honrar a Dios viviendo rodeadas de suciedad...

Vigiladas atentamente por la Inquisición, las beatas conseguían que se reconociera su ortodoxia cuando aceptaban la mediación de un confesor. Otras muchas, por el contrario, que pretendían prescindir de la institución eclesiástica, fueron perseguidas por los inquisidores y calificadas de ilusas, es decir, de juguetes de la ilusión a la que les empujaba la «debilidad de su sexo» y su vanidad. Claire Guilhem considera que el extraordinario éxito de las beatas corresponde a

> la aspiración a un conocimiento de las verdades ocultas, a un rechazo de la inflación de lo visible, de las ceremonias, de las obras ... Al no retener de la santidad más que el prodigio, todo un conjunto de gentes sencillas se dedica a la búsqueda de los signos ... Milagros, visiones, revelaciones informan los días luminosos de este siglo religioso y las mujeres se convierten en sus soportes privilegiados ...

Evidentemente, algunas de estas beatas eran unas criaturas extrañas que suscitaban una devoción próxima a la superstición. Si bien la beata de Piedrahita o Jerónima de Noriega eran, a su manera, unas iniciadoras en espiritualidad, la madre Juana de Toledo puede ser considerada con justeza como una de las primeras teóricas del parto sin dolor, mientras que la madre Luisa de Carrión, que suscitó un verdadero culto, se asemejaba más a un estafador espiritual y el propio rey Felipe IV fue víctima, entre otros, de esta especie de gurú. La condena de la Inquisición en 1636 contra Luisa de Carrión por impostura y sortilegios parece fundada, pero se requirieron varios años más para arruinar su prestigio.

La ciencia de Dios

La santidad sólo podía ser el privilegio de unos escasos elegidos. Pero la búsqueda de Dios no era asunto exclusivo de los santos. En ese siglo obsesionado por la salvación, hambriento de espiritualidad, la ciencia de Dios, el conocimiento de Dios se convierte en el objetivo primero del estudio y de la investigación.

Las facultades de teología y los colegios universitarios dedicados a la teología se multiplican de pronto, surgen en los cuatro rincones de España. Hacia finales del siglo xv, existían solamente en Castilla las facultades de teología de Salamanca y de Sigüenza, mientras que en Aragón tenían que contentarse con los «estudios» de Lérida y de Huesca, bastante mediocres ciertamente. A partir de los años 1499-1500, bajo el impulso del cardenal Cisneros y siguiendo el ejemplo de Alcalá de Henares, comienza una larga siembra. Hasta tal punto que en 1600 se contabilizan en España una treintena de facultades de teología. Las hay en todas partes: en el reino de Aragón tenemos las de Barcelona, Tarragona, Tortosa, Valencia, Gandía, Zaragoza, y, en 1614, impulsado por el reciente obispado de Solsona surgirá un colegio de teología suplementario. En el reino de Castilla, después de Alcalá, se crean las de Valladolid, Toledo, Santiago de Compostela, Sahagún, Ávila, Burgo de Osma y Almagro, mientras que, en Andalucía, Sevilla, Granada y Osuna tuvieron también su facultad de teología. Naturalmente, la calidad de los estudios era de un nivel muy desigual. Alcalá, Salamanca, Valladolid, Sigüenza y Valencia alcanzaron progresivamente una calidad notoria que las demás facultades no consiguieron emular. Además es preciso indicar que algunos colegios dominicos (San Esteban de Salamanca, San Gregorio de Valladolid) y, después en 1560, algunos colegios de jesuitas fueron, en cierta manera, auténticas facultades de teología.

El número de becas y bolsas de estudio concedidas a los estudiantes de teología aumentó de forma espectacular. Hasta entonces el número de las becas concedidas a los estudiantes de derecho canónico y de derecho civil se imponía con mucho. El equilibrio se establece a lo largo del siglo xvi: en 1570, por ejemplo, en el colegio de Oviedo en Salamanca se conceden anualmente 9 bolsas de estudio de teología y 9 de derecho canónico en el colegio de Cuenca; también en Salamanca, respectivamente, 8 y 8. En la universidad de Alcalá el predominio de la teología es aplastante: 33 bolsas para teología de 33 en el colegio de San Ildefonso, 18 de 24 en el de la Madre de Dios, 12 de 12 en San Martín y en el colegio de San Pedro y San Pablo.

Pero no se trata solamente de una cuestión cuantitativa. En

el siglo xv la teología escolástica había caído en España en el *verbalismo*, o digámoslo claramente, en el ridículo. Los teólogos discutían gravemente de problemas ociosos que ellos mismos se inventaban, polemizando, por ejemplo, respecto del instante exacto de la filiación divina, de la concepción de Jesús. ¿Se habría podido presentar Cristo bajo la forma de una mujer, de un diablo, de un asno, de una calabaza o de una piedra? Y, en caso afirmativo, ¿cómo se las hubiera arreglado para predicar, para realizar los milagros, para ser crucificado? Muy pocos eran los que entonces escapaban a tales estupideces.

Y, precisamente, a partir de Alcalá, la teología conoció un auténtico renacimiento. Cisneros había decidido que los teólogos se formarían de acuerdo con las tres «vías» de la teología medieval: la *Suma* de santo Tomás, el escotismo o realismo y el nominalismo. Tenían que confrontar estas tres enseñanzas porque, afirmaba Sánchez Ciruelo, primer titular de la cátedra de santo Tomás en Alcalá, es necesario dudar, buscar y confrontar las opiniones, puesto que el progreso del espíritu humano avanza a través de las superaciones de concepciones anteriores. También gracias a Cisneros, los teólogos disponían ahora de la Biblia políglota, admirable monumento en el que se incluían yuxtapuestas las versiones de la Biblia en hebreo, griego y latín, y en el que colaboraron humanistas y eruditos como Nebrija, Hernán Núñez llamado el Pinciano, Juan de Vergara, Diego López de Zúñiga y los nuevos cristianos de origen judío como Alfonso de Zamora, Pablo Coronel y Alfonso de Alcalá. En las grandes universidades, como Salamanca o Alcalá, se crearon cátedras de lenguas antiguas: las de griego, hebreo y caldeo. Los teólogos disponían ya de instrumentos de una calidad excepcional y así fue como en ese nuevo contexto se elaboró en Salamanca la *teología positiva* que consiste, si cabe alguna definición, en «un arte de construir y de enseñar la ciencia de Dios», y cuyo verdadero creador fue Melchor Cano. Significa una novedad esencial, porque la teología positiva se exportó a todos los puntos de Europa —a Roma, a la Sorbona, a Lovaina, a Colonia o a Ingolstadt— y porque dominó la teología católica hasta el siglo xx. Esta «revolución» teológica se presenta perfectamente realizada en el *De locis theologicis* de Melchor

Cano, «De los lugares comunes teológicos», podríamos traducir (1562).

En lugar de considerar que la teología se refiera a objetos temáticos como la Encarnación, la Trinidad o la Gracia, que había sido el punto de vista de los autores medievales, aunque también de Erasmo o Melanchton, Cano adoptaba un método histórico y antropológico que procedía de Aristóteles y de Cicerón. Los lugares teológicos se convertían para él en «los domicilios de todos los argumentos de la teología», es decir, sencillamente en las fuentes de la teología. Enumeraba diez, entre los cuales se encontraban, en primer lugar, la Escritura santa, los actos de Cristo y de los apóstoles, los padres de la Iglesia y los concilios generales, pero también la razón natural y la historia humana.

Es curioso comprobar que los jesuitas, por los que Cano no sentía la menor simpatía, fueron los mejores artesanos de la expansión de la teología positiva y de su conquista de la Europa católica. En París, por ejemplo, el agente de difusión fue el jesuita Maldonado, afrancesado como Maldonat y, en Lovaina, los jesuitas belgas Lépide y Tirinus. Otro jesuita, Alfonso Salmerón, publicó en dieciséis volúmenes unos «comentarios» del Nuevo Testamento directamente inspirados en el método de Melchor Cano.

Más tarde, después de 1570, con la «segunda escuela de Salamanca» la teología española recuperó una orientación más especulativa; se puso el acento sobre lo filosófico, lo psicológico y lo metafísico. Discusiones, investigaciones y tratados se refirieron a partir de entonces a la reflexión sobre la naturaleza, los efectos de la libertad humana y el libre albedrío. Domingo de Báñez, Bartolomé de Medina, Luis de Molina, Francisco Suárez, Pedro de Ledesma encarnan esta nueva generación, cuya influencia en la Europa católica siguió siendo esencial. Todavía en pleno siglo XVII, la imprenta de Lyon publicaba, en latín por supuesto, a estos autores, cuyas obras eran absorbidas por Italia, España, Francia y la Alemania renana y meridional. Por ello, no debe extrañarnos que los teólogos españoles hayan ejercido una influencia tan fuerte en el concilio de Trento, donde el propio Melchor Cano, Domingo de Soto, Bartolomé Carranza, Alonso Castro, Benito Arias

Montero, y los jesuitas Diego Laínez y Alfonso Salmerón realizaron en varias ocasiones intervenciones decisivas.

Como habrá podido observarse, los personajes más fascinantes y algunos de los santos citados en las páginas precedentes eligieron el itinerario de la mística o de la ascesis con preferencia al de la teología. La senda regia de la santidad fue la de los «despojados» y de los ascetas, carmelitas o agustinos, franciscanos o jesuitas, para quienes la humildad y la fe se imponían a la razón y a la ciencia, porque Dios pedía ante todo a sus criaturas la simplicidad, el amor, la oración mental y la penitencia. Son exactamente las ideas expresadas en el *Tercer abecedario espiritual* por Francisco de Osuna, ya en 1527, el libro que había constituido para Teresa de Ávila una revelación que había marcado el tono del movimiento místico.

Los místicos vivían como unos viajeros en la tierra, en unos inciertos parajes fronterizos, sin temer las incursiones más allá de los conceptos y del vocabulario que servían de referencias y de límites a los teólogos universitarios. La iniciativa mística, que fue también la de numerosos desconocidos, la de la clientela indistinta de las beatas, se apartaba totalmente de las rutas lógicas de la teología positiva fundada sobre la historia de la revelación y de su transmisión por los hombres. Por el contrario, aquélla buscaba la unión con Dios por medio de la ascesis, del éxtasis, el aniquilamiento de la voluntad con la finalidad de abrir el alma a la gracia. Este doble camino es el mejor testimonio de la riqueza, de la diversidad y también de la ambigüedad de la espiritualidad española en la época de Contrarreforma católica.

LA PEDAGOGÍA DE DIOS

Convertida en el reinado de Carlos V en el brazo secular de esta Contrarreforma y confirmada en esta tarea en el reinado de Felipe II, España fue antes que nada el laboratorio en el que el nuevo catolicismo forjó sus dogmas y la moral de un pueblo. Después de 1560, se crearon nuevos obispados, especialmente en las zonas misioneras donde el elemento morisco era abundante: por ejemplo, en 1577, el obispado de Segorbe fue dividido en dos con la constitución de la sede de Albarracín, al mismo tiempo que se creaba la diócesis de Teruel; en 1564, había sido creada de igual manera la de Orihuela; en los Pirineos, donde las comunicaciones hacían más difícil la acción pastoral, se crearon en 1571 los obispados de Jaca y de Barbastro y más tarde, en 1593, el de Solsona.

En los años 1564-1565, desde el momento de la clausura del concilio de Trento, todos los arzobispos de las Españas convocaron unos concilios provinciales en los que, rodeados de sus obispos sufragáneos, difundieron las instrucciones traídas de Trento con el fin de asegurar su ejecución. Pronto aparecieron los seminarios, donde debían formarse los nuevos sacerdotes y cuyo principio se había decidido en Trento: el primero en Granada, «país de misión», en 1564; Burgos y Mondoñedo, lejano obispado de Galicia, siguieron en 1565. Hacia 1600 España contaba con una veintena de seminarios, numerosos sobre todo en Castilla, Cataluña, Andalucía y Galicia. La calidad de los estudios que en ellos se dispensaba se encontraba, desde luego, muy alejada del nivel universitario; a pesar de todo representaba un neto progreso respecto de la situación anterior. La red de seminarios se construyó en España al ritmo de la de Italia, ambas por delante de Francia. Además, los sacerdotes que salían de los seminarios disponían entonces de instrumentos de trabajo, los catecismos. Las recomendaciones del cardenal Cisneros o, por ejemplo, del arzobispo de Sevilla, Diego Daza, en 1512, en favor de la catequesis, habían tropezado durante largo tiempo con la carencia de catecismos. A partir de los años 1540-1550 las ediciones de catecismos populares se multiplican: es una verdadera floración.

El predicador Juan de Ávila había atraído la atención sobre la necesidad de publicar unos catecismos adaptados a las diferentes clases de edad y dio ejemplo publicando él mismo, en 1554, un catecismo destinado a los niños en el que introducía por medio de cortas estrofas ingenuas las principales oraciones, los artículos de la fe, los mandamientos, la explicación de los sacramentos, la relación de los pecados mortales, las obras de misericordia, los dones del Espíritu Santo, etc. Entonces se publicaron otros varios catecismos, como el del arzobispo de Granada, Pedro Guerrero, o el del jesuita Francisco Arias. En 1556 se editó en Valencia un catecismo en lengua catalana y en la misma ciudad, en 1566, otro en lengua árabe. En 1596 apareció un catecismo en vasco.

Las pastoral combinaba la catequesis con la predicación y la confesión. Un joven historiador francés, Jean-Pierre Dedieu, ha podido establecer la correspondencia entre la progresión del catecismo y la de la predicación. El catecismo obedecía a la necesidad de asegurar la memorización de los artículos de la fe. La predicación venía seguidamente a explicar e ilustrar estos artículos de la fe con todos los recursos de la elocuencia, del gesto y de la anécdota. Por último, la confesión permitía verificar si los dogmas habían sido comprendidos y si la moral era observada. Los numerosos manuales de confesión publicados en esta época y que significaron, del mismo modo que los catecismos, unos importantes instrumentos en manos de los curas, muestran a través de sus repertorios de preguntas a plantear a los penitentes, que el catolicismo tridentino, tal como lo vivían los fieles, podía ser conocido por el clero, podía ser revisado, precisado y explicitado. Por añadidura, un abundante clero regular, que había sido objeto de una profunda reforma comenzada bajo la égida de Cisneros y terminada en tiempos de Felipe II, recorría campos y ciudades, complementando la acción de los nuevos sacerdotes y cooperaba en la administración de los sacramentos, en especial de la confesión. Jean-Pierre Dedieu, al que ya hemos citado, ha podido establecer, por ejemplo, que la tendencia a la comunión frecuente, en París, hacia finales del siglo XVII, descubierta por Pierre Chaunu, se afirmaba en Castilla la Nueva con una anticipación de tres cuartos de siglo. Fueron precisamente los regulares, franciscanos, capuchinos y dominicos, quienes fomentaron esta tendencia por medio de la predicación y de la confesión.

La pastoral pretendía de esta manera constituirse en la réplica a la Reforma protestante. Siguiendo el sendero del concilio de Trento, afirmaba la realidad y la filiación divina de los siete sacramentos y predicaba su utilización; insistía sobre la presencia real del cuerpo y de la sangre de Cristo en la Eucaristía y celebraba con la mayor de las solemnidades la festividad de *Corpus Christi*, glorificación de la hostia consagrada, mera apariencia del precioso cuerpo y de la preciosa sangre; aseguraba que la oferta de la gracia divina se hacía a todos los hombres y que éstos eran responsables de su salvación según el uso que hiciesen de su libertad; y mantenía que la institución de la Iglesia, el culto y los santos constituían los auxilios necesarios en nuestro caminar sobre la tierra, en el país de nuestra carne, para obtener la salvación.

La libre elección de los hombres se manifestaba a través de las obras y sobre todo mediante las obras de devoción, aunque no de cualquier devoción. El examen de las actas sinodales revela la supresión de peregrinaciones sospechosas, la reglamentación estricta de los ritos oficiales contra los demonios, las plagas de langosta o la sequía, la vigilancia de las ceremonias de las hermandades y del culto de las reliquias. Y tanto como las obras de devoción, y aún más recomendadas sin duda, las obras de caridad, la asistencia a los pobres y a los enfermos, el socorro a los huérfanos, la acogida y la educación de los niños abandonados. Las obras equivalían también a la moral.

El lenguaje debe disciplinarse: se declara la guerra a los blasfemos, a los comentarios irreflexivos. El sexo tiene también sus disciplinas: se exalta el matrimonio como sacramento; el matrimonio es uno e indisoluble, salvo por la muerte; el adulterio y la simple fornicación son denunciados con perseverancia, sobre todo la simple fornicación porque el pueblo cristiano la consideraba de buena fe inocente y no renunciaba a ella con facilidad, pues muchos hombres aseguraban con toda energía que el comercio con las prostitutas no implicaba ninguna falta moral, porque el mero hecho de pagar suprimía el pecado; la sodomía y el bestialismo se consideran pecados abominables, contra natura, y se les amenaza con el castigo supremo. Naturalmente, la disciplina del sexo se imponía con mayor fuerza al clero, ya que al pueblo cristiano se le enseñaba la superioridad del celibato eclesiástico y del sacramento del orden sobre el estado de matrimonio.

Esta pedagogía, fundamentada sobre la triple intervención de la catequesis, la predicación y la confesión recurría en caso ne-

cesario al arma suprema de la represión, cuyo mejor instrumento
era la Inquisición (aunque no el único). No es éste el momento
ni el lugar de exponer la historia de esta institución, de la que
por otra parte me he ocupado extensamente.[3] Me limitaré a recordar ahora que entre 1560 y 1590 aproximadamente, las presas
preferentes para los cazadores inquisitoriales son los cristianos
viejos, y ya no lo son ni los criptojudaizantes, ni los criptomusul-
manes. ¿Por qué? Porque en ese momento histórico se trata de
inculcar a las masas los dogmas y la moral de Trento. Durante
esos treinta años, los principales delitos perseguidos son las «pro-
posiciones» erróneas, escandalosas o deshonestas, las blasfemias,
la bigamia, la solicitación (es decir, la tentativa de seducción
de una penitente por parte de su confesor), la pretensión de la
superioridad del matrimonio sobre el estado eclesiástico y, en los
tribunales del reino de Aragón, el bestialismo y la sodomía. Por
ejemplo, entre 1576 y 1590, los asuntos de simple fornicación
constituyen más de la tercera parte de las causas juzgadas en Toledo, en Cuenca o en Logroño. Después de 1590 el número de
estos delitos disminuye regularmente y desaparecen casi completamente a partir de 1640.

Los inquisidores aplicaban estrictamente en cada circunstancia las instrucciones recibidas de su consejo supremo. Éste, por
medio de las «Cartas acordadas» del 20 de noviembre de 1573 y
del 20 de noviembre de 1574, «ordena que se persiga la simple
fornicación según un procedimiento aplicable a la herejía y que
sea incluida entre los delitos enumerados por el edicto de fe». De
hecho, en 1582 por ejemplo, el tribunal de Logroño califica de
«luteranas» las palabras de un tal Pedro Cameno quien pretendía
que «es pecado venial y no mortal juntarse carnalmente con una
mujer pública».

¿Por qué, después de 1590, se hacen más escasos los delitos
en los que estaban implicados mayoritariamente los viejos cristianos? Porque la partida ha sido ganada. Yo no pretendo, por supuesto que las gentes hayan cesado de blasfemar o de fornicar.

---

3.   B. Bennassar y colaboradores, *Inquisición española: poder político y
control social*, Crítica, Barcelona, 1981.

Sencillamente, ahora saben que al hacerlo se apartan de Dios, del Dios austero y severo definido en Trento, saben que incrementan la distancia que les separa de su creador.

No cabe la menor duda de que la pedagogía de la España católica ha conseguido ampliamente los objetivos fijados. Si España apenas ha conocido los desgarramientos de la Reforma no se ha debido a defectos de información, y nos sentimos obligados con ello a contradecir a Pierre Chaunu. Si Ignacio de Loyola fue considerado en Salamanca, en 1530, sospechoso de luteranismo, ello significa que se entendía que era posible un luteranismo español y el repentino rigor contra los *alumbrados*, los «iluminados», desencadenado de los años veinte, se debe en buena parte a la decisión de tantos señores alemanes de inclinarse a favor de Lutero, porque los cenáculos «alumbrados» se desarrollaron precisamente en los palacios de los grandes señores, en Guadalajara, en Escalona, en Medina de Rioseco... Si Teresa de Ávila se dice obsesionada por «las desgracias de Francia», que le «estrujan el corazón», se debe también a que los autos de fe de Valladolid significan que se reactualizan las tesis de Lutero. No obstante, la pedagogía surgida del concilio de Trento no ha de resumirse únicamente en actitudes represivas. Gracias a los interrogatorios prescritos por el inquisidor general Valdés respecto de los acusados a partir de 1561, Jean-Pierre Dedieu ha podido estudiar la evolución de los conocimientos y de las prácticas religiosas de los cristianos viejos del tribunal de Toledo, en el corazón de España.

Se observa ante todo que a partir de 1565 los interrogatorios se hacen más exigentes. En lugar de contentarse con el recitado de las cuatro oraciones esenciales (el Padrenuestro, el Avemaría, el Credo y la Salve) y con la ejecución de la señal de la cruz, se informan acerca de lo que los acusados conocen de los artículos de la fe y de los mandamientos de Dios; después de 1570, plantean regularmente preguntas sobre la práctica de la confesión y de la comunión. Preguntan igualmente a los acusados si saben leer y escribir.

El resultado es el siguiente: antes de 1560 los inquisidores no obtenían más que un 35 por 100 de respuestas satisfactorias a propósito de las cuatro oraciones fundamentales. En 1575, las tres cuartas partes de los acusados ofrecen respuestas positivas y no se registran sino un 10 por 100 de fracasos absolutos. La rápida progresión en los años sesenta y setenta señala que el esfuerzo pastoral se ha orientado sobre todo a los adultos. Por otra parte, aunque todavía permanece la distancia entre los artesanos y los campesinos, tiende a reducirse de manera progresiva, lo que significa que la «cristianización» se ha extendido profundamente en las zonas campesinas. Hacia 1585 se puede afirmar la eliminación total de la ignorancia en las formulaciones esenciales de la fe entre los sedentarios: todos saben el Padrenuestro y el Avemaría; el conocimiento del Credo y de la Salve está menos extendido pero a comienzos del siglo XVII solamente el 10 por 100 de las personas interrogadas conocen el Credo de manera insuficiente. La ignorancia afecta solamente a los desarraigados, mendigos o vagabundos.

El conocimiento de los mandamientos de Dios progresa rápidamente: de 1585 a 1600, el 70 por 100 de los acusados los conocían, mientras que esta proporción apenas alcanzaba el 40 por 100 antes de 1580. La práctica religiosa alcanza la unanimidad: entre 1600 y 1650, el porcentaje de los que declaran que faltan a misa de vez en cuando es inferior al 3 por 100... No se encuentran personas que la dejen sistemáticamente. No hemos de pensar, sobre todo, en la posibilidad de declaraciones engañosas: las posibilidades de control de la Inquisición eran considerables y las gentes lo sabían. A comienzos del siglo XVII, el 50 por 100 de las personas interrogadas comulgaban varias veces al cabo del año, es decir, iban aún más lejos del precepto pascual, y se trataba frecuentemente de personas que se confesaban con sacerdotes regulares.

Este conocimiento de las oraciones y esta práctica masiva ¿eran solamente el resultado de un aprendizaje forzado y de un conformismo prudente ante unos modelos obligatorios? Que haya habido «cristianización» por la voluntad de los dominantes, está fuera de toda duda; pero el pueblo «cristianizado» no se limitó a la memorización de unas fórmulas y a la repetición de unos gestos. Las obras de asistencia y las múltiples expresiones del arte religioso nos proporcionarán otros elementos de información. Digamos solamente, por el momento, que más allá de las élites, de los teólogos y de los místicos, de los letrados y de la clientela, el pueblo de los mercaderes, de los tenderos, de los artesanos y labradores, y hasta de los jornaleros se interesó apasionadamente con frecuencia por las grandes cuestiones de la salvación, de la gracia y de la libertad, de la presencia real y del valor redentor del sacrificio de la misa, del número de los elegidos y de los réprobos. Conversaciones de veladas, mantenidas en el encuentro casual en un cruce de caminos, en una tienda o en el campo, nos comunican los secretos de un pueblo para el que el porvenir podía también transfigurarse en eternidad.

Algunas anécdotas serán suficientes para probarlo. A comienzos del siglo XVII tenemos, por ejemplo, a Diego de Castrillo, sastre oriundo de Granada pero residente en Sevilla, o a María Gadajer, mujer casada en el pueblo de Moriles, no lejos de Córdoba. Los temas que les preocupan y que suscitan las discusiones con sus interlocutores habituales, son las condiciones de la salvación. ¿Son necesarias las buenas obras o es suficiente un pensamiento verdadero (la fe) para salvarse? ¿Por qué confesarse a un sacerdote que en definitiva no es sino un hombre, cuando Dios, que todo lo ve, conoce la verdad de los corazones? Juan Romero, sastre de Alcalá de Guadaira, se niega a considerar a la Virgen María como intercesora posible y, por consiguiente, a dirigirle sus oraciones, porque también ella fue concebida en el pecado como cualquiera de nosotros y no se ha de impetrar el bien más que al creador de todas las cosas.

También en Andalucía, dos pueblerinos sostienen una viva controversia a propósito de la presencia real. Uno cree en ella con toda firmeza, el otro la juzga imposible y esgrime un argumento que considera decisivo: «Imagina —le dice a su compañero— que una rata se introduce en el tabernáculo después de que las hostias hayan sido consagradas y las devora. ¿Pretenderás acaso que Cristo ya no existe porque haya sido devorado por la rata?». El otro, bastante desconcertado, no puede alegar más que una intervención providencial que impida todo accidente de esta naturaleza.

Otra anécdota es la aventura de un tal Gabriel López, de

treinta y un años, de Galindos, cerca de Ávila, descubierta por Jean-Pierre Dedieu y que ocurre en 1570. Este hombre soltero, cristiano viejo, bautizado y confirmado, sin domicilio fijo, recorre los caminos, trabaja por jornadas como mozo de granja o mendiga. No obstante, es un practicante regular, capaz de mostrar a los inquisidores las cédulas de confesión correspondientes a las cuaresmas de 1569 y 1570, e igualmente capaz de recitar en castellano y en latín el Padrenuestro, el Avemaría, el Credo, y aunque recita menos bien la Salve, conoce los artículos de la fe. Su desgracia deriva de una concepción de la Trinidad en la que cree firmemente porque la ha deducido de una oración a la asunción de Nuestra Señora, que por cierto recita de manera íntegra. Un fragmento del interrogatorio es el siguiente:

—¿Cree el acusado en la Santa Trinidad?
—Sí, señor.
—¿En qué consiste?
—En tres personas y un solo Dios verdadero.
—¿Cuáles son estas tres personas?
—El Padre, el Hijo y el Espíritu Santo.
—¿Existe una división entre estas tres personas?
—No, es un solo Dios verdadero.
—¿Cristo es trino y uno?
—Sí, señor, es lo que yo creo y sostengo.
—¿Cuál de las personas de la Trinidad es Jesucristo?
—Es un solo Dios trino y uno.

Tras de lo cual y de algunas otras preguntas el inquisidor se esfuerza con dificultad para convencer a López de su error, apoyánse en el Credo, en los artículos de la fe y, por último, en la autoridad de la Iglesia. Hasta que finalmente el hombre, sintiendo que su convicción vacila, declara: «Si lo he dicho, pido por ello perdón a Dios» y refiere el origen de su creencia. La anécdota muestra hasta qué punto las cuestiones de la fe preocupaban en las conversaciones corrientes, en las plazas, a lo largo de los caminos. Podríamos reproducir una enorme cantidad de historias de este género, que definen una época.

CAPÍTULO 8

LAS JERARQUÍAS SOCIALES
O LA ACUMULACIÓN DE LAS DESIGUALDADES

UN FLORILEGIO DE DESIGUALDADES

En la historia del mundo pocas sociedades han acumulado tantas desigualdades en unos espacios tan restringidos como la España del Siglo de Oro. Su paisaje social presenta una diversidad prodigiosa. A decir verdad, la desigualdad está en todas las partes.

Ante todo, la desigualdad se encuentra en las fortunas: el señor más poderoso de Valladolid, el conde de Benavente, cabeza del linaje de los Pimentel y grande de España, dispone hacia 1600 de una renta anual de 120.000 ducados, lo que le clasifica, obviamente, entre los seis señores más ricos de España. En la misma época, un peón de la misma ciudad, trabajando 300 días al año gana poco más o menos 60 ducados, salario total. La diferencia es de 1 a 2.000. Por supuesto, los ingresos del conde estaban parcialmente disminuidos por la carga de diversas rentas y una parte, además, se gastaba en los salarios pagados a sus criados. Pero no por ello dejaban de existir unas diferencias considerables entre los recursos económicos y los modos de vida del conde y los del peón. Ahora bien, si es cierto que no había más que muy pocos señores más ricos que el conde de Benavente, tres solamente —el duque de Medina Sidonia (linaje de los Guzmán), con 170.000 ducados, el duque de Osuna (linaje de los Girón) con 150.000 ducados y el duque de Medina de Rioseco (linaje de

los Enríquez, almirantes de Castilla) con 130.000
otros dos que igualaban su nivel de fortuna —los d
(Álvarez de Toledo) y del Infantado (Hurtado de Mendoza) con
120.000 ducados—, sí existían por el contrario gentes más pobres que el peón de Valladolid: el jornalero de Castilla la Nueva
o de Andalucía, el esclavo moro o el negro, el vagabundo, el pobre de solemnidad, eran todavía mucho más miserables que el
peón que tenía asegurados 300 días de trabajo al año.

Además de la desigualdad de las fortunas, existe también la
de los *status*, la de la condición social. Encontramos en España
la distinción clásica de la sociedad estamental, común a la de los
demás países de la Europa de ese tiempo. Ya he mencionado este
tipo de organización social al comienzo del libro. En el interior de
cada uno de los estamentos y, especialmente en la nobleza, la jerarquía estaba muy diferenciada: grandes de España, es decir, todos los duques y algunos pocos marqueses o condes; la nobleza
titulada de los marqueses y los condes; los caballeros de Castilla
y los *ciutadans honrats* del reino de Aragón; y, por último, los
simples hidalgos. Estos grados de nobleza, sin embargo, distan
mucho de reflejar fielmente la diversidad nobiliaria. Por ejemplo,
¿qué podía haber de común entre los habitantes de Vizcaya, a
quienes bastaba demostrar que eran nativos de esta provincia
para ser considerados hidalgos sin más requisito, o los de Guipúzcoa, que gozaban de hecho, ya que no de derecho, del mismo
privilegio, pero que a pesar de su nobleza eran al mismo tiempo
pescadores, labradores o tenderos, qué había de común, repito,
verdaderamente entre estos hidalgos y el duque de Medina Sidonia
cuyo poderío y riqueza eran colosales?

Era señor de la ciudad de Sanlúcar de Barrameda, antepuerto
de Sevilla, cuyo comercio era muy activo, y propietario de dominios inmensos en Andalucía; controlaba también la fructífera explotación de las almadrabas de la costa gaditana. Además, los
duques no habían tenido ningún inconveniente, ya desde finales
del siglo XI, en invertir en expediciones de comercio e incluso
de piratería dirigidas contra el reino musulmán de Granada y los
estados del Maghreb; después de la conquista de América actuaron como armadores de navíos destinados al gran comercio

transatlántico. De esta manera, los duques de Medina Sidonia consiguieron que el crecimiento de sus ingresos siguiera o incluso precediese al de los precios: 55.000 ducados anuales en 1520, 170.000 en 1600. Los Guzmán que absorbieron otros títulos de nobleza (además del ducado de Medina Sidonia, el marquesado de Sanlúcar de Barrameda y el condado de Niebla, en espera de otros mejores...) dominan Sevilla durante todo el Siglo de Oro, y ello con tanta mayor amplitud por cuanto contaban con el apoyo de importantes familias de comerciantes y de hombres de negocios de origen converso (por ejemplo, los Alcázar, los Prado, los Caballero, los Illescas), como lo ha demostrado claramente la historiadora norteamericana Ruth Pike. Los Guzmán se sirvieron de estas familias que se habían enriquecido con el comercio marítimo y las finanzas, pero, al mismo tiempo, los protegían contra los excesos de antisemitismo provocados por otros sectores de la nobleza, como por ejemplo en los años 1520-1530 con motivo de la crisis de las Comunidades. Se comprende ahora que el duque haya estado dispuesto a ponerse a la cabeza de una conspiración en el reinado de Felipe IV.

Otra desigualdad que representa, en esta época, la originalidad de España es la de los conversos. La condición diferencial reside en esta ocasión en el criterio de *sangre*, fundado en la pertenencia religiosa de los antepasados. La condición de «limpeza de sangre», en virtud de la cual tenía que demostrarse la ausencia de todo tipo de ascendencia judía o mora, apareció pronto en España; en todo caso existía ya en los siglos XIV y XV, como lo demuestra la exigencia de este requisito para el acceso a ciertas cofradías de Jaén y al célebre colegio de San Bartolomé de Salamanca fundado en 1401; pero durante mucho tiempo fue muy excepcional, de manera que no comprometía realmente la integración de los judíos convertidos en la sociedad española. Por el contrario, a lo largo del siglo XVI estas condiciones se multiplican y se hacen cada vez más rigurosas, hasta el punto de producir a comienzos del siglo siguiente un exclusivismo social exacerbado del que fueron víctimas entonces los descendientes de judíos y de moros. Se ha señalado frecuentemente, con justa razón, la influencia del estatuto de «limpeza de sangre» del cabildo de la catedral de Toledo, en el que los canónigos de origen converso habían sido siempre muy numerosos, en la multiplicación de estos estatutos después de 1550. Este estatuto, impuesto en 1547 por el irascible arzobispo Juan Martínez Siliceo, sirvió de modelo sin lugar a dudas.

Veamos el ejemplo de Valladolid, ciudad importante entre otras, donde la comunidad conversa era numerosa e incluía a familias de reputación: los Cazalla, Vivero, Vergara, López de Calatayud... Durante largo tiempo esta ciudad no tuvo más que un solo estatuto de limpieza de sangre, el del gran colegio universitario de Santa Cruz que lo estableció desde su creación en 1488; en cambio, los estatutos del colegio dominico de San Gregorio, fundado en 1499, estaban exentos de toda referencia a cláusulas similares; con ocasión de la revisión de los estatutos en 1502, ninguno de los 68 artículos hacía la menor alusión a los linajes de judíos y de moros; tampoco la revisión de 1504 aportó ninguna novedad en este dominio. Pero, en 1525, con motivo de una nueva revisión, el artículo 107 de los estatutos prohíbe el acceso al colegio a los que proceden de linaje de «judíos o convertidos». Por esa misma época, la orden franciscana adopta las mismas medidas y los conventos vallisoletanos de la orden siguen el movimiento. En 1556, corresponde al monasterio de San Benito de Valladolid, cabeza de la provincia benedictina de Castilla, la decisión de exigir, por medio del artículo 58 de sus constituciones, una «casta pura» para sus novicios. En las últimas décadas del siglo XVI, cuatro de las principales cofradías de las ciudad exigen a su vez que se investigue la limpieza de sangre: las de Santa María de Esgueva, la de los Escuderos, la de los Abades y la de la Trinidad. Pero limitan la encuesta a los seis antecedentes inmediatos: padres, abuelos paternos y maternos, de modo que las familias judías convertidas antes de 1492 no se encontraban en dificultad. En 1576 el convento dominico de San Pablo adopta también las condiciones de limpieza de sangre, mientras que el colegio de San Gregorio, que pertenece a la misma orden, precisa que la «prueba de raza» ha de extenderse a los descendientes de moros. Únicamente la Compañía de Jesús y la universidad se niegan en todo momento a aceptar estas condiciones. Podemos considerar que el caso de Valladolid indica suficientemente la evolución general.

Pluralidad de las sociedades hispánicas

Hay todavía otra desigualdad: las sociedades de las Españas periféricas son entonces muy diferentes de la que se construyó en la España central, la de las dos mesetas castellanas. Y ello justifica, en mi opinión, la observación de Antonio Domínguez Ortiz, según la cual es difícil considerar una historia de España antes del siglo XVII o incluso antes del XVIII. Aunque, por encima de todo, no nos tengamos que imaginar que las Españas periféricas se parecen.

Consideremos el caso del noroeste cantábrico: las provincias vascas de Guipúzcoa y Vizcaya representan una primera figura. Los fueros les garantizan una serie de privilegios: exención fiscal, derecho civil y derecho penal específicos, tribunales propios presididos por un alto funcionario especializado acerca de la Audiencia de Valladolid, el gran juez de Vizcaya que entiende de todos los procesos referidos a la reivindicación de nobleza.

Estos privilegios fundamentaron la pretensión de nobleza para todos los habitantes de las dos provincias: en 1562 y en 1590, Felipe II reconoció precisamente la cualidad de nobleza a todos los habitantes de estas dos provincias, respecto de las cuales se puede hablar, por consiguiente, con Antonio Domínguez Ortiz, de un régimen de «indiferenciación social». Si, por otra parte, recordamos que estas provincias no conocieron ni romanización ni islamización, ni siquiera en breve duración, e ignoraron en consecuencia el fenómeno capital de la Reconquista y sus efectos de discriminación social, estamos en condiciones de comprender mejor la fuerte originalidad del País Vasco: sin ningún género de dudas, la jerarquía social era allí la más «difuminada» de la península, lo que no quiere decir que fuera inexistente.

Efectivamente, Guipúzcoa y Vizcaya no tenían ningún gran señor laico o eclesiástico, lo que significa, ningún gran propietario terrateniente, y tampoco jornaleros; encontramos, en cambio, una masa de pequeños propietarios que se sucedían de padres a hijos, según el régimen de indivisión de la tierra, tradición que obligaba a los hijos menores a buscar otros medios de existencia y que puede contribuir a explicar que muchos vascos se hayan convertido en mineros del hierro, aprovechando la riqueza del subsuelo. Cantidad de pequeños propietarios se dedicaban a su explotación en los ricos yacimientos de Somorrostro, cerca de Bilbao, cuyas colinas estaban atravesadas por una multitud de galerías, y en las cuencas mineras más pobres de Guipúzcoa, comarcas de Tolosa y de Vergara, valle de Oyarzun, etc. Muchos mineros vascos fueron a buscar fortuna a América y encontramos numerosos propietarios de minas en México o en Perú, sobre todo en Potosí, nacidos en Vizcaya o en Guipúzcoa. Otros vascos eligieron la marina de guerra, la pesca lejana (Terranova) o el comercio marítimo. Ruth Pike ha podido encontrar en Sevilla una colonia mercantil vasca importante, que permaneció muy particularista, de manera que sus miembros se casaban entre sí, como los Jáuregui, los Lizárraga, los Morga... Domingo Lizárraga y Pedro de Morga fueron dos de los más importantes negociantes de Sevilla en el siglo XVI. Era banqueros, armadores, mercaderes de esclavos, arrendatarios de aduanas...

Las otras provincias vascas (Álava) o medio vascas (Navarra) eran muy diferentes. Álava y Navarra no gozaban del privilegio universal de hidalguía. En estas provincias, para ser hidalgo, era preciso serlo «según el fuero de Castilla», es decir, se debía poder probarlo mediante un documento, la ejecutoria. Y sin embargo, algunos valles pirenaicos navarros (Baztán, Salazar, Roncal) habían obtenido también el privilegio de nobleza universal gracias a los servicios de carácter militar que habían rendido a la corona en las guerras contra Francia. Aparecen ya algunos grandes dominios y grandes señores con título nobiliario, como el conde de Salvatierra en Álava o los marqueses de Falces y de Cortés, en Navarra, después de la incorporación del ducado de Lerín a la casa de Alba; además, en Navarra, la mediana nobleza, la situada inmediatamente por debajo de los títulos, los «gentilhombres jefes de linaje», con escaño en las cortes de Pamplona, representaban una capa social importante, de 100 a 150 familias, que controlaban de hecho la provincia. La diferenciación social estaba ya mucho más acentuada que en Guipúzcoa y en Vizcaya.

Más al oeste, la Montaña y Asturias son otro caso particular.

La influencia señorial era relativamente débil, lo que podía explicarse por la extrema precocidad de la Reconquista de la que Asturias había sido la cuna: solamente el 10 por 100 del suelo dependía de señoríos eclesiásticos o laicos. En Asturias el único señor importante era el conde de Luna (linaje de los Silva). En cambio los hidalgos eran muy numerosos: de conformidad con el censo de 1541, llamado de Tomás González, eran tan numerosos como los plebeyos y constituían importantes grupos de presión en los municipios urbanos o rurales. El resto de la población soportaba a duras penas una exención fiscal de la que se resentía. Algunos monasterios como Santa María de Belmonte eran igualmente verdaderos poderes económicos. Vemos, pues, que las tensiones sociales son mucho más fuertes en Asturias que en las provincias vascas y los poderosos aprovechan su control sobre el poder municipal para oprimir a los campesinos, especialmente en las montañas.

Finalmente, en el extremo noroeste, Galicia presenta un espectro social muy diferenciado. A la inversa de las precedentes, la región fue romanizada y cristianizada bastante pronto y la propiedad monástica adquirió un desarrollo excepcional. Además, la red de obispados y de poderosas catedrales es muy tupida: al arzobispado de Santiago de Compostela que dispone de una renta de 40.000 ducados en 1577 y de 65.000 en 1597 y que es el tercero de España en riqueza, se añaden los obispados de Orense, Tuy, Lugo y Mondoñedo, es decir, un total de cinco diócesis para Galicia. Algunos monasterios benedictinos poseían inmensos dominios y absorbían una riqueza considerable: San Martín Pinario, Santa María la Real en Osera (llamado el Escorial de Galicia...), San Julián de Samos y el Sobrado eran las más importantes de las 23 abadías benedictinas que cubrían el país. Un monasterio más modesto como San Clodio no poseía menos de 1.200 hectáreas de cereales, 500 hectáreas de viñedo y una infinidad de parcelas de bosques, pastos y prados.

Comparándolos con los eclesiásticos, los señoríos laicos parecen modestos. No obstante, algunos grandes señores con título estaban establecidos en Galicia: los condes de Lemos, Monterrey, Altamira y Ribadeo especialmente. Si bien los hidalgos no representaban más que una séptima parte de los plebeyos, aunque sea una proporción todavía fuerte, se había desarrollado una nobleza media, los «señores intermediarios», que detentaban en arrendamiento perpetuo (el foro) una gran parte de la tierra y la subarrendaban a los campesinos (el subforo). En consecuencia, la masa de campesinos gallegos no poseía tierras y vivía en un estado de dependencia estrecha respecto de los señoríos eclesiásticos o laicos. Los gallegos constituyeron una importante masa de mano de obra disponible para la emigración: en el Siglo de Oro acuden a realizar los trabajos estacionales en Castilla (recolección de cereales y vendimias) y muchos de ellos fijarán su residencia en las grandes ciudades de la Meseta y de Andalucía, donde se dedican a modestos oficios como porteadores de agua, mozos de carga, criados domésticos, lacayos y, en el mejor de los casos, cocineros... En los siglos XVIII y XIX formarán los grandes batallones de la emigración transatlántica.

Por muy diferentes que sean (y creo haberlo demostrado), las sociedades del noroeste cantábrico tienen un rasgo común: la insignificancia de los elementos cristianos nuevos. Si bien es cierto que desde finales del siglo XVI numerosos marranos portugueses acuden a establecerse en Galicia, conversos y moriscos están prácticamente ausentes de las provincias atlánticas.

También el litoral mediterráneo presenta unos contrastes tan acusados. Advirtamos, en primer lugar, que el Siglo de Oro coincide con un período de decadencia de Cataluña, entre su esplendor medieval y su impulso contemporáneo preparado por el «despegue» del siglo XVIII. Dicho esto, Cataluña, al igual que las provincias del Noroeste, no estuvo marcada por la presencia musulmana: la única comunidad morisca notable fue la de Tortosa, en el extremo sur de la provincia, en las orillas del Ebro. En cambio, las civilizaciones de la antigüedad impregnaron profundamente a Cataluña, que conoció a los ligures, a los fenicios y a los griegos, tuvo una romanización profunda y una cristianización organizada, desarrolló un feudalismo robusto, una burguesía precoz y emprendedora y un campesinado combativo. El desenlace de las violentas luchas del siglo XV trae la implantación de una sociedad muy diferenciada. La nobleza de título siempre fue poco numerosa. En las Cortes de 1626, por ejemplo, los títulos catalanes eran 10: el duque de Cardona, y los nueve condes de Santa Coloma, Vallfogona, Erill, Perelada, Montagut, Guinebra, Zavalla, Ricla y Sástago, éstos dos últimos aragoneses pero instalados en Cataluña. En cambio la nobleza media de los *balleros* es bastante considerable, sobre todo después de la promoción realizada por Felipe II en 1599: esta nobleza mediana tenía derecho a escaño en las cortes, donde llegó a alcanzar en 1626 la cifra de 254. El número de los hidalgos es escaso, de manera que la proporción de nobles en relación con el conjunto de la población es la más débil de España: el 0,8 por 100 con motivo del *fogatge* (censo) de 1553. Aunque se ha de considerar también como noble la categoría llamada de *ciutadans honrats*, patriciado urbano procedente de la oligarquía mercantil medieval en la que se fundieron numerosos conversos y que participa muy activamente en el gobierno de ciudades como Barcelona, Lérida o Perpiñán.

La sentencia de Guadalupe en 1486 había suprimido los «malos usos», es decir, los derechos personales que la nobleza territorial ejercía sobre los campesinos, pero había dejado subsistir una parte de los derechos reales: la *tasca* (el pago de la onceava parte de la cosecha de granos), los derechos de peaje y de mercado, algunas raras banalidades y los derechos de mutación y de sucesión. Así como la antigüedad de la vida urbana favoreció el desarrollo de grupos importantes de armadores, mercaderes y artesanos (cuyo equivalente no existe en las provincias atlánticas), los enfrentamientos del mundo rural permitieron la emergencia de una poderosa clase de granjeros que explotan las grandes *masies* catalanas y dominan al pequeño campesinado. Por consiguiente, el retroceso de la nobleza en Cataluña no originó el nacimiento de una sociedad más igualitaria.

Los contrastes sociales son todavía más acusados en el Levante, lo que podemos considerar como el reino de Valencia. Aquí se ha de subrayar, antes de 1609, un hecho esencial: la presencia masiva de moriscos, nombre con el que se designa —recordémoslo— a los musulmanes convertidos por la fuerza al catolicismo en los años 1521-1525; éstos representan casi el 40 por 100 de la población del reino y si bien es cierto que son muy minoritarios en las ciudades (entre las cuales Valencia) y en las fértiles huertas del litoral, en cambio se encuentran en mayoría en muchas de las regiones del interior del país, en las zonas llamadas de secano y constituyen incluso la totalidad de la población en numerosos pueblos, en particular en las montañas (Sierra del Espadán, por ejemplo).

Estos moriscos eran vasallos de una alta nobleza mucho más vigorosa que la de Cataluña, cuyos representantes más ilustres eran los duques de Gandía. La poderosa familia de los Borja controlaba, además del ducado de Gandía, el marquesado de Lombay y el condado de Oliva, asegurándose de esta manera una renta de casi 75.000 ducados. Otra gran familia valenciana, la de los Sandoval y Rojas, marqueses de Denia y condes de Lerma, alcanzó la cumbre de su fortuna y poderío cuando su cuarto conde, Francisco, se convirtió en el valido de Felipe III y fue promovido al rango de duque. Los duques de Segorbe y Mendas, el marqués de Guadalest y el conde de Cocentaina eran los otros magnates valencianos, aunque los duques castellanos de Maqueda y del Infantado contaban igualmente con posesiones en el reino de Valencia. El historiador inglés James Casey ha demostrado que los señores valencianos, 157 en total, entre los cuales figuran los 8 magnates citados, retiraban para sí en 1609 la quinta parte de la renta agraria valenciana. Es evidente que la expulsión de los moriscos en 1609 afectó seriamente a los grandes señores, porque, sobre un total de 272.140 expulsados de 1609 a 1614, 117.467 eran valencianos. Para garantizar el repoblamiento de las tierras abandonadas, se vieron obligados a renunciar progresivamente a una parte de sus pretensiones y a aceptar unas condiciones más favorables a los candidatos a esta repoblación: catalanes, aragoneses, mallorquines, franceses o cristianos viejos valencianos; tuvieron, incluso, que garantizar estas condiciones mediante documentos escritos o cartas pueblas; en consecuencia, a lo largo del Siglo de Oro la dominación social de los señores feudales valencianos sufrió un debilitamiento serio, aunque provisional.

En cambio, la sociedad urbana del país valenciano se asemejaba más a la catalana. Aparecen en ella el patriciado de los *ciutadans honrats* así como importantes categorías de mercaderes y de artesanos. No obstante, las ciudades, y Valencia sobre todo, habían sido duramente afectadas entre 1480 y 1530 por la eliminación física de sus elementos más dinámicos, los conversos, sospechosos de mantener su judaísmo clandestinamente, a los que la Inquisición había acosado de manera implacable, como lo ha demostrado Ricardo García Cárcel. La expulsión de los moriscos produjo la disminución casi por completo de la producción de seda que representaba, a la vez, la materia prima de la industria más desarrollada y el producto de exportación de mayor valor. Así fue como la sociedad valenciana, que mantenía una fuerte originalidad, soportó una seria alteración en el transcurso del Siglo de Oro.

Hasta 1570 el reino de Granada se asemejaba mucho, por algunos rasgos comunes, al de Valencia antes de 1609: no se trataba ya de que fuese morisca una importante minoría de la población, sino que lo era su mayoría que, como la primera, fue también obligada a convertirse al catolicismo. Ello ocurrió desde 1501, a pesar de los compromisos contraídos por los Reyes Católicos en el momento de la capitulación de Boabdil en 1492. Las ciudades, sobre todo Granada y Málaga, habían recibido una afluencia considerable de cristianos viejos: Granada, por ser la capital política, sede de una Audiencia y residencia del virrey cuya función militar era evidente en este territorio «colonial», también en cuanto capital misionera, sede de un nuevo arzobispado al que se había asignado la tarea de la conquista religiosa; Málaga, porque era el puerto de expedición de la seda y de la lana, importante plaza del comercio de esclavos y plaza fuerte de enorme importancia estratégica frente a la eterna amenaza berberisca.

Después de la guerra de Granada de 1569, muchos moriscos fueron dispersados a través del reino de Castilla, aunque no la totalidad como se ha creído con demasiada frecuencia, sino sólo los de las zonas que se habían adherido a la revuelta. Fue suficiente, no obstante, para que se produjera un proceso de repoblamiento comparable al que debía conocer Valencia después de 1609. Pero la gran diferencia se deriva de la ausencia de una alta nobleza arraigada en el país, al contrario de lo que caracterizaba al país valenciano. La que se instaló, en el Siglo de Oro, en el reino de Granada —los duques de Medina Sidonia y de Arcos, el de Osuna y el marqués de Los Vélez— lo hizo en función de su derecho de conquista, siendo extranjera en el país en el que la propiedad eclesiástica heredó una buena parte de los bienes pertenecientes a las mezquitas, lo que permitió dotar a los obispados creados en esa zona: arzobispado de Granada, obispados de Málaga, Almería y Guadix.

Por último, Aragón mismo, región montañosa medio despoblada, recuerda igualmente, aunque con mucha mayor semejanza, la situación social del reino de Valencia: los moriscos representan una importante minoría, aproximadamente el 20 por 100, si hemos de fiarnos de los censos de 1609. Particularmente numerosos en el valle del Ebro y en algunos de sus afluentes de la margen derecha —los ríos Queiles, Jalón, Huerva, Aguas, Guadalupe, Matarraña, con algunos islotes al sur (Albarracín) o al norte (Naval)—, los moriscos representaban una parte importante de la fuerza de trabajo de los grandes señores aragoneses, exactamente como sucedía en Valencia. Estos grandes señores, el duque de Villahermosa (familia Aragón), el duque de Híjar (linaje de los Híjar) que también era conde de Belchite, el conde de Ricla, al que ya hemos encontrado en Cataluña donde disfrutaba del marquesado de Camarasa, los condes de Fuentes, de Aranda y de Morata disponían del beneficio de importantes rentas: entre un máximo de 40.000 ducados, del conde de Ricla, y un mínimo de 10.000 para el conde de Morata. Estos señores habían conservado unos poderes de justicia abusivos (derecho de vida y de muerte) que sus homólogos catalanes habían perdido en virtud de la sentencia de Guadalupe, pero soportaron con dificultad los efectos de la expulsión de los moriscos en 1609-1610, ya que la casi totalidad de los moriscos aragoneses, es decir, unos 61.000, fueron expulsados entonces. Es verdad que el repoblamiento fue más rápido y en él desempeñaron un papel decisivo los franceses del Midi. Algunas localidades quedaron arruinadas por esta expulsión, como, por ejemplo, Brea, que se dedicaba al trabajo del cuero, o, al menos, disminuidas, como Zaragoza, Teruel, Calatayud y Albarracín. Se ha de añadir, de todos modos, que las pequeñas burguesías de las ciudades aragonesas seguían siendo mucho más mediocres que las de las ciudades catalanas o valencianas.

LAS JERARQUÍAS SOCIALES CASTELLANAS

¿Hemos de creer que la sociedad castellana constituye un bloque homogéneo, de Burgos a Andalucía, frente a la asombrosa diversidad de las Españas periféricas? La respuesta no es sencilla. Es cierto que las condiciones jurídicas de las personas son comunes, salvo pequeños matices, en todas las regiones que pertenecen al reino de Castilla, pero el espectro social se transforma desde el norte hacia el sur. Se ha podido advertir que la proporción de nobles y, sobre todo, de hidalgos disminuía regularmente conforme nos dirigimos desde el norte hasta el sur, siguiendo el ritmo de la Reconquista, pero el poderío de los linajes nobiliarios y especialmente su poder en la posesión de la tierra aumentan en proporción a la escasez de las familias. Por ejemplo, había en 1541, de acuerdo con el censo de Tomás González:

—igual número de hidalgos que de plebeyos en León;
—una cuarta parte de hidalgos en la provincia de Burgos (que era mucho más extensa que la actual: englobaba la «Montaña», la Rioja y una parte de la provincia de Palencia);
—una séptima parte de hidalgos en Galicia y en la provincia de Zamora;
—una octava parte de hidalgos en la provincia de Valladolid;
—una décima parte de hidalgos en las provincias de Toro, Ávila, Soria y Salamanca;
—una duodécima parte de hidalgos en las provincias de Sevilla, Granada, Córdoba, Jaén, Cuenca, Guadalajara, Madrid y Toledo;
—una catorceava parte de hidalgos en las provincias de Segovia y Murcia.

Este cálculo, al que no se debe conceder un crédito excesivo, tiene al menos el mérito de subrayar, a pesar del caso aberrante de Segovia, la disminución regular de la proporcción de hidalgos, desde el norte hacia el sur, pero en cualquier circunstancia, aunque este censo de hidalgos peque por exceso, revela que la proporción de nobles en Castilla era elevada: un poco más del 10 por 100 si admitimos con Felipe Ruiz Martín que en 1594 había 133.570 familias de hidalgos sobre 1.282.000 familias (en números redondos), sin tener en cuenta a los religiosos. Esta proporción era indudablemente superior a la de los reinos de Francia y de Inglaterra e implica la existencia de una pequeña nobleza pobre en las provincias del Norte, donde era particularmente numerosa. Y tal como acabo de señalar, los grandes «estados» nobiliarios, con excepción de los del condestable de Castilla, duque de Frías (región de Burgos), de los del duque de Medina de Rioseco (Tierra de Campos), de los del conde de Benavente y de los del conde de Buendía (regiones de León y de Valladolid), estaban situados esencialmente en el centro y en el sur del país.

En el otro extremo de la jerarquía social se situaban los esclavos. Apenas había en el norte de Castilla. Conocemos, ciertamente, algunos mercaderes de Burgos y algunos grandes señores o letrados de Valladolid que tenían esclavos; pero se trata de algunas decenas en cada una de las dos ciudades. Por el contrario, en el Madrid de finales del siglo XVI y comienzos del siglo XVII, y sobre todo en las grandes ciudades del Sur, en Córdoba, Sevilla, Granada, Málaga, y más tarde en Cádiz, se contabilizan varios millares de esclavos: por lo menos 6.000 en Sevilla a comienzos del siglo XVII, de 3.000 a 4.000 en Córdoba o en Málaga. Los esclavos blancos, generalmente musulmanes, predominan en Málaga y en Granada donde, después de 1570, se trata en la mayoría de los casos de prisioneros de guerra, capturados durante la guerra de Granada o en la batalla de Lepanto, mientras que en Sevilla y en Córdoba los esclavos negros son ligeramente más numerosos, sobre todo después de 1580, cuando los mercaderes portugueses acuden cada año a ofrecer su mercancía o envían a sus agentes especializados. Los esclavos forman parte del servicio doméstico y los ricos de esta sociedad aprecian el hacerse servir por sus esclavos negros de hermosas proporciones, ataviados con libreas resplandecientes, cuya representación nos ha sido conservada por la escultura barroca. No obstante, otros muchos esclavos, llamados cortados, ejercen libremente unas actividades artesanales o comerciales cuyo beneficio corresponde parcialmente a sus dueños, al tiempo que estos esclavos acumulan progresivamente un peculio que les permitirá conseguir su rescate. La presencia de varias decenas de miles de esclavos en las ciudades de Andalucía significa también un elemento de diferenciación en el seno de la sociedad castellana.

La estructura de la propiedad de la tierra, por último, introduce importantes discriminaciones en el mundo rural. En las provincias del Norte —León y Castilla la Vieja—, los pequeños propietarios explotadores, a los que se añaden los arrendatarios de los grandes dominios, componen lo esencial de la sociedad; los jornaleros o «trabajadores de los campos» forman una categoría de cierta importancia, pero que sigue siendo muy minoritaria. Por el contrario, en Castilla la Nueva, en Extremadura y todavía más en Andalucía occidental, donde la grande y la mediana propiedad cubren la mayor parte del suelo, los jornaleros representan la categoría campesina más numerosa. Noël Salomon que ha estudiado a fondo las «Relaciones topográficas», encuestas realizadas hacia 1575-1580 en Castilla la Nueva, considera que los jornaleros representan del 60 al 70 por 100 de los efectivos rurales: el 54 por 100 en Illán de Vacas, el 57 por 100 en Camarena, el 58 por 100 en Mascaraque, en la provincia de Toledo, pero en la misma provincia del 80 al 85 por 100 en Gerindote, el 85 por 100 en Portillo, el 78 por 100 en Puebla Nueva, el 86 por 100 en Vargas, etc.

Una vez hechas estas salvedades, es posible trazar el retrato social de Castilla. En el Siglo de Oro el país sigue estando dominado por la nobleza y por la Iglesia, de la que nos ocuparemos más tarde porque su influencia y papel es poco más o menos el mismo en todas las Españas, aunque su fuerza y su peso varían según las regiones. La abundante nobleza castellana está muy jerarquizada: en la cima, los grandes y los titulados, cuyos efectivos aumentan merced a las nuevas promociones que efectúa cada soberano; en 1520 no había más que 70 duques, condes y marqueses, 25 de los cuales recibieron el tratamiento de «grandes».

En 1616 había ya 19 duques, 55 marqueses y 68 condes, es decir 142 títulos y Felipe IV duplicó casi su número al crear 116 títulos suplementarios. Es cierto, por otra parte, que los linajes más poderosos acumulaban en su beneficio varios de estos títulos.

Hacia 1600, por ejemplo, los Guzmán detentaban el ducado de Medina Sidonia, los marquesados de Sanlúcar de Barrameda y de Ardales, los condados de Niebla, de Olivares y de Constantina; los Enríquez, además del Almirantazgo de Castilla, el ducado de Medina de Rioseco, los marquesados de Villanueva, Frómista, Molina y Alcañiz, y los condados de Modica y de Fuentes de Valdepero; los Hurtado de Mendoza, el ducado del Infantado, los marquesados de Santillana, Cañete, Mondéjar y Montesclaros, los condados de Saldaña, Almenara y Orgaz; los Fernández de Velasco, con el cargo de Condestable de Castilla, el ducado de Frías, los condados de Haro y de Siruela; los Álvarez de Toledo, el ducado de Alba, los marquesados de Coria, Villafranca y Velarde, los condados de Salvatierra, Lerín, Altamira y Oropesa; los Zúñiga, el ducado de Béjar, los marquesados de Gibraleón, Ayamonte, Aguilafuente, Villamanrique y los condados de Benalcázar y Miranda; los Pimentel, grandes de España sin ser duques, el marquesado de Tavara y el condado de Benavente, etc.

Las rentas de estos títulos oscilan casi todas entre los 10.000 y 100.000 ducados. Once alcanzan o superan los 100.000 ducados, con un máximo de 170.000 para el duque de Medina Sidonia, lo que representaba una fortuna colosal. Solamente las rentas de 7 condados eran inferiores a los 10.000 ducados; oscilaban entre 4.000 y 9.000 ducados. Estas rentas son en su mayoría de origen agrario, aunque los duques de Medina Sidonia y de Medina de Rioseco y el conde de Benavente recogían importantes sumas, del comercio de Sanlúcar el primero de ellos, de las ferias de Castilla los otros dos. Algunos otros señores, como el conde de Alba de Liste, percibían unos derechos sobre la trashumancia del ganado lanar o se beneficiaban con el arriendo de algunas concesiones reales, como el duque de Maqueda con el servicio y montazgo, impuesto percibido sobre la cría de ganado lanar, y, en alguna rara ocasión, con el arriendo de diezmos eclesiásticos, como el marqués de Los Vélez, que percibía numerosos diezmos en la diócesis de Almería. Finalmente, la alta nobleza sevillana (Guzmán y Ponce de León incluidos) invertía sin ningún desdoro en el comercio con América.

Todo ello representaba en total una suma enorme: casi 3.700.000 ducados administrados, como advierte Antonio Domínguez Ortiz, «de acuerdo con unos principios totalmente contrarios a los de la productividad y la economía». Una parte de estas rentas, es cierto, se destinó a la defensa nacional durante los difíciles años del siglo XVII y otra parte fue invertida en obras de asistencia, fundaciones piadosas o en encargos artísticos.

Estas 200 familias, sin embargo, representan la flor y nata de la nobleza castellana. Por debajo de ellas, varios millares, que podían ostentar el tratamiento de don, formaban la nobleza media de los caballeros, cuya ambición más elevada (en espera de un título) consistía en obtener el hábito de una de las tres grandes órdenes militares: Alcántara, Calatrava y Santiago. En 1626 el número de caballeros de estas órdenes alcanzó su máximo, 1.452 —197 de Alcántara, 306 de Calatrava y 949 de Santiago—, pero no había más que 183 encomiendas productoras de rentas para distribuir, de modo que para los demás el hábito significaba un privilegio honorífico. Los caballeros, caballeros de las órdenes o no, se convirtieron en el Siglo de Oro en los dueños de los gobiernos municipales. Su riqueza consistía sobre todo en la tierra, salvo cuando se trataba de una nobleza reciente adquirida por personas que habían hecho fortuna en el gran comercio o incluso en el artesanado.

Por ejemplo, Ruth Pike ha mostrado cómo un acuñador de oro, Antón Bernal, y un orfebre, Juan de Córdoba, accedieron en una veintena de años del artesanado a la nobleza: a partir de los años 1520-1530, no era extraño. Algunos nobles eran incluso de origen extranjero como los Centuriones, financieros genoveses que, en menos de cien años, franquearon todas las etapas, ya que hacia finales del siglo XVI habían conseguido el marquesado de Estepa. Las rentas de la clase de caballeros oscilaban generalmente entre los 2.000 y los 10.000 ducados, aunque podían llegar a superar este nivel.

En general, la alta y media nobleza residía en una ciudad. Solamente en Sevilla, se habían instalado los duques de Medina Sidonia, Arcos y Béjar (linajes de Guzmán, Ponce de León y Zúñiga), los marqueses de Ayamonte, de Tarifa, del Valle (linajes Zúñiga, Enríquez de Ribera y Cortés), y el conde de Gelves, de linaje portugués. Otros tantos residían en Valladolid, al menos hasta 1605, con el duque de Medina de Ríoseco (linaje Enríquez), los conde de Miranda, de Benavente y de Ribadavia (linajes Zúñiga, Pimentel y Cobos), los marqueses de Astorga, de Poza y de Viana (linaje Osorio, Rojas y Pimentel).

La masa de hidalgos, por último, al menos el 90 por 100 de la nobleza, representa una categoría muy diferenciada, que no se componía, ni mucho menos, solamente de pobres. El estudio que he dedicado al linaje de los Quintanos, sólidamente arraigado en las tierras de Burgos y Extremadura, donde poseían ricos mayorazgos, debe alejarnos de simplificaciones abusivas a las que nos invita una cierta literatura distorsionadora.

La clase de los letrados procede tanto de la nobleza como de la burguesía urbana. Ya me he extendido a este respecto en el segundo capítulo de este libro y no creo sea necesario insistir. Por supuesto, los letrados eran particularmente numerosos y poderosos en las ciudades designadas como sedes de Audiencias y de grandes universidades, es decir, Valladolid, Granada, Salamanca, Sevilla y Alcalá. Las fortunas de los letrados han podido llegar a igualar a las de los caballeros, quizás a las de algunos títulos, pero su composición era diferente: las rentas financieras constituían frecuentemente su componente más importante, bien se trate de valores del estado (juros) o de rentas sobre las personas privadas (censos), antes de que se incremente la parte destinada a la adquisición de casas urbanas y de tierras.

Hasta los años 1620-1630 la burguesía urbana castellana fue mucho menos desdeñable de lo que se ha pretendido. Hacia 1560 Burgos era todavía una gran metrópoli comercial y los viajeros extranjeros saludaban al pasar a sus mercaderes, a quienes reconocían una dimensión internacional. Una historiadora ha llegado a establecer una lista de 300 mercaderes burgaleses importantes en el siglo XVI, entre los cuales sobresalen los nombres de los Maluendas, Polanco, Moneda, Tamarón, Agrero, Gómez de Morales. Estos mercaderes concentraban en Burgos la lana fina de los rebaños de merinos, le daban el primer apresto, organizaban su transporte por medio de convoyes de mulas hasta los puertos cantábricos, Bilbao y Laredo sobre todo, disponían los navíos que transportaban estas lanas hacia Flandes y preparaban los contratos de seguros marítimos. Tenían corresponsales y agentes representantes en Sevilla, en Brujas y en Amberes. Con frecuencia, hacían de banqueros de los reyes y fueron incluso capaces, en 1570, de garantizar un préstamo de 400.000 ducados concedido por los genoveses a Felipe II. Sin embargo, en esta fecha la hora de la decadencia había llegado: la peste de 1565 y sobre todo la revuelta de los Países Bajos y el desencadenamiento de la guerra de corsarios en el Atlántico golpearon duramente a Burgos, cuyo declive se había consumado hacia 1575; las dinastías burgalesas se diluyeron en las casas que habían establecido en los Países Bajos, en Sevilla y en Madrid.

La prosperidad de las familias de mercaderes de Medina del Campo, de Rioseco y de Segovia se prolongó más. Protegidos por el Almirante de Castilla, que era su señor, los mercaderes de Rioseco realizaron espléndidos negocios con América, siguiendo el brillante ejemplo de los Espinosa, que financiaron, no sin beneficio, la conquista de Perú por Pizarro. Gracias a la excelente salud de las ferias de Castilla, al menos hasta 1594, los mercaderes de las dos Medina, que giraban letras de cambio sobre todas las grandes plazas de Europa (Sevilla, Lisboa, Lyon, Génova, Florencia, Milán, Venecia, Palermo, Amberes y Londres) y que realizaban un importante comercio de tejidos y de libros, sin mencionar los negocios de trigo y la sal, fueron a veces grandes personajes, como Simón Ruiz, que murió en 1597, como titular de una fortuna de 363.000 ducados y que nos ha legado una enorme correspondencia comercial con sus agentes o corresponsales, de Amberes a Sevilla y de Nantes a Lyon o Florencia. En esta época, Medina del Campo contaba con una cincuentena de mercaderes importantes, 65 agentes de comercio o de cambio, 21 almacenistas al por mayor, 14 libreros que distribuían en todo el país los libros importados, una treintena de importantes negociantes en telas...

La burguesía de negocios de Segovia y de las pequeñas ciudades vecinas, como Villacastín y Santa María de Nieva, tenía una vocación mucho más industrial que comercial, que se mantuvo hasta las proximidades de 1620. Un centenar de mercaderes-fabricantes controlaban la actividad de las fábricas de paños, que empleaban entonces a algunos miles de esquiladores, cardadores, afinadores de lana, tejedores y tintoreros, que representaban casi la mitad de la población activa de estas ciudades. Los paños negros y malvas, las segovias, gozaban de una excelente reputación, que les asgeuraba una amplia difusión en el mercado nacional y americano. Las dificultades de Burgos a partir de 1565-1566 representaron para Segovia un mejor abastecimiento en lana fina y contribuyeron a una oleada de prosperidad hasta 1590. Además, Segovia poseía una importante industria de papel y la fábrica de acuñación de moneda más activa y mejor equipada de la península por lo menos en el siglo XVII. Pero hacia 1570 los segovianos carecían de mano de obra y estaban dispuestos a acoger a cuantos moriscos granadinos se les quisiera enviar. A una escala más modesta, el medio mercantil de Cuenca se asemejaba al de Segovia.

En el momento de su mayor prosperidad se ha comprobado, gracias a las encuestas de los años 1579-1584, estudiada por Felipe Ruiz, que Segovia producía, con sus 600 telares y sus 15 talleres bataneros, aproximadamente 16.200 piezas de paño al año, teniendo en cuenta que cada pieza medía 33,4 metros de longitud. Ello representa, poco más o menos, los dos tercios de la producción veneciana de la misma época y más de la mitad de la producción florentina. Si tenemos en cuenta la excelente calidad de los paños segovianos, no cabe duda que los mercaderes de la ciudad contaban con una magnífica imagen y reputación. Pero después de 1600, con los reinados de Felipe III y Felipe IV, y pese a una fugaz recuperación en 1620-1630, la producción disminuyó en su mitad y el declive de Segovia se inició de manera irremediable.

Pronto conoceremos, gracias a los trabajos de Julián Montemayor, a la clase mercantil de Toledo, que fue sin lugar a dudas importante hasta comienzos del siglo XVII, porque mantenía un tráfico considerable de sedas, tejidos, cueros y armas. Comenzamos a conocer mejor el caso sevillano gracias, en particular, a Ruth Pike, lagunas de cuyas conclusiones van contra el sentido de las ideas recibidas. Los trabajos de la historiadora norteamericana indican el dinamismo de los negociantes sevillanos, hasta tal punto que hacia finales del siglo XVI son ellos y no los genoveses, los burgaleses o los vascos, los que controlan la mayor parte del gran comercio transatlántico. La influencia de los extranjeros (italianos, flamencos o franceses) parece que fue posterior a 1640, después de que Sevilla hubiera sido arruinada por la peste de los años 1649-1651 y que su aristocracia mercantil hubiese sido desmantelada por la Inquisición. En efecto, un gran número de familias de negociantes más notorios eran de origen converso: además de los Alcázar ya citados, tenemos también a los Alonso de Burgos, Gonzalo de Baena, los Jorge que quebraron en 1567, como otros muchos, Juan de Herver, Juan Pérez Cisbón, Luis Álvarez de Soria, Alonso de Espinosa o Juan de la Barrera, los Gibraleón...

Muchos de estos negociantes dejaron al morir fortunas de 20.000 a 100.000 ducados, pero Alonso de Espinosa y Juan de la Barrera alcanzaron los 400.000 ducados... Algunos de ellos, para asegurar sus negocios, no vacilaron en efectuar personalmente el viaje a América. Dotaron espléndidamente a sus hijas, se construyeron suntuosas residencias y dedicaron grandes esfuerzos a la educación de sus hijos. Varios de ellos, sinceramente convertidos, dejaron legados importantes a las instituciones de caridad. Ruth Pike no duda en concluir:

> Además, el espíritu de empresa y la vocación comercial prolongada de estas familias contradicen la hipótesis, tan insistentemente repetida, de la carencia de aptitud de los españoles para los negocios y del abandono total del comercio por parte de los descendientes de los ricos mercaderes ennoblecidos por un género de vida aristocrático.

Gustosamente estaría de acuerdo con Ruth Pike, con la condición de subrayar el papel esencial desempeñado por los conversos españoles en los grandes negocios. De manera que las persecuciones de que éstos fueron víctimas de nuevo entre 1650 y 1730 pueden contribuir a explicar el abortamiento del capitalismo español.

Los demás elementos de la población activa carecen de originalidad. ¿Qué podemos decir del artesanado sino que formaba una de las principales capas sociales de las ciudades? En todas las ciudades prósperas abundan los sastres, zapateros, confeccionadores de jubones y justillos, rosarios, etc., o los trabajadores del cuero con el que fabricaban varias clases de objetos, como calzado, botas, sillas de montar, guantería, guarnicionería... Las profesiones de arte son más interesantes, pero no podemos separarlas de las creaciones artísticas del Siglo de Oro. Tampoco hay que olvidar a los tenderos y todos los oficios de la alimentación, desde los carniceros a los panaderos, pasando por los pasteleros, que eran en el estricto sentido etimológico, fabricantes de «pastas», patés de todas las clases (aves, carne, pescado, etc.), cuyo consumo era grande a media jornada. Cada ciudad tiene también, en alguno de su barrios, su población de hortelanos, entre los cuales destacan frecuentemente los moriscos. Y estoy convencido de que no digo nada nuevo para nadie al repetir que la masa de la población española estaba compuesta por campesinos. Es más interesante subrayar, como ya se ha hecho, la diversidad social de esta masa campesina, más igualitaria en el Norte, más diferenciada en el Centro y en el Sur, donde conviven los jornaleros y los villanos ricos que disponen de 1.000 ducados o más, hasta los 3.000 o 4.000 ducados en los pueblos de Castilla la Nueva estudiados por Noël Salomon. La escala de las fortunas se ensancha regularmente en los países de viñedos, el Ribeiro gallego, el Bierzo de León, el viñedo de Medina y de Cigales, el de Montilla y el de Jerez que inician su despegue. Todo ello es sobradamente conocido. Pero, antes de 1620, no creamos en una miseria generalizada de las zonas campesinas: los inventarios establecidos tras las defunciones por los registros notariales nos muestran el interior de las viviendas de modestos labradores en las que no faltan ni el equipo de prendas de cama, ni el resto de ajuar de la casa, ni los utensilios de cocina, ni reservas de despensa, aunque el mobiliario sea modesto. Y no hemos de olvidar a los campesinos acomodados que poseían vajilla de plata y algunas joyas.

Quedan los pobres, los excluidos, los mendigos. Les dedicaremos también nuestra atención.

LA IGLESIA, PODER SOCIAL

En nuestra revisión hemos considerado solamente dos de los órdenes o estamentos de la sociedad: la nobleza y el tercer estado o estado llano. Falta ocuparnos de la Iglesia. Asociada a la Reconquista, al ejercicio del poder, administradora de una parte importante de las obras de asistencia, propietaria de una proporción considerable del suelo, destinataria de rentas e ingresos propios (los diezmos), la Iglesia representa un protagonista social que no se puede desdeñar. A modo de ejemplo, ya he indicado que era la fuerza social más poderosa de Galicia.

Es difícil calcular exactamente el número de eclesiásticos: en 1591, Felipe Ruiz indica la cifra de 91.000, de los cuales 74.000 se encontraban en el reino de Castilla. Con 8 millones de habitantes, esto representaría aproximadamente el 1,15 por 100. Pero en los inicios del siglo XVII, cuando la población disminuía, el número de eclesiásticos continuaba aumentando y la proporción pudo alcanzar en 1640 el 1,5 o 2 por 100.

Hacia finales del siglo XVI España contaba con 8 arzobispados —Toledo, Sevilla, Santiago de Compostela, Granada, Burgos, Tarragona, Zaragoza, Valencia— y 48 obispados, incluyendo los de Baleares y Canarias. En 1597, la renta total de estos arzobispados y obispados ascendía a 1.204.000 ducados, 250.000 de los cuales correspondían al arzobispado de Toledo y 100.000 al de Sevilla, mientras que 9 obispados no llegaban a los 10.000 ducados. Ello representa casi la la tercera parte de las rentas de la alta nobleza, pero los prelados no representaban el alto clero exclusivamente. Los cabildos de las catedrales y de las colegiatas, muy ricos en ocasiones (Toledo y Sevilla aparecen una vez más, pero también Córdoba, Barcelona, o Santiago de Compostela), reunían unos 7.000 canónigos. Solamente el cabildo de Toledo contaba con 60 canónigos, un centenar de beneficiarios, 200 capellanes, sochantres y maestros de música. Además, los abades de los monasterios importantes formaban parte también del alto clero. Muchos beneficiarios, situados a resguardo de cualquier dificultad económica, se encuentran ciertamente entre el número de los mayores creadores del Siglo de Oro.

Evidentemente, el bajo clero era mucho más numeroso; representaba un poco menos de 30.000 en Castilla y aproximadamente unos 10.000 más en el resto del país. El clero regular superaba ligeramente en número al secular. El censo de 1591 presenta 20.697 religiosos y 20.369 religiosas, solamente para el reino de Castilla. De acuerdo con este mismo censo, los religiosos se repartían, según las principales órdenes, como se indica en el cuadro 4.

CUADRO 4

Distribución del clero en Castilla según el censo de 1591

Órdenes monásticas		Órdenes mendicantes y conventuales	
		Franciscanos	6.708
Benedictinos	739	Dominicos	2.447
Cistercienses	801	Carmelitas calzados	694
Agustinos	923	Carmelitas descalzos	240
Jerónimos	1.020	Trinitarios	652
Cartujos	125	Mercedarios	527
Premostratenses	94	Jesuitas	1.091
Total	3.702	Total	12.359

Así pues, el número global de religiosos es de 16.061. Faltan varias órdenes importantes, como por ejemplo, los capuchinos o los hospitalarios de San Juan de Dios y, sobre todo, varios conventos de las órdenes relacionadas. Muchos monasterios eran muy ricos, de manera que A. Domínguez Ortiz calcula en unos 10 millones de ducados la renta eclesiástica total, es decir, entre una sexta y una séptima parte de la renta total del país. La importancia de estos ingresos explica que, en una coyuntura económica penosa como la del siglo XVII, muchos segundones de la nobleza se hayan orientado hacia la Iglesia. No puede explicarse de otra manera el crecimiento del número de eclesiásticos y, además, ello fue muy criticado en su tiempo por los mismos eclesiásticos, como el padre Fernández de Navarrete, uno de los arbitristas más famosos del Siglo de Oro. Mi estudio del linaje noble de los Quintanos me ha permitido comprobar que en el siglo XVII las «vocaciones» destinadas a la Iglesia fueron, con mucho, las más abundantes en este linaje, cuyos miembros se orientaban casi todos hacia unos conventos «cómodos» (en el caso de las muchachas) o hacia provechosas prebendas de los cabildos catedralicios.

Este caleidoscopio social, extrañamente abigarrado, de múltiples destellos, destilaba todas las formas de desigualdades, todas las tensiones, todos los conflictos. Conjugaba toda clase de situaciones sociales, desde la extrema riqueza hasta la peor de las miserias, desde la consideración hasta el desprecio, desde la renta al trabajo manual, desde las grandes ciudades rebosantes de gentes como Sevilla y Madrid hasta el hábitat disperso de las montañas de Galicia, de Asturias y del País Vasco. No podemos poner en duda que estos contrastes y estas tensiones hayan sido fuentes de creatividad.

ANEXOS

1. PRINCIPALES TÍTULOS DE CASTILLA Y RENTAS CORRESPONDIENTES HACIA 1600

Títulos	Linaje	Renta en ducados
a) *Duques*		
Frías (Condestable de Castilla y conde de Haro)	Velasco	65.000
Medina de Rioseco (Almirante de Castilla y conde de Modica)	Enríquez	130.000
Alba (y marqués de Coria, conde de Salvatierra y de Lerín)	Álvarez de Toledo	120.000
Infantado (y marqués de Santillana y conde de Saldaña)	Hurtado de Mendoza	120.000
Medina Sidonia (y marqués de Sanlúcar y conde de Niebla)	Guzmán	170.000
Béjar (y marqués de Gibraleón y conde de Benalcázar)	Zúñiga	80.000
Nájera (y conde de Valencia y de Treviño)	Manrique de Lara	55.000
Medinaceli (y marqués de Cogolludo y conde del Puerto de Santa María)	De la Cerda	60.000
Albuquerque (y marqués de Bedmar y conde de Ledesma)	La Cueva	50.000

Títulos	Linaje	Renta en ducados
Arcos (y marqués de Zahara y conde de Marchena)	Ponce de León	80.000
Maqueda (y marqués de Elche)	Cárdenas	50.000
Escalona (y conde de Santiesteban)	Pacheco	100.000
Sessa (y conde de Cabrera y de Baena, marqués de Terranova)	Fernández de Córdoba	100.000
Osuna (y marqués de Peñafiel y conde de Urueña)	Girón	150.000
Feria (y marqués de Zafra)	Suárez de Figueroa	50.000
Pastrana (y príncipe de Melito)	Gómez de Silva	80.000
Alcalá de los Gazules	Enríquez de Ribera	100.000

b) *Marqueses*

Astorga (y conde de Trastámara y Santa Marta)	Osorio	40.000
Aguilar (y conde de Castañeda)	Manrique de Lara	25.000
Cañete	Hurtado de Mendoza	10.000
Villafranca (y duque de Fernandina)	Álvarez de Toledo	50.000
Priego	Aguilar y Figueroa	110.000
Ayamonte	Zúñiga y Sotomayor	26.000
Tarifa	Enríquez de Ribera	100.000
Mondéjar (y conde de Tendilla)	Hurtado de Mendoza	50.000
Comares (absorbido por el ducado catalán de Cardona)	Fernández de Córdoba	
Los Vélez	Fajardo	40.000
Berlanga	Tovar	10.000
Villanueva (de Extremadura)	Portocarrero	15.000
Del Valle (México)	Cortés	100.000
Sarria (conde de Lemos)	Castro	50.000
Santa Cruz	Bazán	35.000
Altamira	Rojas	15.000
Velada	Ávila y Toledo	10.000
Viana (de Orense)	Pimentel	12.000
Del Carpio (y conde de Adamuz)	Haro y Córdoba	30.000
Montemayor	Silva	12.000

Títulos	Linaje	Renta en ducados
La Guardia	Mejía	40.000
Montesclaros	Hurtado de Mendoza	10.000
De las Navas	Ávila	15.000
De Poza	Rojas	20.000
Estepa	Centurione	40.000
Tabara	Pimentel	14.000
Villanueva del Río	Enríquez	20.000
Adrada	Luna	12.000
Frómista	Enríquez	10.000
Molina	Enríquez	40.000
Cerralbo	Pacheco y Toledo	80.000
Auñón	Herrera	30.000
Ardales	Guzmán	30.000
Algara	Guzmán	20.000
Alcalá de Henares	Portocarrero	16.000
Uceda	Cárdenas	25.000
Alcañizes	Enríquez	15.000
Aguilafuente	Zúñiga	20.000
Villamanrique	Zúñiga	15.000
Almazán (y conde de Monteagudo)	Zúñiga	16.000
De la Mota	Ulloa	16.000

c) *Condes*

Alba de Liste	Guzmán y Toledo	35.000
Benavente	Pimentel	120.000
Miranda	Zúñiga	40.000
Salinas y Ribadeo	Sarmiento	20.000
Aguilar	Arellano	15.000
Almenara	Hurtado de Mendoza	12.000
Alcaudete	Fernádez de Córdoba	26.000
Altamira	Moscoso y Toledo	12.000
Buendía	Acuña	30.000
Ayllón	León y Córdoba	60.000
Del Castellar	Saavedra	12.000
Chinchón	Bobadilla	30.000

Títulos	Linaje	Renta en ducados
Cifuentes	Silva	24.000
Camina	Silva	4.000
Luna	Silva	10.000
Fuensalida	Ayala	18.000
Fuentes de Valdepero	Enríquez	10.000
Gelves	Portugués	10.000
Olivares	Guzmán	40.000
Constantina	Guzmán	8.000
Medellín	Portocarrero	30.000
Monterrey	Acevedo	16.000
Oropesa	Álvarez de Toledo	40.000
Osorno	Manrique de Lara y Osorio	22.000
Oñate	Guevara	5.000
Orgaz	Hurtado de Mendoza	12.000
De Palma	Bocanegra y Portoca-rrero	16.000
Priego	Carrillo y Mendoza	8.000
Puñonrostro	Arias	25.000
Paredes	Manrique	12.000
La Puebla	Cárdenas	16.000
Ribadavia	Cobos	15.000
Siruela	Velasco	14.000
Santiesteban del Puerto	Benavides	15.000
Gálvez	De la Cerda	8.000
Barajas	Barajas	15.000
La Puebla de Montalbán	Girón y Pacheco	15.000
Bailén	Ponce de León	7.000
Niebla	Velasco	16.000
Salvatierra	Ayala	9.000
Fuensaldaña	Rivero	12.000
Santa Águeda	Padilla y Manrique	20.000

FUENTE: Pedro Núñez de Salcedo, *Relación verdadera de todos los títulos que hay en España*, 1597, ms. Biblioteca de El Escorial.

2. ARZOBISPADOS Y OBISPADOS ESPAÑOLES EN EL SIGLO XVI

Sedes	Renta anual en ducados	
	1533	1597

a) Arzobispados

Sedes	1533	1597
Toledo	80.000	250.000
Sevilla	24.000	100.000
Santiago de Compostela	20.000	65.000
Granada	10.000	20.000
Burgos *	20.000	35.000
Zaragoza	20.000	25.000
Valencia	13.000	25.000
Tarragona	8.000	16.000

b) Obispados

Sedes	1533	1597
Córdoba	12.000	46.000
Plasencia	15.000	40.000
Sigüenza	20.000	40.000
Cuenca	17.000	46.000
Cartagena	5.000	16.000
Jaén	10.000	20.000
Málaga	10.000	30.000
Palencia	13.000	20.000
Coria	8.000	24.000
Zamora	12.000	20.000
Salamanca	10.000	24.000
Badajoz	6.000	16.000
Segovia	14.000	24.000
León	8.000	20.000
Osma	10.000	22.000
Pamplona	6.000	20.000
Calahorra	12.000	24.000

* Burgos no era más que obispado en 1535. Convertido en arzobispado en 1597.

Sedes	Renta anual en ducados	
	1533	1597
Ávila	8.000	20.000
Cádiz	8.500	15.000
Astorga	4.000	15.000
Urgel	7.000	7.000
Lérida	5.000	6.000
Tortosa	8.000	20.000
Tarazona	5.000	12.000
Mallorca (Baleares)	—	(?) 8.000
Canarias	8.000	15.000
Gerona	4.000	5.000
Barcelona	5.000	12.000
Orense	3.000	8.000
Oviedo	6.000	10.000
Segorbe	3.000	10.000
Ciudad Rodrigo	4.000	10.000
Tuy	2.000	4.000
Lugo	1.500	8.000
Mondoñedo	1.500	10.000
Guadix	2.000	5.000
Almería	1.500	10.000
Huesca	3.000	10.000
Vic	2.500	5.000
Elche	1.500	2.000
Total	477.000	1.232.000

NOTA: No se han incluido en esta relación los obispados erigidos a finales del siglo XVI o a principios del siglo XVII: Albarracín, Teruel, Orihuela, Valladolid y Solsona. La evolución de las rentas de algunos obispados se explica por estas nuevas creaciones. Por ejemplo, la renta de Cartagena, que descendió después de 1557 a causa de la erección de la sede de Orihuela o la de Palencia, fuertemente disminuida después de 1577 para constituir la renta del obispado de Valladolid, o también la de Huesca debido a los nuevos obispados de Huesca y Barbastro.

FUENTE: B. Escandell Bonet, «Las rentas episcopales en el siglo XVI», *Anuario de Historia Económica y Social*, Madrid, n.º 3 (1970), pp. 76-77.

CAPÍTULO 9

LA PARTE DE LOS POBRES...
Y LA DE LOS PÍCAROS

EL GRAN DEBATE SOBRE LA POBREZA

En 1598 el bachiller Cristóbal Pérez de Herrera, que había sido en el pasado médico jefe de las galeras del rey, publicaba sus «Discursos para la protección de los verdaderos pobres, la eliminación de los simuladores, la fundación y el refugio de los pobres». Esta publicación señala un momento crucial del apasionado debate, y a decir verdad esencial, que la España del Siglo de Oro mantenía desde los años veinte del siglo XVI. En efecto, debido a múltiples razones, cuyo examen propondré a continuación, el año 1598 significa claramente un cambio de perspectiva. ¿Permanecerá España fiel, como único país en Occidente, a la concepción medieval de la pobreza y al tratamiento que ello implica? O bien, ¿adoptará la actitud del estado moderno, que coincide también con la del planteamiento «burgués» y que implica, al mismo tiempo, la limitación estricta y una cierta «rentabilización» de la pobreza cuya administración será entonces secularizada o, si se prefiere, laicizada? [1]

1. Mis trabajos personales de investigación, en la época de mi tesis sobre Valladolid (1967), me han hecho permanecer muy atento a esta cuestión. Pero no puedo ocultar mi deuda respecto de Michel Cavillac, autor de una apasionante y riquísima introducción de casi 200 páginas a la obra de Cristóbal Pérez de Herrera en la colección «Clásicos castellanos».

El humanista valenciano Juan Luis Vives instalado en Brujas había iniciado este debate al publicar su obra *De subventione pauperum* («Del socorro de los pobres»), dedicada a los cónsules y al senado de Brujas en 1526. En su libro Vives no actúa como un teórico revolucionario. Daba forma y ordenaba en conceptos las reformas ya imaginadas y aplicadas en Nuremberg en 1522, en Estrasburgo en 1523, en Ypres en 1525, que las ciudades flamencas generalizarían en breve adoptando como modelo el reglamento de Ypres sancionado por un edicto de Carlos V y que Inglaterra acabaría adoptando también imponiéndole un acento más represivo mediante una larga serie de «leyes de los pobres». Utilizando la fórmula feliz de Michel Cavillac las ciudades flamencas substituían «el derecho tradicional del mendigo a la limosna por el derecho del pobre al trabajo; actitud que suponía la intervención del Estado en un dominio reservado hasta entonces a la Iglesia».

Una transformación semejante de la asistencia suponía, en efecto, una visión nueva de la pobreza. En la Edad Media ésta no era apreciada en términos económicos, sino de acuerdo con una ética justificada por no pocos episodios del Nuevo Testamento. ¿No era acaso el pobre el auténtico rico, el que gozaba de los tesoros espirituales, aquel para quien los bienes de este mundo no establecían ninguna pantalla entre la criatura y su creador? Lejos de representar una plaga social, la pobreza equivalía a una gracia divina; además, era necesaria para que pudiera ofrecer a todos los hombres la oportunidad de la salvación: a través de la práctica de la caridad, el rico, a pesar del riesgo espiritual que entraña su condición, podía salvarse.

Michel Cavillac observa justamente que esta «dialéctica del pobre y del rico ... domina toda la literatura cristiana desde los Padres de la Iglesia (san Cipriano, san Ambrosio, san Juan Crisóstomo, san Agustín) hasta los teólogos de la Contrarreforma: sólo la fe *acompañada de obras* salva. Esta indicación es capital. Las obras son el ejercicio de la caridad; en la sociedad moderna la caridad necesita la pobreza. En ese sentido la visión medieval de la pobreza permanece actual en el tiempo de la Contrarreforma, cuya fuerza dominante, cuyo principal vector fue España, al menos hasta 1620, lo que demasiados historiadores franceses, incluso entre los mejores, olvidan con excesiva frecuncia.

El mismo Michel Cavillac considera esta dialéctica del pobre y del rico como «socialmente conservadora y moralmente tranquilizadora para las clases acomodadas». En una primera consideración tiene razón: es evidente que la necesidad de la pobreza como un itinerario de salvación, tanto para el pobre como para el rico, consolidaba, justificaba el orden social existente fundado sobre la desigualdad. Pero no conozco ningún orden social vivido, aunque haya nacido de una revolución con pretensiones igualitarias, que no se haya constituido sobre la desigualdad o que no haya instituido una nueva desigualdad. De manera que resultaría más operativo para los historiadores —y lo hacen muy pocas veces— admitir de una vez para siempre que la dialéctica del pobre y del rico es común a todas las sociedades del pasado y sigue siendo un instrumento indispensable para el análisis de estas sociedades. Quiero con ello resaltar que esta dialéctica está inscrita en una perspectiva más amplia, la de la historia de los hombres desde sus orígenes hasta nuestros días, aunque algunas coyunturas le añadan un suplemento de importancia.

Pero la Iglesia medieval no consideraba solamente la pobreza como una realidad a la vez histórica y providencial; la proclamaba como una elección posible de los hombres. No obstante, la expresión de Iglesia medieval resulta demasiado restrictiva. En la Iglesia española del Siglo de Oro, muchos teólogos defienden esta tesis con convicción, como Domingo de Soto, y Lorenzo de Villavicencio. Otros religiosos, sin embargo, tienen una opinión diferente, sea que se inspiren en el programa reformador de Vives, sea que sufran la influencia de sus conciudadanos comprometidos en la vida profesional.

Efectivamente, en las ciudades manufactureras como Segovia, Ávila, Cuenca o Toledo, en plena expansión durante la primera mitad del siglo XVI, y en las grandes metrópolis comerciales, como Sevilla o Burgos, la mano de obra escaseaba y el nivel de los salarios alcanzaba al de los precios, o incluso lo superaba como el caso de Valladolid entre 1550 y 1560. Hasta tal punto que los empresarios, cuyos precios de costo aumentaban, se quejaban de los ociosos y los mendigos válidos, a los que, por añadidura, debían alimentar en nombre de la caridad, y así el malhumor de las clases urbanas dominantes se expresaba frecuentemente en las cortes.

Parecía evidente, en efecto, que si se reducía a los ociosos a la condición de asalariados se acrecentaría la disponibilidad de mano de obra, circunstancia favorable para el descenso de los salarios, al tiempo que se limitaría la carga de la asistencia. Esto era exactamente lo que se había hecho en Flandes, y especialmente en ciudades como Ypres, cuando se produjo el auge de la «nueva pañería», industria de carácter capitalista que realizaba espléndidos beneficios gracias al empleo de proletarios poco cualificados y mal pagados. Existía, pues, una coincidencia entre el desarrollo capitalista y la reforma de la beneficiencia o las veleidades de reforma. En este sentido, Michel Cavillac, a cuya hipótesis sobre el debilitamiento económico de Castilla y el empobrecimiento de las clases populares, que él cree son demasiado precoces, me opongo con toda energía, tiene en cambio razón cuando muestra como un teólogo (o quizá mejor como un maestro espiritual) cómo Alejo de Venegas ha recibido la influencia del medio manufacturero toledano (también él era toledano), cuando en su *Agonía del tránsito de la muerte* (1537) acusa a los pobres «que podrían trabajar o servir» de pereza y de robo a expensas de los pobres «auténticos» que no pueden trabajar a causa de algún impedimento natural o por enfermedad.

Hacia 1540, la hostilidad contra los pobres ociosos se había extendido tanto que se adoptaron unas medidas legislativas contra ellos. En un primer tiempo, emanaron de los municipios: Valladolid, Salamanca, Zamora, por ejemplo, dictaron unas ordenanzas que limitaban la asistencia a los pobres de la localidad y pretendían reglamentar la mendicidad. En ese mismo año de 1540, Carlos V promulgó una ley orientada a proscribir la mendicidad en las calles y a asegurar el mantenimiento de los pobres mediante las atenciones de un hospital general donde los individuos válidos serían sometidos a un trabajo obligatorio. Esto significa la aplicación en Castilla del sistema flamenco. En este contexto el dominico Domingo de Soto publicó su *Deliberación sobre la causa*

de los pobres (enero 1545), defensa apasionada del derecho de
los pobres a disponer de sí mismos, que rechazaba toda reglamentación de la mendicidad y conservaba a la beneficiencia su
carácter individual. Soto combatía incluso la pretensión de dis-
tinguir entre los verdaderos pobres y los falsos, empresa que juzgaba simultáneamente impracticable y peligrosa. Es seguro que
se preocupaba muy poco por la utilidad del trabajo. Michel Cavillac tiene razón cuando subraya la inspiración aristocrática del
pensamiento de Soto que defendía, por ejemplo, el derecho de
los hidalgos arruinados a vivir en la pobreza antes que a reba-
jarse a desempeñar unos oficios «viles y laboriosos». Sin lugar
a dudas, Domingo de Soto encarna «la corriente tradicional del
ideal de pobreza». Yo no creo, sin embargo, y ya me extenderé
en la explicación, que este ideal se haya limitado al uso de una
sociedad cristiana con predominio aristocrático.

En todo caso, a Domingo de Soto le surgió inmediatamente
un oponente de talento en la persona de un benedictino, fray
Juan de Robles, alias Juan de Medina, quien, en el mes de marzo
de 1545, publicaba, por el mismo editor salmantino que había publicado la obra de Soto, su *De la ordenación que se ha instaura-
do en las limosnas para socorrer a los verdaderos pobres en algunas ciudades de España*. El autor había participado en la preparación de las ordenanzas promulgadas en Zamora y sabía de
qué hablaba. Por otra parte, pretendía fundarse en la observación
de los hechos y no sobre los principios y oponía el pragmatismo
empírico a la teoría.

Opinaba, por ejemplo, que era indispensable establecer una
discriminación entre los pobres auténticos y simulados. La pobreza quedaba desconsiderada desde el momento en que la mendicidad se convertía en un oficio como otro cualquiera y los «va-
gos viciosos» que mendigaban arrebataban una parte de la limosna a los verdaderamente necesitados. Fray Juan de Robles
recomendaba la secularización de la beneficencia, para la que llegaba a imaginar un consejo de administración formado por personas periódicamente elegidas y preconizaba la ayuda a los pobres a domicilio sin necesidad de reclusión. Proyectaba la desaparición a plazo fijo de la mendicidad mediante la eliminación de

sus causas y simultáneamente la de los estafadores de la caridad «que no se confesaban, ni comulgaban, ni oían misa».

A pesar de la hábil defensa de Juan de Robles, la ordenanza de 1540 cayó poco a poco en desuso, la mendicidad continuó prosperando y la ayuda a los pobres continuó dependiendo, como en el pasado, de la caridad individual que, se ha de comprender con claridad —y trataré luego de demostrarlo—, provocó el nacimiento de numerosas instituciones frecuentemente administradas por eclesiásticos. En 1565, la ordenanza del 7 de agosto, seguramente influida por el memorial de Luis Ortiz, reconocía el fracaso de la ley de 1540 y se presentaba como una «nueva reglamentación para la recogida de los pobres y el socorro de los verdaderos». Se fundaba en un censo parroquial de los necesitados que no podían trabajar (ciegos, tullidos, enfermos y ancianos) y que recibirían un certificado de mendicidad; los estudiantes y los monjes de las órdenes mendicantes eran autorizados igualmente a pedir limosnas mientras que los mendigos válidos eran amenazados con duras penas. Pero estas amenazas eran ineficaces ya que no originaban más que unos excesos represivos, limitados en el tiempo.

Para comprender la situación debemos evitar todo catastrofismo y todas las interpretaciones que tienden a anticipar la decadencia. No se han de confundir las crisis cíclicas, debidas a malas cosechas o a accidentes políticos o monetarios, que provocan cada vez, como es natural, estallidos de pauperismo y mendicidad, con la decadencia, proceso de larga duración y de signo negativo casi constante.

España conoció en el siglo XVI crisis de subsistencia acompañadas de epidemias: en 1504-1506, en 1527-1530, en 1540-1541, en 1557-1558 y en 1575-1577.

Veamos el ejemplo de Valladolid durante esta última crisis: en estos años duros, la masa de parados, agravada por la llegada de los moriscos deportados del reino de Granada, se añade a los pobres y a los mendigos habituales. Si hemos de creer a los párrocos de algunas parroquias, la mitad de sus feligreses o más está constituida entonces por pobres : de 70 a 80 de 150 en San Julián, más de 200 de 400 en San Nicolás, 300 sobre un poco más de 400 en San Andrés y más de la mitad de los 500 de La Antigua. En la parroquia de San Andrés, 100 familias de miserables viven de hierbas y de cardos; en la de San Juan, 40 de las 270 familias no tienen estrictamente nada para comer y otras 50 se encuentran en la más extremada pobreza. En estas condiciones, la ciudad que, normalmente, acoge con bastante liberalidad a los pobres forasteros, los rechaza ahora, para reservar el esfuerzo de asistencia a «sus» pobres. En abril de 1575, el municipio pide a los párrocos que redacten las listas de los pobres de sus parroquias, originarios de Valladolid o que residan habitualmente en la ciudad, para poder expulsar a los demás y en julio se decide expulsar de la ciudad a una parte de los pobres «por razones de higiene»; el 5 de marzo de 1577 se prohíbe a los pobres mendigar, excepto a los que disponen de una licencia especial, y se les orienta hacia los hospitales. Ahora bien, en modo alguno se trata de una crisis definitiva. La misma ciudad conocerá doce años brillantes de 1578 a 1590.

De hecho, una situación semejante carece de originalidad. Los demás países conocen las mismas crisis, con algunas diferencias cronológicas. Sobre todo, en el caso de España, no puede hablarse de un despoblamiento de las zonas campesinas a comienzos del siglo XVI, cuando todas las monografías demuestran el impulso demográfico de las regiones rurales, al menos hasta 1560 y frecuentemente hasta 1580-1590, incluso hasta más lejos. Igualmente es completamente inexacto considerar la iniciación de un empobrecimiento *duradero* de las clases populares en la década de 1521-1530. Por el contrario, hasta los años 1570, se asiste a un enriquecimiento general.

La ociosidad no equivale al paro y la mendicidad no es exactamente proporcional a la carencia de ofertas de empleo. Porque la oferta de trabajo existe y por ello España es entonces, como ya lo he subrayado, «un país de trabajadores inmigrados». O dicho de otra manera, no se ha de subestimar la parte de la observación *realista* en la teoría de Domingo de Soto. La pobreza (y su corolario posible, la mendicidad) podía ser una elección. No obstante, la proporción de pobres no aumentaba de manera notable, salvo en período de crisis. Una proporción del 10 al 15 por 100 de pobres «estructurales» en el seno de la población sedentaria parece haber sido el porcentaje modal, tanto en la ciudad como en las zonas rurales hasta los años setenta, y el censo de 1561 representa un instrumento válido de medida, confirmado por las comprobaciones periódicas. Un censo correcto realizado en el pueblo de Mojados, situado entre Segovia y Valladolid, arroja en 1567 un 13,5 por 100 de pobres. En Tudela de Duero, un poco más al norte, de acuerdo con el reparto del impuesto de la alcabala, habría un 14,8 por 100 de pobres.

Muchos de estos pobres residentes eran personas solas, especialmente viudas, de manera que el porcentaje de pobres respecto de la población total estaba sobrevalorado.[2] Es preciso tener en cuenta, sin embargo, a un número importante de vagabundos y de miserables no registrados por los censos, así como a regiones o aglomeraciones en las que la proporción de pobres era mucho más elevada, por ejemplo en las ciudades de Extremadura como Cáceres y Trujillo, donde, a mediados del siglo XVI, oscilaba entre el 26 y el 45 por 100. En total habría seguramente de un 10 a un 15 por 100 de personas que estuviesen completamente a cargo de la población. No representaba un peso intolerable.

Disponemos, por otra parte, de un documento excepcional que ha sido descubierto por Agustín Redondo en los archivos municipales de Toledo, una de las ciudades más importantes del Siglo de Oro. Se trata del *Libro de los pobres de Toledo*. Sucedió, en efecto, que en dos ocasiones, en 1546, luego en 1558, años que corresponden a dos períodos de crisis y de hambre, el ayuntamiento toledano ordenó se realizase en cada parroquia un censo de todos los pobres «vergonzantes», hombres, mujeres y niños, de manera que se pudiese organizar las ayudas a domicilio, al mismo tiempo que se confeccionaba un registro de los pobres mendigos y se hizo un llamamiento para que las personas ricas o acomodadas acogiesen en sus casas a estos mendigos y se encargasen provisionalmente de su mantenimiento.

El censo de 1546, realizado parroquia por parroquia, registró 10.819 pobres «vergonzantes» y 351 mendigos, es decir, 11.170

---

2. Recordemos que los censos se hacían por «fuegos» (hogares) y no por individuos.

pobres. El de 1558, 11.105 pobres, sin establecer ninguna diferenciación. Como vemos, las dos cifras se encuentran muy próximas una de la otra y la comparación de las dos relaciones demuestra que la segunda no fue copiada en modo alguno de la primera, porque se observan diferencias importantes, en más o en menos, en varias parroquias. La existencia del censo por hogares de toda la población, correspondiente al año 1561, cercano al 1558, permite calcular la proporción de pobres respecto de la población total: el 19,7 por 100 en 1558. Pero, repito, se trata en los dos casos de años desastrosos. El hecho de que los pobres «avergonzados» sean particularmente numerosos en las parroquias del este, habitadas por los trabajadores del textil y del cuero —San Miguel, San Justo, San Cipriano, San Bartolomé, San Lorenzo— subraya la responsabilidad de la crisis en esta agravación conyuntural del pauperismo cuyo porcentaje ordinario no debía alcanzar el 15 por 100 en Toledo antes de los años noventa del siglo XVI.

LA AGRAVACIÓN DEL PAUPERISMO Y EL PLAN DE CRISTÓBAL DE HERRERA

Por importante que haya sido, la crisis de los años 1575-1577 no puede, pues, considerarse en sí misma como el giro decisivo. A pesar «del aumento de la presión fiscal» señalado por el fuerte incremento de las alcabalas, los años 1578-1590 son buenos en muchas regiones. Corresponden al apogeo de Segovia y a la prosperidad reencontrada de Valladolid, y las encuestas de los años 1579-1584 son reveladoras respecto de la buena salud de la economía y de la demografía tanto en Castilla como en Galicia, en el país valenciano o en Andalucía. Por el contrario, después de estos doce años de recuperación y a veces de prosperidad, la última década del siglo acumula las cosechas desastrosas, las epidemias y las catástrofes de todo tipo. Los capítulos precedentes me han permitido multiplicar las indicaciones sobre este tema, por lo que considero ocioso insistir más; pero lo cierto es que se asiste sin ningún género de dudas durante esta década a una inflación espectacular del pauperismo. Insisto sobre el adjetivo espectacular porque este incremento origina fenómenos sensibles, visibles y a veces impresionantes.

Por ejemplo, desde las provincias cantábricas, que no han conocido todavía la revolución del maíz, una oleada de indigentes se extiende por la meseta castellana, se desliza hasta Madrid, incluso hasta Sevilla. A partir de diciembre de 1596, la peste ha acelerado el éxodo y provocado fenómenos de pánico. En las ciudades, la miseria suscita un rápido aumento de la prostitución femenina: entre 1592 y 1598, los diputados de las Cortes de Castilla señalan continuamente la afluencia a tabernas y tugurios, en especial en Madrid, Sevilla, Toledo y Valladolid, de mujeres que se prostituyen y cometen toda clase de hurtos. En la misma época, el número de niños «expósitos», abandonados en las calles o en las puertas de las iglesias no cesa de aumentar. En Salamanca, donde el promedio anual era de 30 antes de 1590, el número de estos niños se eleva a 75 en 1592; más tarde, en 1595, a 102. En Valladolid, el promedio anual de los niños abandonados en la colegiata es de 110 de 1592 a 1599, con una tendencia al alza, y había en la ciudad otros lugares de «exposición», en particular en la parroquia de San Llorente.

Igualmente, cuando disponemos de posibilidades de comparación el aumento general del pauperismo es indudable. En 1557 (un mal año, sin embargo), el porcentaje de pobres en Cáceres era exactamente del 25,7 por 100; ahora bien, en 1597 alcanza el 45 por 100... Este año de 1597 presenta la multiplicación de las tentativas para limitar el número de los pobres organizando la persecución de los mendigos capaces. El nuevo «asistente» de Sevilla, el enérgico conde de Puñonrostro, convoca el 29 de abril de 1597, en el hospital de Sangre, a todos los mendigos de la ciudad; consigue reunir a unos 2.000, hombres y mujeres, entre los cuales se encuentran tanto individuos con buena salud como enfermos, ancianos o impedidos. Es probable que muchos mendigos perfectamente aptos se hubieran eclipsado provisionalmente; de hecho, los que no obtuvieron una licencia para mendigar o no fueron enviados a los hospitales recibieron la orden de encontrar un trabajo al cabo de tres días bajo pena de flagelación y de expulsión. En Valladolid, el 29 de octubre de 1597, se comunica mediante los pregoneros públicos una convocatoria idéntica ante la casa del corregidor, y a consecuencia de esta concentración, cuya importancia ignoramos, 310 desgraciados recibieron un certificado de autorización para mendigar.

Además, y a pesar de los resurgimientos de prosperidad que producen en unos u otros lugares una disminución apreciable, la situación creada en la última década del siglo es estructural, es decir, queda instalada. Retengamos como referencia cuantitativa el número de los niños «expósitos».

Poseemos dos series continuas, la de la cofradía de San José de Valladolid a partir de 1606 y la de la Casa Cuna de Sevilla, ciudad todavía próspera sin embargo, a partir de 1613. A pesar de la caída brutal de la población de Valladolid tras la marcha de la corte, es decir, precisamente después de 1606, el número de niños «expósitos» no disminuye. El promedio anual era de 110,5 de 1592 a 1599; es de 123 de 1607 a 1616; de 120,3 de 1617 a 1626, y todavía de 103,8 de 1627 a 1636, cuando la población de la ciudad ha descendido en un 50 por 100 desde 1606. En Sevilla, de 1613 a 1620, el promedio es de 231, cifra ya muy elevada. Ahora bien, de 1621 a 1630 aún aumenta más, alcanzando 251,1. Disminuye ligeramente a lo largo de la década siguiente pero se mantiene en 239. En una palabra, de 1613 a 1640 no encontramos más que cuatro años en los que el número de «expósitos» descienda por debajo de los 200 (mínimo de 177 en 1631) mientras que en varias ocasiones supera los 250 (máximo de 293 en 1629).

El plan del bachiller Pérez de Herrera se sitúa en este contexto. Había tenido predecesores. Un canónigo catalán, Miguel Giginta, de Elna, publicó entre 1579 y 1587 varios libros dedicados a la solución del pauperismo. Sin duda alguna, la crisis de 1575-1577 había inspirado su actividad: desde el *Traité du secours des pauvres* (Coimbra, 1579), a la *Atalaya de la caridad* (Zaragoza, 1587) pasando por la *Exhortación a la compasión hacia los pobres* (Barcelona, 1583) y por la *Chaîne d'Or* (Perpiñán, 1584), Giginta desarrollaba una argumentación simple pero cuyas premisas eran dudosas; si los pobres mendigaban, afirmaba, se debía a que carecían de otros medios para asegurar su subsistencia. Por consiguiente, era suficiente procurársela en unos establecimientos creados con esta finalidad y el canónigo proponía la creación en cada ciudad importante de *casas de misericordia* que fuesen al mismo tiempo centros de formación profesional y de producción industrial.

De hecho, entre 1575 y 1586, se fundaron algunos establecimientos de este género, sin duda bajo el efecto del impacto provocado por la crisis precedente: en Toledo, donde, en 1580, la nueva casa acoge a 600 mendigos, en Madrid, Granada y Barcelona, donde le Consejo de Ciento se hizo cargo por sí mismo de la dirección del proyecto. En 1585, el severo flamenco Henry Cock alabó en gran medida la gestión del establecimiento catalán «fundado para toda clase de pobres». En consecuencia, el bachiller Pérez de Herrera pudo inspirarse, a la vez, en Luis Vives y en Miguel Giginta, aunque este hombre de acción que había recorrido la península, tenía una experiencia personal de la miseria, de sus causas y de sus efectos. La gran originalidad de su proyecto, cuya filiación mercantilista es obvia, consistía, como lo ha demostrado Michel Cavillac, en proponer una solución global al problema. Cristóbal Pérez de Herrera es un excelente intérprete del discurso «burgués», para quien el relanzamiento económico de España sigue siendo posible.

¿En qué consistía este proyecto? Comenzaba por el establecimiento simultáneo en las cincuenta principales aglomeraciones urbanas de España de casas de pobres o albergues en los que, en todos los lugares y en el mismo día, a la misma hora, los pobres que mendigaban en las calles y en los caminos deberían presentarse para ser inscritos en un registro. Estos pobres serían examinados por una comisión de cuatro personas, entre las cuales tendría que haber obligatoriamente un médico o un cirujano. Toda persona que fuese reconocida como «pobre legítimo» (anciano, impedido, niño huérfano, etc.) recibiría un distintivo con el escudo de la ciudad y una imagen de Nuestra Señora y un certificado personal renovable cada año autorizándole el ejercicio de la mendicidad en el territorio municipal. No consistía, pues, ni en un internamiento ni en una prohibición de la mendicidad: la libertad física de los pobres y las oportunidades para la caridad individual quedaban salvaguardadas, pero en un marco territorial estricto y bajo un control periódico.

La segunda parte del proyecto suponía la obligación del trabajo para los mendigos capaces. El objetivo no podía alcanzarse más que a largo plazo, pero el control anual en los albergues y la represión regular ejercida sobre los mendigos incapaces de exhibir su certificado deberían producir una disuasión progresiva. Ello exigiría la creación de alguaciles dedicados a la vigilancia de los vagabundos, una especie de policía de los pobres que ya había sido reclamada en julio de 1593 por el diputado Ginés de Rocamola en las cortes.

La tercera dimensión del plan se refería a la represión de la prostitución femenina, cuya práctica se traducía en una proliferación de las enfermedades venéreas: se preveían unas «casas de trabajo» en las grandes ciudades para recluir en ellas a las prostitutas, a las que se debía facilitar diversos trabajos remunerados bajo la dirección de una mujer «honorable». Finalmente, el cuarto aspecto del plan establecía la previsión de la acogida y educación de los niños «expósitos», a los que se facilitaría una enseñanza fundada en las ciencias y en especial en las matemáticas: Pérez de Herrera llegó a prever incluso la creación, en cuatro ciudades bien provistas de instituciones universitarias (Madrid, Valladolid, Salamanca y Sevilla), de «seminarios» para los niños más capacitados, a los que se intentaría convertir en ingenieros, arquitectos o artilleros.

Para la aprobación y la iniciación de un proyecto tan completo, tan ambicioso, el bachiller podía contar con el apoyo del presidente del Consejo de Castilla, Rodrigo Vázquez de Arce, y con el atento interés de Felipe II. Eran unas bazas considerables. Pero la muerte de Felipe II arruinó las posibilidades de éxito del proyecto: el acceso al poder de un valido como el duque de Lerma, encarnación y expresión de la reacción nobiliaria menos ilustrada, significaba el abandono de todas las reformas «progresistas», portadoras de valores burgueses, cuyos exponentes más notables, a caballo entre los dos siglos, eran precisamente Pérez de Herrera o González de Cellorigo. Únicamente las medidas más represivas, las menos constructivas del proyecto recibieron un comienzo de aplicación: se abrieron algunas casas de reclusión para las prostitutas, entre las cuales la de Madrid, a partir de

1606, dirigida por la inflexible Magdalena de San Jerónimo y estas casas recibieron la denominación significativa de «galeras», con profundo descontento de Cristóbal Pérez de Herrera.

El fracaso final del reformador fue duradero. Hasta la época de la «Ilustración» no se emprenderá ninguna otra tentativa de cierta ambición y amplitud para controlar el pauperismo, organizar y limitar la carga de la asistencia y aumentar la mano de obra disponible. El debate y el fracaso son igualmente significativos: son el testimonio de la coexistencia en España de dos mentalidades antagónicas, una orientada hacia la transformación del país a través de la organización y el trabajo, la otra tendente simultáneamente a la preservación del orden social y al ejercicio anárquico de las pulsiones individuales. La que se impuso, calificada como mentalidad señorial, fue la segunda.

Guardémonos, sin embargo, de las simplificaciones. Estoy de acuerdo en que la defensa del ideal tradicional de pobreza es «socialmente conservador» y que la reforma de la beneficencia es favorable a un progreso de la producción y al enriquecimiento general. Pero, como ya lo he sugerido, la reforma de la beneficencia perseguía también el objetivo de poner a disposición de los empresarios una mano de obra más abundante, en consecuencia menos cara, en un momento en que los salarios españoles se situaban entre los más elevados de Europa; por otra parte, la pobreza y la mendicidad no correspondían obligatoriamente a una carencia de trabajo, ni tampoco a un estado determinado de la sociedad. Desde hace veinte años, todos nosotros hemos podido tropezar en cualquier lugar del mundo con hombres o mujeres que recorren los caminos, hippies o nuevos anacoretas, que han hecho la misma elección, sin que haya sido el resultado de la palabra evangélica. Si bien es cierto que el trabajo puede enriquecer, también lo es que puede ser vivido como una maldición, como la negación de la libertad.

La asistencia o la parte de los pobres

De esta manera la asistencia siguió dependiendo esencialmente de la caridad privada. Pero ésta no desfallece, antes al contrario, se anima, cobra nuevos impulsos, hasta tal punto sigue siendo vigoroso el ideal tradicional que presenta al pobre como el intercesor privilegiado entre el creador y sus criaturas, como el que abre las puertas del reino. No resulta exagerado pretender que una parte considerable de la riqueza de la España del Siglo de Oro fue redistribuida a los pobres a través de una multitud de donaciones, legados y fundaciones, cuyo catálogo impresionante ha sido establecido por María Jiménez Salas, aunque ignoremos en la mayoría de los casos el funcionamiento de estas fundaciones.

Los españoles de aquella época se acordaban de los pobres sobre todo en la hora de la muerte. Para ser conducidos a su última morada por una escolta de pobres —seis, ocho o doce, hasta veinticuatro como en el caso del rico mercader de Valladolid Pedro Hernández de Portillo (doce hombres, doce mujeres)—, reservan una suma que permite distribuirles algunos maravedís o incluso un real y con frecuencia que puedan vestirse enteramente de nuevo.

Casi todas las personas que disponían de tiempo para redactar o dictar su testamento —caballeros, letrados, mercaderes, artesanos, labradores— destinaban unos legados a las instituciones que tenían a su cargo a los ancianos, los enfermos, los miserables, los niños abandonados. En consecuencia, todos los hospitales o casas de misericordia recibían periódicamente el producto de estos legados, generalmente modestos (algunos maravedís), a veces considerables, hasta llegar a varios centenares de reales, e incluso más. Finalmente, algunos ricos, nobles, eclesiásticos y comerciantes, legaron verdaderas fortunas en forma de fundaciones de hospitales, cofradías o rentas destinadas a la distribución periódica de ayudas en dinero o en especies, o bien para la creación de dotes en favor de huérfanas pobres, por ejemplo.

Disponemos de innumerables ejemplos. El importante comerciante de Medina del Campo, Simón Ruiz, muerto en 1597, había decidido en 1591 fundar en su ciudad un hospital general de grandes dimensiones (podía albergar a varios centenares de pobres o de enfermos) que fue terminado después de su muerte y cuya construcción costó un total de 56.200 ducados, es decir, casi la sexta parte de la importante fortuna del hombre de negocios de Medina. Otro comerciante, Diego de Yeguas, sevillano, dejó 50.000 ducados a diversas instituciones caritativas, aunque Juan de la Barrera, también sevillano, hizo mucho más porque legó una suma de 200.000 ducados a los organismos sevillanos de asistencia.

El libro de María Jiménez de Salas nos ofrece un muestrario casi inagotable de dotaciones más modestas. Entre 1550 y 1650, encontramos, por ejemplo, abundantes fundaciones destinadas a la creación de dotes matrimoniales para las muchachas virtuosas y pobres o huérfanas. La autora ha contabilizado 180 fundaciones de este género solamente en Navarra. Frecuentemente, los creadores de estas fundaciones deseaban que los beneficiarios fuesen escogidos en su parroquia. Por ello aparecen en la relación muchas parroquias urbanas: San Nicolás en Valencia, Santa María la Blanca y San Esteban en Burgos... Aunque también aparecen parroquias rurales, Usúrbil en Guipúzcoa, Calzadilla en Extremadura. El párroco de una pequeña parroquia de la provincia catalana de Gerona, Juan Posa, establece en 1640 una renta que permite ofrecer cada año una dote a una muchacha del hospital de los «expósitos» de Santa Cruz, a una muchacha de la casa de misericordia y a otras dos de la casa de huérfanos, tres instituciones de Barcelona.

Estas fundaciones estaban previstas para que durasen largo tiempo: por ejemplo, el vallisoletano Cristóbal de Ocampo dejó en 1589 un capital de 2.500 ducados que producían una renta anual de poco más de 141 ducados, con el fin de dotar a dos jóvenes huérfanas o muy pobres de la parroquia de San Miguel. Cada año, las elegidas disponían del importe de un año entero para casarse y la fundación funcionaba todavía en 1808, doscientos dieciocho años más tarde... Por mi parte, yo mismo he encontrado en Valladolid, referidos al siglo XVI, muchos otros casos de este tipo. Solamente la cofradía de Santa María de la Misericordia dotaba cada año a 20 huérfanas, de manera que en

Valladolid 40 muchachas aproximadamente se beneficiaban cada año con esta ayuda, número realmente destacable, ya que el de matrimonios celebrados en esta ciudad era de unos 360 al año.

Naturalmente, podríamos presentar una muestra del mismo género referida a las ayudas a los labradores, previendo especialmente la creación de pósitos destinados a suministrar el trigo necesario en temporada deficiente: por ejemplo, en Tordemar (Burgos), Béjar de la Frontera (Cádiz), Trigueros (Huelva), Villasandino y el valle de Valdivieso (Burgos); o también una muestra de las fundaciones destinadas a los estudiantes pobres, de instituciones pensadas para la distribución semanal e incluso diaria de alimentos. Durante cuatro siglos la cartuja de Santa María de las Cuevas de Sevilla distribuyó a 80 pobres una sopa, una ración de pescado y una ración de vino diarios, mientras que en Málaga un donante previsor estipulaba que su fundación, creada para dotar a las huérfanas pobres, dedicaría sus rentas a la distribución de alimentos en año de penuria, lo que resulta un magnífico ejemplo de adaptación a la coyuntura.

No hemos de imaginar, sin embargo, que la caridad de los españoles del Siglo de Oro se manifestaba solamente en el artículo de la muerte. Algunos le dedicaban la mayor parte de su vida. Don Miguel Mañara, considerado a veces como el modelo de Don Juan, reanimó la famosa cofradía de la Caridad de Sevilla, en la que agrupó a una gran parte de la alta nobleza y de la más rica burguesía, y dedicó casi toda su actividad al socorro de los pobres de la metrópoli andaluza. Se ha podido valorar en un millón de ducados las sumas que gastó hasta su muerte, ocurrida en 1679, en nombre de la cofradía, pero también consumió en esta cantidad su propia fortuna personal. El santo arzobispo de Valencia, Tomás de Villanueva, había desarrollado un siglo antes una actividad comparable en su ciudad: socorría diariamente a 500 pobres en el palacio episcopal y dedicaba cada año aproximadamente 10.000 ducados, de los 18.000 de su renta, sin hablar de los 2.000 que consagraba a las escuelas destinadas a los hijos de los moriscos.

No obstante, la forma más habitual de la actividad caritativa era la participación en una cofradía de asistencia, bien tuviera ésta una base parroquial o una vocación precisa (niños abando-

nados, huérfanos, pobres, enfermos o impedidos, etc.). El propio
Cristóbal Pérez de Herrera participó, probablemente en compañía de su amigo el escritor Mateo Alemán, en la actividad de la
cofradía de la parroquia madrileña de San Martín, fundada en
1594 y a la que perteneció en los años 1595-1598. La cofradía
incluía 84 personas, 12 religiosos y 72 laicos; estaba dirigida por
un «padre de los pobres» elegido cada año y otras cuatro personas; la parroquia estaba dividida en cinco barrios, cuya carga
asumían los cofrades durante una semana, de dos en dos y por
rotación. Éstos indicaban los casos urgentes, advertían al médico
en caso de enfermedad y el domingo efectuaban la colecta de las
limosnas, que eran depositadas en el domicilio del tesorero. El
año de su fundación, la cofradía distribuyó 18.000 raciones alimenticias y se ocupó de los cuidados de 670 enfermos. Una cofradía de este tipo se ocupaba de todos los casos sociales de la
parroquia. En cambio, la cofradía de San José de Valladolid o la
de la Casa Cuna de Sevilla, que ya hemos citado, se ocupaban
exclusivamente de los niños expósitos, al igual que la cofradía de
Nuestra Señora de la Soledad en Madrid. Otras tenían a su cargo
un hospital, la asistencia a los encarcelados (como la cofradía de
Nuestra Señora de la Visitación de Sevilla, fundada en 1585 por
un juez de la Audiencia); otras se interesaban por las mujeres
arrepentidas, por la redención de cautivos, por la educación de
los huérfanos, por la sepultura cristiana de los difuntos pobres,
por los ciegos o por los sordomudos.

Las sumas destinadas de esta manera para las necesidades de
la caridad eran enormes. Pero en numerosos casos la gestión era
deficiente y las rentas de muchos hospitales eran consumidas casi
totalmente por el personal asalariado de estos establecimientos,
que no se encontraban ya en condiciones de garantizar sus cuidados más que a un reducido número de pobres o de enfermos. El
respeto de las instituciones producía el parasitismo y traicionaba
las voluntades de los fundadores. El Siglo de las Luces tomará
buena nota de ello: en numerosas ciudades se crearán unos «hospitales generales» que reagruparán a las antiguas instituciones con
el fin de conseguir una mayor eficacia. Éste sería el desquite de
«la racionalidad burguesa».

LAS EXACCIONES DE LOS PÍCAROS

Edmond Cros y Michel Cavillac han atraído la atención sobre la publicación simultánea del *Amparo de Pobres* de Cristóbal Pérez de Herrera y del *Guzmán de Alfarache* de Mateo Alemán en 1598. La amistad de los dos hombres, su común participación en la cofradía caritativa de la parroquia madrileña de San Martín, refuerzan la relación. La simultaneidad de las publicaciones no es una coincidencia.

Uno de los argumentos más convincentes de Pérez de Herrera para promover su reforma era la relación que él establecía entre la simulación de la invalidez y la delincuencia. El letrado salmantino demostraba que el lado oscuro del rechazo del trabajo era la criminalidad, aunque la vertiente luminosa fuese el ideal evangélico de pobreza. Mientras unos esperaban la subsistencia de la caridad de sus semejantes sin hacerles violencia, otros se la arrebataban por la mentira o por la fuerza. Por ello, en su primer discurso, Pérez de Herrera multiplicaba los casos que había conocido directa o indirectamente y que ilustraban su tesis: una madre de Madrid suplicaba a su marido que no cegara a su tercer hijo pasándole un hierro al rojo vivo por los ojos tal como había hecho ya con los dos hijos mayores, dos guapos niños a los que los padres arrastraban de casa en casa para conmover a las gentes y provocar sus limosnas. Siguen una serie de historias de mendigos, que tienen por marco Alcalá, Écija o Madrid, y otros tantos casos de hábiles embaucadores que hacían creer en horribles heridas, en la pérdida de un brazo o en la paralización de una pierna; más pérfidos eran todavía «los que fingían ser pobres sin serlo y perpetraban numerosos robos en las casas o en los caminos». Estos últimos aprovechan su paso por los domicilios en busca de óbolos para estudiar el lugar con el fin de volver a organizar sus latrocinios.

Es muy cierto que sobre todo en las grandes ciudades —Valladolid, Valencia, Toledo, Madrid, Córdoba— existía una fauna parasitaria que vivía a expensas de los demás a base de estafas, robos y asesinatos. En ninguna otra parte se había desarrollado tanto esta fauna, proliferaba tanto como en Sevilla y la descripción de la picaresca se nutre gustosamente de abundantes ejemplos sevillanos.

La picaresca sevillana tenía sus lugares predilectos: el «patio de los Naranjos», que flanqueaba la catedral, era el lugar de cita de la aristocracia criminal, asesinos a sueldo y jefes de bandas, estafadores de altos vuelos, que vivían así bajo la protección del fuero eclesiástico y salían durante la noche para cometer sus hazañas; durante el día, recibían la visita de sus amantes, que les llevaban las provisiones y se dedicaban al juego. A pesar de algunas veleidades la autoridad eclesiástica fue incapaz de desembarazarse de estos rufianes. Entre la torre del Oro y el palacio del Arzobispo, el corral de Olmos era el cuartel general de los malhechores de menor envergadura; más allá de la puerta de Triana, se encontraba el Arenal, próximo al Guadalquivir, que era un auténtico barrio original muy frecuentado merced a la presencia de los burdeles, una veintena de casas de prostitución hacia finales del siglo xvi, cuyo arrendatario era el verdugo de la ciudad, Francisco Vélez.

Fuera de la ciudad, en la margen derecha del Guadalquivir, algunos albergues se habían convertido en refugio de criminales, como la venta de la Barqueta: cuando en 1595 el asistente de Sevilla, el conde de Priego, fue informado de que uno de los criminales más temidos de Sevilla, Damián de Carmona, se encontraba en la Barqueta, se puso a la cabeza de una compañía de hombres armados y tras una batalla furiosa, Carmona fue capturado y ejecutado, la venta de la Barqueta quedó definitivamente arrasada. Por último, la cárcel de Sevilla, cuya población delincuente osciló durante el Siglo de Oro entre 1.000 y 1.500 personas, era también un laboratorio del crimen. La «Relación de la prisión de Sevilla», obra de un jurista de la Audiencia de Sevilla, redactada entre 1585 y 1597, indica cómo se constituían bandas en su interior, cómo se organizaban golpes y cómo el prestigio de los truhanes más valerosos se acrecentaba por su resistencia ante la tortura: en su honor suspendían sábanas empapadas en vino y redoblaban los tambores cuando regresaban a sus celdas.

La picaresca sevillana tenía sus héroes: además de Damián de

Carmona, Pedro Vázquez Escamilla, cuyo nombre sirvió de grito de guerra; Gagón, el rey de la cuchillada; Alonso Álvarez de Soria, el poeta-truhán, hijo de una rica familia de mercaderes conversos sevillanos, cuyas obras son gritos de revuelta contra el orden establecido y que fue ahorcado en 1603 a consecuencia de un panfleto insultante y calumnioso contra el conde de Avellaneda, corregidor de Sevilla; Gonzalo Genís, bautizado con el apelativo de «Rey de los rufianes», que fue igualmente ahorcado por asesinato en 1596 y que se había atrevido a disparar su pistola contra el corregidor de Sevilla, el conde de Priego...

La picaresca sevillana tenía sus organizaciones, auténticos modelos de gestión en el más puro estilo mafioso. Las cofradías de ladrones o de criminales, de las que Cervantes ofrece una ilustración apenas transformada en una de sus novelas ejemplares (*Rinconete y Cortadillo*), estaban organizadas como corporaciones: «tenían sus maestros y sus aprendices, sus reglamentos y sus registros», escribe Ruth Pike; se distribuían el territorio urbano, repartían entre sus miembros los terrenos de operación, mantenían una contabilidad cuidadosa y aseguraban el reparto del botín. Una parte de este botín se dedicaba a obras piadosas, así como a misas por las almas de los cofrades difuntos; un porcentaje importante era reservado para los «bienhechores» de la cofradía, es decir, para los procuradores y los abogados que aseguraban la defensa de los cofrades detenidos y perseguidos por la justicia, para los chivatos e informadores, para los policías cómplices, para los carceleros que cerraban los ojos...

Finalmente, la picaresca sevillana tenía también sus especializaciones. Se trataba de los asesinos a sueldo, que aceptaban los encargos de asesinatos y también las «advertencias» —mutilaciones, palizas memorables— y que igualmente podían encargarse de realizar expediciones punitivas contra otras bandas; los tramposos en el juego, maestros consumados en la manipulación de las cartas y en la utilización de compinches; los falsos maridos furiosos que llegaban a punto de sorprender a sus mujeres (o que pretendían serlo) en los brazos de su seductor (o que se creía tal) y no aceptaban perdonar la ofensa sino mediante el pago de monedas contantes y sonantes en cantidad suficiente para lavar su honor; los ladrones de toda laya, como los capeadores, agresores nocturnos que disimulaban sus armas bajo una amplia capa, los cortadores de bolsas o los ladrones de iglesia...

Tanto la policía como la justicia sevillana estuvieron constantemente por debajo de su tarea. Los conflictos de jurisdicción entre la Iglesia y las justicias civiles o entre las mismas justicias civiles facilitaban las actuaciones de los malhechores. En 1597, el conde de Puñonrostro, nombrado corregidor de Sevilla, implantó una política enérgica de represión de la criminalidad cuyos resultados fueron rápidos: el control de los mendigos, la visita regular y periódica a los establecimientos sospechosos y la lucha contra la corrupción, permitieron detener, juzgar y ejecutar a algunos de los más temibles criminales mientras que otros decidían prudentemente un ocultamiento discreto. Pero la Audiencia de Sevilla no pudo soportar este éxito que tendía a la disminución de su influencia; hizo la vida imposible al conde de Puñonrostro que prefirió retirarse ya en 1599. Para los rufianes de Sevilla volvieron los días prósperos.

Sevilla no agrupaba a todos los pícaros de España. Al contrario, el contagio picaresco había penetrado profundamente en el tejido social. No lejos de Sevilla, Sanlúcar de Barrameda, en los dominios del duque de Medina Sidonia, era un lugar de refugio para los criminales perseguidos por la justicia regia y el puerto ofrecía abundantes oportunidades; cuando la situación se agravaba, los bandidos acudían a refugiarse empleándose en las almadrabas del duque. En Córdoba una encuesta secreta ordenada por el obispo en 1638, para conocer mejor su clero, muestra que las tentaciones picarescas afectan también a la Iglesia: de los 400 sacerdotes de Córdoba, 8 llevan habitualmente armas y 12 poseen casas de juego; se trata de una minoría, desde luego, pero si pensamos que 124 de estos sacerdotes eran unos incompetentes y que 57 vivían en concubinato, todo ello sugiere la imagen de un clero muy marcado por las taras de la sociedad civil.

Valencia fue también durante todo el período una capital del crimen. Los grandes delincuentes procedían de todas las clases sociales. La inspección del inquisidor Sotosalazar, en 1567, reveló que se habían concedido actas de familiatura del Santo Oficio (fuente de numerosos privilegios)[3] a criminales notorios: Garmir, Aracil, don Jaime Sufferit, Valladoig, micer Luis Ribera. Varios de estos familiares fueron perseguidos efectivamente por asesinato, agresión o estafa, como Tomás Salo en 1554 por el asesinato de don Jaime Cardona.

La delincuencia urbana, muy fuerte en esta región, estaba acompañada de un bandolerismo rural exacerbado como en todo el reino de Aragón. La criminalidad alcanzó una primera cima con el gobierno del conde de Benavente, virrey de 1598 a 1602. Fue reprimida momentáneamente gracias a la enérgica reacción del virrey siguiente, el arzobispo san Juan Ribera (1602-1604), luego se desencadenó de nuevo durante el virreinato de su incapaz sucesor, el marqués de Villamizar, hermano del favorito, el duque de Lerma (1604-1606). Después de la muerte de Villamizar, el nuevo virrey don Luis Carrillo, marqués de Caracena, tuvo que adoptar medidas radicales. El 16 de enero de 1607 promulgó una pragmática que ordenaba el destierro en un plazo de tres días de todos los ambulantes sin trabajo a los que hacía responsables de la mayor parte de los «homicidios, robos, violencias, incendios y otros delitos que se hacen y se cometen en esta capital y en sus arrabales». De esta manera designaba claramente a los asesinos profesionales enrolados por las facciones rivales y que procedían sobre todo de Cataluña.

A pesar de esta pragmática, el año 1607 se significó en Valencia por numerosos asesinatos, agitaciones estudiantiles y violencias en el seno de la Iglesia. El largo y enérgico gobierno del marqués de Caracena, que duró hasta 1615, le permitió mejorar la situación, tanto más cuanto que consiguió desmantelar varias de las *bandositats* del campo valenciano, cuyos miembros se refugiaban a veces en la ciudad. Pero a lo largo de la década 1635-

---

3. Un *acta de familiaridad* consiste en una decisión en virtud de la cual los inquisidores de un tribunal del Santo Oficio conceden a una persona privada, generalmente laica, y tras una encuesta, el título de «familiar del Santo Oficio». Éste colabora con la Inquisición (denuncias, encuestas, etcétera) y goza de algunos privilegios. Ver B. Bennassar, *Inquisición española: poder político y control social*, p. 91, donde se reproduce un acta de familiatura.

1644 las luchas de facciones, especialmente la rivalidad entre los Sabata y los Anglesola, volvió a instalar la inseguridad en Valencia donde asesinatos y amenazas de asesinatos se multiplicaron.

Las ciudades capitales antiguas o nuevas —Valladolid, Toledo y Madrid— fueron igualmente centros elegidos por la picaresca. En Valladolid, por ejemplo, en septiembre de 1578, el ayunta· miento se preocupa seriamente por los robos de todo género acompañados de agresiones (así de capear como de saltear) y por los asesinatos que asolan la ciudad hasta el punto de que los tres alguaciles ordinarios están desbordados. En 1592, el flamenco Henri Cock constata que pícaros y prostitutas abundan en la ciudad. Entre los 150 criminales perseguidos por delitos graves de 1570 a 1572 —asesinatos, adulterios complicados con raptos, estafas, robos con efracción— encontramos gentes de toda condición: aprendices, artesanos, pero también numerosos estudiantes, tanto de derecho canónico como de teología, o de medicina, un notario, dos sacerdotes, una decena de hidalgos...

La diversidad social de los pícaros constituye un problema y los especialistas de la picaresca, evidentemente, no lo han eludido. El rechazo del honor o incluso la burla del honor de que hacen gala los pícaros y que, en la literatura, llega hasta la provocación, podría ser el efecto del exclusivismo aristocrático que se acentúa a finales del siglo XVI. El honor, las posibilidades de fortuna o de cultura se encuentran subordinados al nacimiento y la ignominia que se impone a los conversos, a través de la exigencia creciente de pureza de sangre, los excluye de la sociedad honorable. El comercio de mercancías y el del dinero, que podrían convertirse en la oportunidad de los no nobles, están impregnados de desprecio. En consecuencia, las actividades productoras quedan manchadas por la sospecha. El rechazo del trabajo es la consecuencia del prejuicio aristocrático: el pobre y el pícaro son las dos caras de la misma realidad. Al suscitar el mantenimiento del pauperismo y de la picaresca, el orgullo aristocrático enlaza, paradójicamente, con los caminos del ideal evangélico.

Capítulo 10

LA EXPLOSIÓN ARTÍSTICA

Tal como ya lo he sugerido, el arte fue la primera inversión y sin ninguna duda la más duradera del Siglo de Oro. Una gran parte del oro y de la plata que quedaron en España suscitaron una extraordinaria actividad artística, de la que la arquitectura, la escultura, la pintura, la orfebrería, la herrería, y, en menor medida, la música, han conservado testimonio hasta nuestros días.

Esta actividad artística no se realizó en beneficio de algunos centros privilegiados. Las Españas se convirtieron en un inmenso taller en el que trabajaban denodadamente una muchedumbre innumerable de arquitectos y de capataces, de talladores de piedra y de carpinteros, de albañiles y de lampistas, de escultores y de especialistas en dorados, de forjadores de hierro y de pintores. Los artistas del país no fueron suficientes para la tarea. Desde el siglo xv, flamencos, borgoñeses, franceses, alemanes habían acudido a España y con frecuencia habían arraigado en el país: las familias de los Arfe, de los Colonia, de los Egas, de los Siloé, entre otros, son la mejor prueba. En el siglo xvi, esta corriente se hizo más potente y numerosos artistas italianos se unieron a ellos: como los Leoni, que trabajaron para Carlos V y para Felipe II, como los Carducci, Bartolomeo y Vincenzo, y otros muchos artistas de menor importancia. Por ejemplo, Felipe II, al no poder conseguir la venida del Tiziano o del Veronés para trabajar en El Escorial, recurrió a Lucas Cangiaso y luego a Federico Zucaro. Algunos de los excelentes escultores del Siglo de Oro fueron franceses, como Juan de Juni (Jean de Joigny) y Felipe Bigarny que vino de Langres. Pedro Pablo Rubens apareció en la corte de Felipe IV y trabajó también para el rey de España.

La demanda de obras de arte, como acabo de indicar, procedía de toda España. Aunque los incendios y otros siniestros hayan hecho desaparecer numerosos tesoros, aunque la guerra de la Independencia de 1808 y la guerra civil de 1936 hayan provocado muchas destrucciones, a pesar, finalmente, del espíritu de lucro que ha desencadenado, hace una treintena de años, el saqueo organizado de las iglesias de pueblo, no pueden contarse las pequeñas ciudades, las villas e incluso los pueblos en los que puede admirarse todavía hoy alguna obra maestra del Siglo de Oro.

En Paredes de Nava, pueblo de la Tierra de Campos, a una veintena de kilómetros de Palencia, la iglesia de Santa Eulalia y el museo parroquial conservan una serie de doce cuadros de Pedro Berruguete, otra serie de los evangelistas del mismo artista, unas esculturas de Alonso Berruguete, un retablo de Esteban Jordán, y algunas otras obras de calidad... sin duda porque este pueblo fue la patria chica de los Berruguete. En esta misma tierra de Campos, la colegiata de Villagarcía de Campos, fundada por un cortesano de Carlos V, cuyos planos son obra del arquitecto Rodrigo Gil de Hontañón cuya ejecución se debe a uno de los contratistas del Escorial, Pedro de Tolosa, fue el prototipo de la iglesia «jesuita» imitada a través de Castilla la Vieja, Galicia y Asturias. La villa de Bellpuig, en Cataluña, conserva la admirable tumba de Raymond III Folch de Cardona, que fue tallada en Italia por Giovanni de Nola antes de ser transportada e instalada en Bellpuig. Pequeñas ciudades, como Tafalla, en Navarra, Briviesca, en Castilla la Vieja, Jaca, en Aragón, poseen, cada una de ellas, entre todas ellas, entre otras cosas, un retablo tallado en todo o en parte por Juan de Anchieta, uno de los mejores escultores del siglo XVIII, nacido en el País Vasco pero formado en Valladolid. Tafalla posee además otro retablo excepcional, el del flamenco Roland de Moys, y Briviesca un segundo retablo en el que probablemente también trabajó Juan de Anchieta. Arroyo de la Luz, simple pueblo de Extremadura, exhibe en la iglesia de Nuestra Señora de la Asunción un importantísimo retablo en veinte cuadros de Luis Morales, que gozó en su tiempo de un extraordinario prestigio, hasta el punto de haber sido llamado el «Divino».

Otras muchas pequeñas ciudades figuran en la relación: Medina de Rioseco tiene tres iglesias monumentales, semejantes a catedrales por sus proporciones, que datan del Siglo de Oro, cuya ornamentación fue suntuosa, pero algunas de cuyas obras maestras fueron llevadas por prudencia a los museos de Valladolid. En el camino de Santiago de Compostela, Astorga presenta una bellísima catedral en la que, de 1558 a 1562, Gaspar Becerra trabajó en un retablo de enorme prestigio. En andalucía, las ciudades vecinas de Baeza y de Úbeda son sin lugar a dudas algo mayores, pero presentan, cada una de ellas, un conjunto monumental realmente excepcional, cuyos componentes datan casi todos del Siglo de Oro. Evidentemente, el hecho de que Úbeda fuese la ciudad natal de Francisco de los Cobos, secretario de Carlos V, constituye un elemento de explicación; aunque esta ciudad se adorna con palacios que nada le deben: el de las Cadenas, el de los Manueles. Y Baeza no tuvo su Cobos: a pesar de lo cual está dotada con un cojunto comparable en el que destaca la catedral, que fue reconstruida de 1576 a 1593 y varios palacios cuyas fachadas platerescas son de una espléndida belleza.

Podría prolongar a lo largo de páginas un inventario como el precedente, multiplicar por diez o por veinte las referencias. De hecho, todo concurrió a impulso de la producción de arte: el desarrollo económico, mantenido hasta las proximidades de 1590, a pesar de los accidentes, y sostenido por la afluencia de metal precioso procedente de las Indias, aumentó considerablemente los recursos del mecenazgo regio así como los ingresos de las grandes familias, de las iglesias, de los monasterios, de los grandes mercaderes y de los financieros; ahora bien, la evolución hacia el absolutismo inclinaba a los soberanos a utilizar todos los recursos aptos para la exaltación de la monarquía y singularmente de la dinastía. El arte era uno de estos recursos más eficaces. Simultáneamente, el concilio de Trento reafirmaba la veracidad de los dogmas católicos, la legitimidad y la necesidad del culto de los santos, glorificaba los sacramentos y la presencia real de Cristo en la eucaristía: se necesitaban iglesias nuevas, preferentemente espléndidas, para magnificar a Dios y la obra de arte se imponía como la forma de pedagogía más explícita, la más sensible, dedicada a la atención de un pueblo cuya mayoría seguía siendo analfabeta; en definitiva, era el mejor auxiliar del sermón. Siguiendo el ejemplo de la corte, los más importantes señores se dedicaban también al mecenazgo mientras que las asociaciones profesionales, culturales o caritativas —corporaciones, cofradías, hospitales—, podían rivalizar con las iglesias y los monasterios en el estímulo del arte religioso. Algunos ricos mercaderes y los letrados más famosos entraban también en la pugna de superación. Precisamente, la expansión del Renacimiento, más tarde la aparición del Barroco ofrecían una renovación extraordinaria y permanente de las formas y de las imágenes. Este encuentro entre los recursos, las necesidades y las aspiraciones produjo el Siglo de Oro español.

Una inversión creadora de actividades múltiples

Difícilmente se puede pretender que la actividad artística haya contribuido a la crisis financiera de España en el siglo XVII. Consideremos los dos proyectos con mucho los más costosos del período, El Escorial en tiempos de Felipe II y el Buen Retiro durante el reinado de Felipe IV. Construido de 1563 a 1584, acondicionado a lo largo de los años siguientes, El Escorial costó, como sabemos, una vez decorado y amueblado, 6.200.000 ducados, es decir, un promedio de 167.000 ducados en cada uno de los años que separan el comienzo de los trabajos de la muerte de Felipe II. Ahora bien, los ingresos de Felipe II pueden calcularse, en valor constante, en unos 10 millones de ducados anuales. En consecuencia, el costo del Escorial representa aproximadamente el 1,67 por 100 de los ingresos del estado referidos al conjunto del período 1562-1598. Indudablemente, esta proporción es superior a la que la Francia de 1981 dedica en su presupuesto a la «cultura», pero no ponía en peligro el equilibrio de las finanzas regias.

En cuanto al Buen Retiro, edificado más rápidamente, de 1631 a 1640, con materiales de menor calidad, el ladrillo en lugar del granito, su construcción y su amueblamiento costaron 2.500.000 ducados aproximadamente, es decir, 250.000 ducados por año, durante los diez años de su edificación. En la misma época, observa John H. Elliott, el ejército de Flandes costaba 3 millones de ducados al año, doce veces más que el Buen Retiro, y la guerra de Flandes absorbió de esta manera 21.500.000 ducados de 1632 a 1638, es decir, de ocho a nueve veces más que los trabajos del Buen Retiro.

Este período contempló otros proyectos importantes: en el mismo Madrid, en tiempos de Felipe III y de Felipe IV, los trabajos de acondicionamiento del Alcázar que fue la sede de la corte y, de 1617 a 1619, la construcción de la bellísima Plaza Mayor, rectángulo de 145 metros por 110, encuadrado por casas todas ellas similares, de cuatro pisos de altura, que reposan sobre una columnata de granito gris y se adornan con balaustradas de hierro forjado. Adoptando el estilo de la plaza cerrada con arcadas, el arquitecto Juan Gómez de Mora había ofrecido así a Madrid su primer espacio urbano perfectamente diseñado.

Cerca de Madrid, el Pardo y Aranjuez fueron igualmente objeto de trabajos importantes. En Valladolid, el incendio de 1561 que había destruido, en el corazón de la ciudad, 440 casas, permitió la oportunidad de una reconstrucción monumental realizada en sus aspectos más esenciales de 1562 a 1576, regulada por un esquema director ratificado personalmente por Felipe II el 19 de marzo de 1562: la nueva plaza mayor, en la que convergían catorce calles, significó un éxito arquitectónico relevante que suscitó la adhesión de los visitantes extranjeros más críticos. Concebido como un espacio procesional, el nuevo barrio destacaba por su rigor y por su simetría. Juan José Martín González ha podido escribir:

> Desaparecieron las desigualdades en altura y dirección, y se siguió una rigurosa simetría y alineación. A ello contribuyeron los soportales, ... dispuestos en largas filas a la manera de calles sotechadas, unían los diferentes edificios. Las altas columnas se corresponden con pilastras embebidas en la pared y entre ambas sostienen el primer piso mediante viguería ... Los edificios perdieron su aislamiento y se juntaron en un afán de concentrar energías, apareciendo la Plaza Mayor como el patio de un gigantesco Escorial, del que sobresalían las torres de el herreriano consistorio.

No se han de olvidar los proyectos de las grandes catedrales o colegiatas, construidas en los siglos XVI y XVII, al mismo tiempo que diversos monasterios o conventos. Veamos el ejemplo de Salamanca: la nueva catedral gótica bajo la dirección de Gil de Hontañón, que fue también el autor del espléndido palacio estilo renacentista de los condes de Monterrey, terminado en 1540; el convento dominico de San Esteban, con una iglesia gótica y una fachada plateresca, edificado de 1524 a 1610; las iglesias de Sancti-Spiritus y de San Julián; el colegio de los Irlandeses, comenzado en 1527 e inaugurado en 1578, adornado con un bellísimo pórtico esculpido por Diego de Siloé, con un patio estilo renacentista, diseñado por el mismo arquitecto-escultor, aunque fuese ejecutado por Pedro de Ibarra, y con un retablo de Alonso Berruguete; el convento de las monjas cistercienses de Jesús construido por Rodrigo Gil de Hontañón, hijo de Juan, cuya fachada plateresca realizada en 1552 fue imitada en la región de Salamanca durante toda la segunda mitad del siglo XVI; y también el convento de las Agustinas, de estilo barroco, edificado por Fontana en 1636. Todo ello, recordémoslo, referido sólo a Salamanca.

Otras edificaciones de gran amplitud fueron las correspondientes a las catedrales de Segovia, Jaén, Granada y Málaga, a la colegiata de San Patricio en Lorca, a la de Santa María en Medina de Rioseco, la construcción de los palacios de los conquistadores enriquecidos en Trujillo y en Cáceres, los de los marqueses de la Conquista, y de los Orellana Pizarro en Trujillo, los de los Toledo Moctezuma y de los Godoy en Cáceres, donde otras ilustres familias, como los Golfines, los Ulloa, los Mayoralgo y los Perera, concluyen o embellecen las mansiones comenzadas alrededor de los años 1500. También fue una obra considerable el Alcázar, en Toledo. En Sevilla, si bien el magnífico palacio de los Medinaceli, llamado Casa de Pilatos, se terminó en 1530, al mismo tiempo que el ayuntamiento, fue sin embargo en la segunda mitad del siglo XVI cuando se construyeron el hospital de las Cinco Llagas (1546-1613), el hospital de la Caridad, la biblioteca Colombina, a partir de 1551, y la bolsa de mercaderes o Lonja (1589-1598) en la que se conservan actualmente los archivos de Indias. En realidad, no es exagerado decir que el paisaje monumental de numerosas ciudades españolas actuales fue, en lo esencial, concebido y realizado en el Siglo de Oro.

Es cierto que ello no corresponde ni a Barcelona, ni a Santiago de Compostela, ni a Córdoba, pero, en cambio, hemos de afirmarlo respecto de Salamanca, de Cáceres, de Trujillo y de Plasencia; corresponde igualmente a la Granada cristiana, así como a Úbeda y a Baeza, a Murcia y a Lorca... Mientras que ciudades como Sevilla, Toledo, Segovia o Burgos, enriquecidas ya con obras de arte anteriores al Siglo de Oro, conocen un auténtico desenvolvimiento artístico en esta época.

Por supuesto, las construcciones creadoras de mayor cantidad de trabajo son las correspondientes a catedrales, palacios, ayuntamientos o plazas monumentales. No obstante, los talleres de escultores, incluso los de los grandes orfebres, alcanzaron igualmente una dimensión considerable, explicada perfectamente por la amplitud de los trabajos que les eran encargados: pasos de semana santa, cuyas figuras eran de tamaño natural, retablos de altares mayores, coros de los cabildos de las catedrales o de conventos, majestuosas custodias procesionales. El volumen de los materiales empleados, las dimensiones de las obras, hacían indispensable el recurso a numerosos obreros, algunos de los cuales altamente especializados. Por ejemplo, cuando Felipe de Bigarny se comprometió a construir el retablo y el sepulcro de los duques de Béjar en el convento de la Santa Trinidad de Valladolid, se comprometió al mismo tiempo mediante contrato a emplear permanentemente a veinte obreros.

En una perspectiva más amplia, la inversión en obras de arte debía manifestarse como la más «rentable» de todas. Indudablemente, el Alcázar de Madrid y el palacio del Buen Retiro han desaparecido hoy, pero las colecciones que albergaban se han conservado en su mayor parte. Las catedrales y la mayoría de los palacios o conventos más arriba mencionados continúan en pie. Y si bien es cierto que el *boom* turístico, sobre el que se construyó el despegue económico de España a partir de 1958, contó sobre todo con una clientela de masas atraída por las playas, por el sol y por los precios ventajosos, no lo es menos que el apoyo de un turismo cultural ha sido esencial para la España del interior que podía ofrecer a sus visitantes las creaciones del Siglo de Oro.

Sin ninguna vacilación podemos afirmar que la producción de arte fue la primera industria de la España de aquella época. Se trataba, en todo caso, de una industria nacional; materias primas como la piedra, el mármol, el jaspe, el ladrillo y el estuco, y la madera eran producidas sobre el terreno, mientras que el oro y la plata venían de las Indias. Lo que es más importante, el valor añadido por el trabajo humano era considerable. Las industrias de arte eran fuertes consumidoras de mano de obra y, tal como he señalado siguiendo a Pierre Vilar, empleaban un personal muy calificado que, a pesar de la aportación de artistas extranjeros, era en su gran mayoría español.

El censo de 1561 nos indica, por ejemplo, que en las cinco principales ciudades de Castilla la Vieja —Valladolid, Salamanca, Segovia, Burgos y Medina del Campo— había 174 orfebres (a los que podríamos añadir 11 batidores de oro), 86 escultores, 23 doradores, 44 pintores y 111 forjadores de hierro. Es decir, en total, 450 «artistas». Naturalmente, ciudades como Ávila, Toro, Zamora o Medina de Rioseco y León disponían también de su contingente de artistas. En Extremadura, una ciudad como Plasencia que no tenía en 1587 más que 2.595 hogares, o sea aproximadamente unos 12.000 habitantes, incluía sin embargo seis orfebres, seis pintores, seis escultores, dos ensambladores (es decir, maestros de retablos) y seis forjadores de hierro. Plasencia, una vez más, así como Trujillo y Cáceres, cuentan en la segunda mitad del siglo XVI con un número importante de tallistas de piedra, 17 en Cáceres y 29 en Trujillo, en 1557 por ejemplo. En Sevilla, donde el censo de 1561 no registra más que en escasas ocasiones las profesiones (1.969 para 19.131 fuegos, es decir, solamente el 10,79 por 100), indica no obstante 23 orfebres, 14 joyeros, 11 doradores, 14 pintores, 36 forjadores de hierro y 2 escultores, cantidad que parece ridícula. Naturalmente, los aprendices que se forman en los talleres de los maestros no están incluidos en estas cifras.

Los proyectos y construcciones más importantes empleaban durante años a centenares de obreros, en ocasiones hasta a más de un millar. Es lo que ocurrió con El Escorial. En 1576, cuando Felipe II decidió acelerar su construcción, ordenó que se seleccionase a 20 maestros canteros, que cada uno de ellos tuviese a su cargo, bajo su dirección, una «compañía» de 40 obreros. Es decir, un total de 800 y su número aumentó progresivamente hasta los 1.500. Los picapedreros y tallistas afluyeron sobre todo del Norte, de Vizcaya y de la «Montaña» de Santander: su susceptibilidad y sus pretensiones de nobleza, y las difíciles condiciones de vida provocaron, por otra parte, una serie de conflictos e incluso una auténtica huelga acompañada de revueltas en 1557.

Además, una importante cantidad de trabajadores y de artesanos estaban ocupados en otros lugares en producir para El Escorial, como por ejemplo los obreros de las canteras de jaspe de las proximidades de Burgo de Osma y los de las canteras de mármol blanco de Filabres, de las canteras de mármol rojo, violeta o verde de la sierra de Aracena. Los leñadores derribaban los pinos de los bosques de Cuenca, de Las Navas, de Valsaín, cerca de Segovia, del Quejigal, próximo a Ávila. En Zaragoza se forjaban las rejas de bronce de la iglesia del monasterio; otras rejas y las puertas se fabricaban en Guadalajara y en Cuenca; en Toledo se preparaba la luminaria, se fabricaban las cruces, los incensarios, los candelabros de plata... En Madrid trabajaban en la custodia y en el relicario...

El Buen Retiro fue una empresa comparable. Por ejemplo, según Monanni, 1.500 obreros trabajaban permanentemente en la construcción de este palacio: en primer lugar, obreros cualificados, tallistas de piedra, ladrilleros y carpinteros; y también peones sin cualificación. Durante el invierno de 1639 el efectivo de trabajadores alcanzó los 1.600. Parece que algunos de estos trabajadores no cualificados estuvieron muy mal pagados, de 4 a 5 reales por día. Según Jonathan Brown y John Elliott se trataba, sin embargo, de una minoría, puesto que los salarios más corrientes alcanzaban los 8, 10 o 12 reales por día y los de los obreros más favorecidos llegaban hasta 16 y 20 reales diarios.

Se ha de tener en cuenta también que las industrias de arte originaban una intensa circulación de materiales pesados y, a veces, de productos frágiles, lo que movilizaba una mano de obra de otro tipo. Para cargar y transportar los enormes bloques de granito desde las canteras de Guadarrama hasta el lugar de construcción fue preciso disponer de carros de tiro totalmente insólitos, arrastrados por siete, nueve, hasta doce y veinte parejas de bueyes, llegándose en algunos casos hasta 40... En 1634, doce pueblos de los alrededores de Madrid proporcionaron 276 carros para transportar desde la sierra de Guadarrama la piedra necesaria para el pavimento del patio principal del Retiro.

Los transportes de retablos eran mucho más delicados: Alonso Berruguete realizó en Valladolid el último retablo de su carrera, el correspondiente al altar central de la iglesia de Santiago de Cáceres; para transportarlo desde Valladolid a Cáceres (aproximadamente entre 250 y 280 kilómetros) se necesitaron dieciséis carretas tiradas por 40 bueyes; y los desperfectos observados a la llegada requirieron el desplazamiento hasta Cáceres de varios colaboradores del maestro para proceder a las reparaciones indispensables. Precisamente, este tipo de operación se producía con bastante frecuencia: el retablo de Gregorio Fernández para la catedral de Plasencia, en el siglo XVII, fue realizado igualmente en Valladolid; en la misma ciudad, Esteban Jordán había ejecutado el que estaba destinado al monasterio catalán de Montserrat: en esta ocasión, fueron 600 kilómetros, y solamente el transporte costó 1.300 ducados... Cristóbal de Andino, forjador de hierro, de cierto renombre, realizó en su taller de Burgos el enrejado destinado al coro de la catedral de Palencia.

Es cierto que los reyes de España y, siguiendo su ejemplo, algunos grandes señores compraron en el extranjero, esencialmente en Flandes y en Italia, un cierto número de obras de arte, sobre todo tapicerías y pinturas, así como estatuas y algunos sepulcros tallados y esculpidos en Italia en mármol de Carrara, como el que Bartolomé Ordóñez esculpió en 1526 para los padres de Carlos V y que se encuentra en la capilla real de Granada. El conde de Monterrey, embajador de España en la Santa Sede (1628-1631), más tarde virrey de Nápoles (1631-1637), fue uno de los representantes de Felipe IV encargado de llevar a buen término estas compras en Italia, al tiempo que el cardenal-infante y el mismo Rubens realizaban una misión similar en Flandes. Tendremos oportunidad de comprobar a propósito de la formación de las colecciones quiénes fueron los grandes señores que actuaron de la misma manera.

Podemos ofrecer algunos ejemplos de la importancia de los encargos de obras de arte, con el fin de resaltar la amplitud de la inversión en este sector. En 1605, el duque de Lerma pagó 56.000 ducados por el palacio que se hizo construir en la pequeña ciudad de Lerma; un poco más tarde, le costó 60.000 ducados a Martín Sánchez de Aramendi la realización de la iglesia de Nuestra Señora de las Angustias en Valladolid. Se requería, por consiguiente, poder disponer al menos de algunas decenas de miles de ducados para edificar un palacio o una iglesia de dimensiones normales, lo que representaba (en el caso de los 60.000 ducados) el salario anual de un millar de peones, aproximadamente.

Retablos, coros de catedrales, enrejados, tapicerías cuestan en todo momento varios miles de ducados: la reja del coro de la catedral de Palencia fue adjudicada por 3.400 ducados, cantidad que representaba la oferta más ventajosa porque los demás proyectos presentados oscilaban entre los 4.000 y los 9.000 ducados; la sillería del coro de la catedral de Toledo, esculpida por Alonso Berruguete y Felipe Bigarny, se pagó con 3.980 ducados; el retablo de San Benito de Valladolid, otra obra de Berruguete, costó 4.400 ducados; el gran retablo de Santa María de Medina de Rioseco, realizado por Juan de Juni, alcanzó en total dos 20.000 ducados (escultura, montaje, dorados y pinturas); Esteban Jordán recibió 3.500 ducados por el retablo de la iglesia de La Magdalena, de Valladolid. Ahora bien, tengamos en cuenta que 20.000 ducados equivalen a la renta anual de una gran familia con título, aunque sea de entre las menos ricas; de 3.000 a 4.000 ducados representa la renta de un caballero o de un letrado acomodado.

Los encargos de la corte nos proporcionan otros ejemplos interesantes a propósito de los tapices o de las realizaciones más considerables de la orfebrería o de la platería. Jerónimo de Villanueva, protonotario de Aragón, adquirió para el Buen Retiro una tapicería adornada con la leyenda de las aventuras de Diana, en ocho paneles, por 4.404 ducados; el conde de Castrillo adquirió, con el mismo destino, una tapicería florentina, *La caída de Faetón*, por 4.900 ducados, y una tapicería flamenca con motivos campestres por 6.174 ducados. El lecho del rey en el Buen Retiro, realizado en plata por el orfebre Jorge de Quevedo, costó 2.500 ducados. Otro orfebre, Juan de Huete, obtuvo 10.000 ducados por un monumental servicio de platería, con el escudo real, que incluía casi 200 piezas. Un tercer orfebre, Juan Calvo, recibió el encargo, en 1634, de realizar doce leones de plata, destinados a la decoración de la «Cámara de los reinos» en el Buen Retiro y que costaron 24.000 ducados: estos leones fueron fundidos en 1643 cuando Felipe IV decidió llevar a cabo un sacrificio espectacular para financiar la guerra.

Naturalmente, la ausencia de materias primas de elevado precio y el carácter mucho más individual del trabajo contribuyeron a que la pintura resultase mucho menos onerosa, sobre todo en una época en que la obra del artista, aunque fuese célebre, no suscitaba una estimación tan grande como hoy. Por ejemplo, refiriéndonos siempre al Buen Retiro, el *Sátiro* de Ribera costó 472 ducados y la tela de Maino, *La recuperación de Bahía*, alcanzó los 500 ducados.

Los grandes centros artísticos de la España del Siglo de Oro

A pesar del florecimiento excepcional de la actividad artística, cuya implantación en un gran número de ciudades españolas, incluso secundarias, aparece indicado en los censos, por ejemplo en el de 1561, algunas ciudades desempeñaron un papel privilegiado. Curiosamente, no podemos incluir entre aquéllas a Barcelona, que sufrió un eclipse entre el tiempo de sus esplendores góticos y la época contemporánea en la que recuperará el rango de una metrópoli artística de renombre mundial. Valencia, en cambio, aclimató y difundió las influencias italianas en la península ibérica, si bien, al mismo tiempo, fue capaz de ofrecer a Italia un artista de primera magnitud, el pintor Ribera, llamado el *Spagnoletto*, que acabaría instalándose definitivamente en Nápoles donde murió. Pero, antes de este episodio, Valencia había desarrollado una escuela de pintura con Yáñez, Vicente Masip y su hijo Juan de Juanes, al que la influencia italiana suavizó hasta la insipidez, y con Damián Forment, autor de varios de los más bellos retablos aragoneses y catalanes: el de Huesca (1520-1523), el admirable retablo en alabastro de la Pasión del monasterio catalán de Poblet, esculpido en 1527-1528, el de Santo Domingo de la Calzada y finalmente el de Barbastro, en 1543. La escuela valenciana de pintura alcanza su cumbre más espléndida con Francisco Ribalta, su hijo Juan José, y por último con Ribera, que impusieron un sello español al manierismo italiano e interpretaron a su manera las novedades de Caravaggio. La huella del Renacimiento italiano resplandece en la realización del hermoso colegio del Patriarca, con su iglesia del Corpus Christi, en la que se encuentran varios de los mejores cuadros de Francisco Ribalta, entre los cuales hay que destacar *La aparición de Jesús a san Vicente Ferrer* y *La Cena*. La localidad de Manises, situada en los arrabales de Valencia, fue en esta época un importante centro de cerámica, como lo atestigua la prestigiosa colección instalada en el palacio barroco del marqués de Dos Aguas.

Sin ninguna duda, Valladolid fue la capital de la escultura, al menos hasta 1620, y por ello no es de extrañar que se haya establecido en dicha ciudad el museo nacional de escultura. Era escultura religiosa exclusivamente, cuyas piezas más bellas están representadas por los retablos, por los coros de sillería capitulares, o bien fueron destinadas a los *pasos* de semana santa. Se trataba de una escultura muy homogénea, casi siempre realizada en madera policromada: el artista tallaba las figuras en madera con una capa de oro sobre la que se aplicaba la pintura. En consecuencia, este género artístico exigía la colaboración de varios especialistas: escultores, doradores, pintores especializados en la anatomía humana, pintores de tejidos; en el caso de un retablo, el maestro concebía el conjunto, daba a las formas el movimiento que deseaba y realizaba por sí mismo, tal como el contrato le obligaba estrictamente, las partes más delicadas de la obra, el rostro, las manos, y sus discípulos o compañeros ejecutaban el resto.

La homogeneidad, la profunda unidad de esta escultura, es tanto más asombrosa cuanto que los principales artistas de Valladolid no eran originarios de la misma ciudad. Es cierto que los Berruguete, Pedro, el padre, pintor y escultor a la vez, y Alonso, el hijo, que fue uno de los más grandes escultores de su tiempo, procedían de Paredes de Nava, pequeña aldea de la Tierra de Campos, relativamente próxima a Valladolid; pero Juan de Juni era borgoñés, del mismo modo que Felipe Bigarny, que procedía de Langres; Esteban Jordán nació probablemente en León, pero era hijo de un francés que llegó con Juan de Juni; Gregorio Fernández, que dominó la escultura vallisoletana en el siglo XVII, era originario de Galicia; Gaspar Becerra, andaluz nacido en Baeza, se inició durante varios años en Valladolid, tras su regreso de Italia. A pesar de todo, estos artistas se adaptaron perfectamente a esta escultura trágica, cuyos temas privilegiados eran el sufrimiento y el martirio de la Pasión, y cuyos rasgos comunes están representados por el movimiento, la tensión y el carácter patético de la composición. Sea cual fuere la razón, es indudable que los talleres de Valladolid irradiaron su influencia sobre toda Castilla la Vieja, proporcionando retablos, pasos, piedades, estatuas, mausoleos, a todas las ciudades de los alrededores, de Rioseco a Segovia, de Palencia a Olmedo, y sus artistas trabajaron incluso para ciudades más lejanas, como Cáceres, Plasencia, Toledo, Guadalajara, Montserrat...

La ciudad fue además un centro importante de arquitectura, donde trabajaron Francisco de Salamanca, destacado maestro de la reconstrucción, los Praves y Juan de Herrera, y fue igualmente uno de los principales centros de la orfebrería y de la platería. Dos de los miembros de la famosa familia de los Arfe, Antonio y Juan, vivieron en ella durante varios años, y Juan Tomás Celma, uno de los mejores forjadores de hierro del Siglo de Oro, fue vallisoletano. Como contrapartida, la metrópoli castellana no suscitó grandes pintores, fuera del caso de Pedro Berruguete, cuya carrera es anterior al Siglo de Oro, y de Gregorio Martínez, un pintor de retablos y de vírgenes, dotado de una técnica muy segura, pero demasiado marcado por el manierismo italiano.

La irradiación de Toledo se debe totalmente a la pintura, aunque la personalidad del Greco aplasta a la de los demás artistas toledanos, fuesen o no sus discípulos: Luis de Carvajal, Luis Tristán y el hijo del Greco, Jorge Manuel Theotecopuli. Incomprendido, al parecer, por Felipe II, el Greco no pintó sino para Toledo y los toledanos: la catedral de la ciudad le encargó el célebre *Expolio* (Cristo despojado de sus vestiduras) que se encuentra todavía en el museo de la sacristía, en compañía de otras telas encargadas por el cabildo capitular, como los retratos de los apóstoles (san Lucas, san Pablo, Santiago, san Juan Evangelista) o *El arrepentimiento de san Pedro*; fue la iglesia de Santo Tomé quien le encargó, y la que ha conservado para su gran suerte, el inolvidable *Entierro del conde de Orgaz,* considerado con toda justicia como «una de las más espléndidas obras de arte de la pintura universal». Se trata de una composición de gran tamaño, 4,80 por 3,60 metros, realizada en 1586 y que manifiesta la alianza del cielo y de la tierra, la migración del alma elegida que escapa del cuerpo inerte hacia la eternidad de la bienaventuranza. El museo del Greco ha reunido otras telas encargadas por particulares o por otras instituciones toledanas, entre las cuales figura la serie del *Cristo y los doce apóstoles* y el famoso cuadro *San Bernardino de Siena*, pintado en 1603.

Toledo fue también uno de los lugares privilegiados de la arquitectura del Siglo de Oro, gracias a la construcción del hospital de la Santa Cruz, por Enrique de Egas, entre 1514 y 1544, que es una de las joyas del Renacimiento plateresco, especialmente el pórtico; gracias al hospital de Tavera, fundado por el cardenal del mismo nombre y construido por Juan de Bustamante, cuya iglesia alberga una tumba esculpida por Alonso Berruguete, un retablo obra del Greco, y una farmacia del siglo XVI hecha con porcelanas de Talavera; gracias finalmente al Alcázar, enteramente construido en el Siglo de Oro y en el que colaboraron eminentes artistas: Alonso de Covarrubias, autor del pórtico plateresco de la fachada oeste y de la fachada norte, Juan de Herrera, el arquitecto del Escorial, que construyó la monumental fachada sur y la gran escalinata. Desgraciadamente, este magnífico ejemplo de arquitectura fue incendiado por los franceses durante la guerra de 1808.

La superioridad de Sevilla sobre Valladolid y Toledo o Valencia, que la convierte en el centro más brillante del arte del Siglo de Oro, reside en la extensión excepcional de su registro artístico: arquitectura, escultura, pintura, orfebrería y artes decorativas contaron con intérpretes de primera categoría. Ya hemos subrayado la importancia de las realizaciones arquitectónicas de Sevilla en esta época. Pero, a los monumentos que han sido evocados (ayuntamiento, hospitales de las Cinco Llagas y de la Caridad, bolsa de mercaderes o Lonja, biblioteca Colombina) sería preciso añadir la capilla real construida en la catedral, de 1551 a 1575, el tribunal de la Audiencia y en especial su fachada, realizada en 1606, el palacio arzobispal y el palacio de Santa Coloma, ambos del siglo XVI; por último, numerosos conventos, al menos una decena entre 1600 y 1630, para los franciscanos, los dominicos, los mercedarios, los trinitarios, los jesuitas, además del seminario de los Irlandeses. Aunque los últimos resplandores del gótico se extinguen en Sevilla hacia 1520-1530, el plateresco, el Renacimiento clásico y el barroco garantizaron a estas realizaciones una gran diversidad: por ejemplo, la fachada del ayuntamiento es plateresca, la Lonja o Bolsa ofrece el testimonio de la sobriedad herreriana, mientras que el sagrario de la catedral realizado en 1617 es ya de un barroquismo acusado, que todavía se refuerza en los monumentos terminados en la segunda mitad del siglo XVII, como el palacio arzobispal y el asilo de los Venerables, cuyo patio es una auténtica obra de arte.

Sevilla fue igualmente un brillante centro para la escultura: el taller más importante era el de Juan Martínez Montañés, que nació en Alcalá la Real, pero se estableció pronto en Sevilla, donde fue recibido en 1588 por la corporación de escultores y donde permaneció hasta su muerte en 1649. Realizó varios retablos, entre los cuales su obra maestra es el de San Isidoro del Campo, en 1613, en Santiponce, muy cerca de Sevilla; realizó también los bajorrelieves del asilo de los Venerables, varias Inmaculadas, el famoso *Cristo de los cálices* de la sacristía y un cierto número de pasos entre los que destaca el *Cristo de la Pasión*; es cierto que se le han atribuido otras muchas obras, aunque sin certeza. Montañés formó varios discípulos, el más notorio de los cuales fue el cordobés Juan de Mesa (1583-1629), autor de algunos de los grupos esculpidos más famosos de la semana santa sevillana, como los *Cristos del Gran Poder, del Amor, de la Buena Muerte* y *de la conversión del Buen Ladrón*, cuya dramática expresión corresponde al más puro estilo barroco. El granadino Alonso Cano, otro escultor de primera fila, trabajó también algún tiempo en Sevilla, donde igualmente ejercieron su actividad esencial Felipe de Rivas y el flamenco José de Arce. Las iglesias y los conventos de Sevilla, de Jerez de la Frontera, de Córdoba, de Osuna, de Granada incluso a pesar de la calidad indudable de los artistas locales (Alonso Cano, Pedro de Mena), demuestran la fecundidad de la escuela sevillana de la escultura. Algunas obras maestras fueron ejecutadas para lejanas iglesias, como el bellísimo *Cristo en la agonía*, de Vergara, en el País Vasco, obra de Juan de Mesa.

Y, sin embargo, fue la pintura la que convirtió a Sevilla en uno de los más decisivos focos creadores de Occidente. Sevilla ha sido la ciudad natal de grandes pintores y, por delante de todos, Diego Velázquez (1599-1660), aunque también de Bartolomé Esteban Murillo (1617-1682) y de Juan Valdés Leal (1622-1690), de los dos Francisco de Herrera, el Viejo (1576-1656) y el Joven (1612-1685). Además, otros pintores de primera categoría se instalaron en Sevilla: Francisco Pacheco, el suegro de Velázquez, que se formó en su taller, y sobre todo Francisco de Zurbarán, un extremeño que trabajó durante largos años en Llerena, pero que acabó estableciéndose en Sevilla, a petición de su ayuntamiento y allí permaneció de 1629 a 1658. No cabe duda de que las principales obras de Valdés Leal, en particular sus dos obras maestras del hospital de la Caridad, *La alegoría de la Muerte* y *Las postrimerías*, datan de la segunda mitad del siglo XVII, al igual que las telas del ciclo de la caridad de Murillo que se encuentran en el mismo hospital. Pero estos dos pintores se formaron en el Siglo de Oro y sus primeras obras son anteriores a 1650, especialmente el ciclo franciscano de Murillo: *La cocina de los ángeles*, actualmente en el Louvre, representa un elemento de este ciclo. Y los talleres de Juan de las Roelas, de Francisco Herrera el Viejo, discípulo a su vez de Roelas, de Pacheco por último, fueron los laboratorios de donde surgió la extraordinaria pintura sevillana.

Sevilla conoció, finalmente, una floración de artes menores. La orfebrería no tuvo artistas de gran relieve y a ello obedece el que el cabildo capitular de la catedral se dirigiera a Juan de Arce para la realización de la gran custodia (1580-1587), una de las más bellas que se conocen. Por el contrario, Sevilla fue el centro más extraordinario de creación de azulejos: sirvan como testimonio los del patio de la Casa de Pilatos, realizados en 1538 por Diego y Juan Polido, los que decoran el salón de Carlos V en el Alcázar y que fueron realizados de 1577 a 1579 por Cristóbal de Augusta o también los del palacio de la condesa de Lebrija.

La superioridad de Sevilla quedó consagrada en los años treinta del siglo XVII cuando Olivares dispuso al completo, para la decoración del Buen Retiro, del conjunto ilustre de nombres, al que Jonathan Brown llama con humor la *Sevillian connection*. Los más prestigiosos artistas de Sevilla de esta época —Velázquez, Zurbarán, Juan Montañés— acudieron en efecto a trabajar a Madrid para el Buen Retiro.

FORMAS, IMÁGENES Y MODELOS

Sin duda otras ciudades merecerían ser consideradas igualmente como unos focos artísticos destacables: Granada, por ejemplo, Salamanca y Madrid. Pero la capital depende enteramente de la corte y el papel de la corte en el impulso artístico contribuye al esplendor de Madrid. Precisamente porque la corte introdujo en el arte del Siglo de Oro un elemento de diversidad realmente decisivo.

La arquitectura es la única de las artes mayores que origina una gran variedad de expresiones y de formas. A comienzos del Siglo de Oro el gótico florece todavía: gótica es la catedral nueva de Salamanca y, en la misma ciudad, la iglesia del convento dominico de San Esteban; gótica es también la catedral de Segovia, que sin embargo había sido comenzada en 1522; gótica la iglesia del convento de San Marcos de León; gótica todavía la «primera nave» de la catedral, comenzada en 1523 en Granada por Enrique Egas, que había concebido un edificio de cinco naves de grandes proporciones; gótico aún el plano de la catedral de Almería, iniciada a partir de 1524 por Diego de Siloé. Pero, simultáneamente, una cantidad de otros edificios introducen los modelos del Renacimiento italiano, a veces en estado puro, como el palacio de Carlos V realizado en Granada por Pedro Machuca y que quedó inacabado: el patio circular con dos pisos de galerías de orden dórico y jónico es único en su género en España. El mismo Enrique de Egas que trazaba la nave gótica de la catedral de Granada, había realizado anteriormente en esta ciudad el hospital real de estilo renacentista y el admirable pórtico plateresco del hospital real de Santiago de Compostela.

Contemporáneas de las últimas realizaciones del gótico son, en efecto, esas asombrosas fachadas-retablos que imprimen un sello particular al primer Renacimiento español: buenas muestras de ello son la fachada de la catedral de Jaén, las de los conventos dominicos de San Pablo y de San Gregorio en Valladolid, la de San Esteban en Salamanca, la del convento de San Marcos de León, la de la iglesia de Santa María de Viana en Navarra, todas ellas construidas entre finales del siglo xv y mediados del siglo xvi. En ocasiones esas fachadas adoptan el aspecto de un arco de triunfo que señala la entrada en el reino de los cielos y se adornan con un contenido iconográfico original, como la puerta del Perdón en Granada, las fachadas de Almería y de Orihuela, la iglesia del Salvador de Úbeda. Los palacios civiles se inspiran en estos modelos, encontrándose entre las más bellas muestras el palacio de los duques del Infantado en Guadalajara y el de los condes de Monterrey en Salamanca.

Una vez transcurrida la mitad del siglo xvi se impone la sobriedad clásica, que triunfa en El Escorial, en la Lonja de Sevilla, que debía alcanzar unas dimensiones colosales y que no fue terminada jamás, en la de Málaga, e igualmente en el aspecto exterior de las iglesias «jesuitas», cuyo prototipo más representativo es la colegiata de Villagarcía de Campos, en Castilla la Vieja. Y siguiendo el ejemplo del patio del hospital de Santiago de Úbeda, los patios de los palacios señoriales se enmarcan con galerías de arcadas de una gran pureza de líneas, cuya decoración se limita a medallones con imágenes. Sólo con el comienzo del siglo xvii el gusto barroco relanzará la fantasía decorativa.

Construidas en el interior de los templos, las capillas funerarias equivalen a elementos de arquitectura y de escultura con composición propia que alcanzan su apogeo español en tiempos del Renacimiento: sirvan como testimonio la que fundó en la catedral de Murcia en 1525 el archidiácono de Lorca, Gil Rodríguez de Junterón, y el monumento encargado en Santa María de Medina de Rioseco en 1544 por el mercader Álvaro de Benavente. Pero me sentiría tentado de hacer extensiva a la escultura la observación de Antonio Bonet-Correa referida «a la ausencia de variedad de temas y de motivos» que él atribuye a la pintura española del Siglo de Oro.

Esta ausencia de variedad es incluso mucho más flagrante en la escultura. Ésta es casi exclusivamente religiosa y se encuentra asociada bien a la decoración de las iglesias y de los conventos, bien a los ritos procesionales de la semana santa y del Corpus Christi. Se trata, pues, de una escultura muy funcional. Por ello parece perfectamente normal, por ejemplo, que Alonso Berruguete haya realizado el retablo de San Benito para... el monasterio de San Benito de Valladolid, que Juan Martínez Montañés y Juan de Mesa hayan trabajado sobre todo para las cofradías penitenciales sevillanas, lo que explica el predominio aplastante de los temas del ciclo de la Pasión: Cristo atado a la columna, coronación de espinas, estaciones del camino de la cruz, crucifixiones, descendimientos de la cruz, Piedades, Cristos yacentes, Vírgenes de las Angustias con el corazón atravesado de puñales. No se ha de buscar la originalidad, en consecuencia, en los temas que dependen estrechamente de los encargos hechos por y para las iglesias y las cofradías, sino en la expresión. Alonso Berruguete impone su conocimiento de la anatomía, su culto del movimiento, y la tensión de los cuerpos sugiere la tensión espiritual; Juan de Juni exagera esta tensión, retuerce los cuerpos y los músculos; Gregorio Fernández y Juan Martínez Montañés son unos geniales artistas católicos que ponen en imágenes el ideal de la Contrarreforma definido en Trento y cuya fe serena, casi luminosa, consigue casi hacer olvidar a la muerte. Alonso Cano, Pedro de Mena, Juan de Mesa crean unas formas nuevas, más tensas, más dramáticas. Todos estos artistas tienen en común, sin embargo, el realismo del sufrimiento y de la muerte: las llagas, la sangre que se desliza o se coagula, el sudor, los verdugones sobre la carne flagelada, la máscara del dolor y los colores lívidos de los cadáveres nunca se omiten. La escultura del Siglo de Oro interpretada por unos artistas que parecen ser todos ellos cristianos viejos, se nos aparece todavía hoy como un poderoso auxiliar del catolicismo militante de la Contrarreforma.

La pintura, en todo caso, presenta un registro más amplio. Es indudable que los temas religiosos dominan ampliamente porque, por lo general, los encargos proceden de las mismas fuentes; pero la pintura religiosa ofrece unas posibilidades de variación mucho más ricas. Tomemos como ejemplos los ciclos de las vidas de santos (san Bartolomé, san Buenaventura) o las series monásticas como las que Murillo ejecutó para los franciscanos de Sevilla o que Zurbarán compuso para la Cartuja de Jerez de la Frontera, para el convento de la Merced de Sevilla y para el monasterio de los jerónimos de Guadalupe, donde la serie permanece todavía expuesta. La historia de un santo o la de una orden es suficientemente fértil en episodios de toda clase para que la escritura pictórica se renueve ante todo por sus efectos narrativos. La serie de Guadalupe, realizada de 1638 a 1647, incluye así, entre otros, *La misa del padre Cabañuelas*, *La visión del padre Salmerón*, *El padre Illescas en su mesa de trabajo*, *La apoteosis de san Jerónimo*, es decir, una combinación de temas realistas, de visiones oníricas y de transcripciones de búsquedas espirituales. Las series de los apóstoles encargadas al Greco permiten menores libertades, ya que la definición de cada apóstol se ha hecho muy estereotipada; pero podemos dudar de que el Greco haya necesitado cualquier tipo de soportes narrativos y la manera resplandeciente con que Zurbarán ha tratado las escenas más sencillas, por ejemplo, *El refectorio de los cartujos* del museo de Sevilla, autoriza la misma conclusión en relación con él.

La pintura religiosa, por supuesto, otorga una larga atención a los temas de la Pasión: los Cristos en la cruz de Ribera, de Velázquez, de Zurbarán nos lo atestiguan y las Cenas o las Piedades no escasean. Anunciaciones, Inmaculadas, Vírgenes con el niño, Adoraciones de los pastores y de los magos han sido producidas en gran número por pintores como Luis Morales o Murillo. Las escenas de martirio han hecho la celebridad de Ribera y la meditación sobre la muerte interpretada de acuerdo con la mejor tradición católica ha inmortalizado a Valdés Leal.

Pero la pintura española del Siglo de Oro nos ofrece, aunque sea de manera muy desigual, otros tres registros. Ante todo, la alegoría mitológica. Francisco Zurbarán ha sido considerado demasiado frecuentemente como un pintor exclusivamente religioso; ahora bien, en 1634 se le encargó, sin duda por recomendación de Velázquez, la ejecución de una serie sobre los *Doce trabajos de Hércules* para el Buen Retiro. Esta serie que se encuentra en la actualidad en el Prado estaba destinada a la Cámara de los Reinos: pretendía la identificación entre el rey de España y Hércules, asimilados ambos al sol. La muerte de Hércules, emponzoñado por la túnica de Neso, en nada reducía el poder del rey, sino que, por el contrario, esta muerte permitía el acceso al Parnaso, a la residencia de los dioses.

Zurbarán no fue el único de los grandes pintores españoles que cultivó la alegoría mitológica. Villanueva compró a unos coleccionistas privados, con destino al Buen Retiro, *El sátiro*, *Venus y Adonis*, *Tityus e Ixion*, obras todas ellas de José Ribera. En este terreno, sin embargo, pensamos preferentemente en Velázquez: en *La fragua de Vulcano*, que realizó en Italia; en el *Triunfo de Baco*, cuya intencionalidad ha sido transformada por el buen sentido popular que prefiere al Baco adormecido y abotargado los rostros pícaros y sonrientes de los tres borrachos, hasta el punto de imponer un nuevo título, de uso generalizado, a este cuadro: *Los borrachos*; pensamos en *Las hilanderas*, cuadro en el que el gran pintor sevillano instala en un taller popular la leyenda de Ariadna, metamorfoseada por Minerva en araña por haber osado tejer los amores de Júpiter.

Acabo de indicar que la obra alegórica de Zurbarán se inscribía en el marco de una demanda de la corte orientada a la exaltación de la monarquía. Olivares y Felipe IV encargaron con las mismas intenciones una serie de cuadros de batallas, igualmente destinados al Buen Retiro. El pintor italiano Vincenzo Carducci, españolizado como Vicente Carducho, entregó con esta finalidad varias obras: *La batalla de Fleurus*, *El asedio de Rheinfelden* y *El socorro de Constanza*, por ejemplo; y Pedro Pablo Rubens produjo un *Cardenal infante en Nordlingen*. Pero los pintores españoles no quedaron atrás. Zurbarán compuso para esta circunstancia su única tela militar, *La defensa de Cádiz*; Maino, que pintó demasiado poco, su extraordinaria *Recuperación de Bahía* y Velázquez la obra maestra de ese género con *La rendición de Breda* (o el cuadro de las lanzas). De esta manera quedaban exaltadas las victorias del duque de Feria, de Spínola, del cardenal-infante en Alemania y en los Países Bajos, así como la acción naval de España en Brasil.

Por lo demás, lo cierto es que la más abundante producción de la pintura de corte se refiere al retrato aunque, a través de la temática de la pintura religiosa, el retrato rebasó ampliamente los límites de la corte: Zurbarán, Murillo, el Greco, entre otros, fueron magníficos retratistas. *El entierro del Conde de Orgaz*, que desde luego es algo más que eso, es también una extraordinaria galería de retratos y es evidente que el Greco realizó numerosos cuadros que son concretamente retratos (*Fray Hortensio Paravicino*, por ejemplo). El retrato de corte tuvo sus especialistas: Pantoja de la Cruz, Sánchez Coello, aunque sea Velázquez evidentemente quien se imponga a sus contemporáneos: los retratos de los reyes —Felipe III, Felipe IV—, tanto con ropajes de ceremonia, como en atavíos de caza, a pie o a caballo; los retratos de las reinas —Margarita de Austria, Isabel de Borbón—, de príncipes y de infantas —el inolvidable Baltasar Carlos—, de grandes señores —el conde duque de Olivares—, distan con mucho de agotar el género. Pensemos también en la serie de retratos de bufones o de enanos: *Don Sebastián de Mora*, *Barbarroja*, *Pablo de Valladolid*, *Calabazas*, *Don Juan de Austria*, constituyen imágenes inquietantes en las que Velázquez intenta hacer sensible la alienación mental. Tampoco se ha de olvidar su deslumbrante interpretación del desnudo femenino en *La Venus del espejo*; y, finalmente, la manera genial con que renovó el género de corte en *Las meninas*.

Nos queda, por último, la veta popular que se expresa en las naturalezas muertas, los bodegones, tema en el que descubrimos al Velázquez de sus inicios, pero también y además a Zurbarán, a Murillo, sin olvidar a un pintor secundario aunque no desprovisto de mérito, fray Juan Sánchez Cotán (1561-1627). Esta veta popular se manifiesta igualmente en la representación del pueblo más humilde, de los menesterosos, de los desgraciados. No podemos por menos de evocar *El aguador de Sevilla*, de Velázquez, *El Contrahecho* de Ribera, *La Niña* y *Los Niños de la concha*, de Murillo.

Se puede afirmar, en consecuencia, que la gran pintura española del Siglo de Oro está menos limitada en la elección de sus temas de lo que en un primer momento pudiera creerse. No por ello, sin embargo, hemos de considerar que la observación de Antonio Bonet-Correa carece de fundamento: esta pintura es pobre en paisajes, en grandes composiciones arquitectónicas, e ignora casi totalmente la representación de animales, siendo Velázquez casi el único que haya llevado a cabo alguna incursión en estos dominios de la expresión pictórica.

LA VIDA DE LOS ARTISTAS EN EL SIGLO DE ORO

Están aquí, pues, presentados en una rápida recensión, los medios, los centros privilegiados y las formas más habituales del arte del Siglo de Oro español. Pero, ¿y los hombres, los creadores? ¿Qué sabemos de su vida, de su formación, de las circunstancias de sus creaciones, del lugar que se le atribuía en la sociedad de los hombres? Gracias a los trabajos de investigación de autores como Juan José Martín González comenzamos ahora a saberlo.

Los artistas españoles no vivieron en un medio cerrado, aislados en una torre de marfil; se preocupaban por lo que hacían los demás artistas de Europa, de sus técnicas y de su ética. Puesto que Italia aparecía como la madre de las artes, viajaron frecuentemente a Italia. Ribera no regresó de este viaje: después de haber trabajado en Roma y en Parma, junto a Miguel Ángel y a Correggio, se instaló en Nápoles donde se convirtió en el pintor de cámara de los virreyes españoles. Siguiendo un camino inverso, el Greco partió de Creta, permaneció algunos años en Italia, en Venecia y en Roma, antes de presentarse en España y de instalarse en Toledo, donde transcurrió la segunda mitad de su vida. Bartolomé Ordóñez murió en Carrara adonde había acudido para esculpir un sepulcro. El pintor cordobés Pablo Céspedes pasó veinte años en Italia, al igual que el arquitecto toledano Pedro Machuca, que se italianizó hasta un punto tal que el palacio de Carlos V, cuya construcción en Granada estuvo a su cargo, parece ser una creación auténticamente italiana. Siguiendo los pasos de su padre, Pedro Berruguete, que había estado al servicio del duque de Urbino, el escultor Alonso Berruguete efectuó una prolongada estancia en Italia, debiéndose sin duda al contacto y relación con Miguel Ángel su adquisición del dominio asombroso de la ciencia anatómica y del sentido del movimiento de que hace gala en el magnífico retablo de San Benito de Valladolid. Otros muchos artistas hicieron su viaje a Italia: el arquitecto y escultor Diego de Siloé que trabajó especialmente en Nápoles; el escultor andaluz Gaspar Becerra que vivió en Roma; los pintores sevillanos Juan de las Roelas y Luis Vargas; el pintor valenciano Vicente Masip; el pintor Juan Fernández de Navarrete «el Mudo», de brillantes dotes artísticas, pero que murió joven mientras trabajaba en El Escorial; los arquitectos Juan Bautista de Toledo y Juan de Herrera...

La estancia de Velázquez en Italia revistió una importancia particular, aunque es cierto que el pintor ya había ofrecido una muestra de su talla antes de este viaje. Su primera ida a Italia duró un año y medio y en este transcurso estuvo en Roma, Bolonia, Florencia, Ferrara, Venecia y Nápoles; la protección del cardenal Barberini le permitió descubrir los frescos de Miguel Ángel y de Rafael en el Vaticano y no se le escapó nada de la profunda renovación de la pintura llevada a cabo por el Renacimiento italiano desde comienzos del siglo xv.

Es cierto también que otros artistas de primera fila no acudieron nunca a Italia y, en ese sentido, surge inmediatamente el recuerdo de Murillo y de Zurbarán. Pero estos dos pintores fueron a Madrid y estudiaron largamente las colecciones de los maestros italianos y flamencos reunidas por los reyes de España desde la época de Carlos V. De manera que en modo alguno se ha de suponer que permanecieron al margen del movimiento artístico de su tiempo.

Las propias circustancias de la producción artística limitaban la libertad de creación de los intérpretes. Como ya hemos visto, los principales clientes eran las iglesias, y de un modo especial las catedrales o las colegiatas, los monasterios, las corporaciones y las cofradías. El rey y la corte representaban otra clientela privilegiada de los artistas, y no solamente en Madrid, puesto que existían residencias regias en diversos lugares del país. Aunque en un grado menor, los grandes señores, los letrados, los financieros y los ricos mercaderes eran igualmente consumidores de arte. Ahora bien, estos clientes sabían claramente lo que querían y en la inmensa mayoría de los casos un encargo importante provocaba inmediatamente un contrato. Este incluía en sus cálculos no solamente los plazos de entrega y los precios o las modalidades del importe final; definía también con precisión la temática de la obra. Veamos un sencillo ejemplo referido a una obra, desgraciadamente desaparecida. El conde de Gondomar, que desempeñó en Londres de un modo admirable el cargo de embajador de España, fundó una capilla funeraria en la que debía de ser enterrado, en la iglesia de San Benito el Viejo de Valladolid. En los muros de la capilla se habían de pintar los retratos de los fundadores, un *Juicio final* y una *Resurrección de la carne*. Pero el conde no se limitaba a la elección de los temas; precisaba que una de las escenas tenía que incluir un túmulo sobre el que aparecería depositado el bastón de mando y otros signos de los honores mundanos con la inscripción «Y todo es vanidad», mientras que otra escena representaría un entierro en el que apareciera la figura de la Muerte, tan espantosa que provocase la huida de un hombre en una escalera. Vemos, pues, que las exigencias de los clientes podían llegar a ser muy condicionantes.

Los contratos preveían también la participación directa del artista de prestigio. Cuando Alonso Berruguete firmó el contrato del gran retablo del monasterio de San Benito de Valladolid (no confundir con la iglesia) se comprometió a desbastar por sí mismo todas las esculturas y a ejecutar enteramente los rostros y las manos de los personajes. La precaución adoptada por los clientes estaba ciertamente justificada porque conocemos numerosos casos en los que el taller del maestro realizaba la casi totalidad de la obra, incluso tratándose de pintura: buenos ejemplos de ello los tenemos en Zurbarán y en el pintor catalán Lluís Borrassà. La diferencia entre el *Entierro* de la catedral de Manresa, que es admirable, y muchas de las obras del taller de este pintor, es manifiesta. Se trataba, por consiguiente, de una precaución legítima. ¡Qué podemos pensar, por el contrario, de esta disposición prevista en numerosos contratos en virtud de la cual se obligaba a los artistas a que se conformasen a los «modelos de Gregorio Fernández»! De esta manera, la ilimitada admiración que se profesaba a este escultor en el siglo XVII, llegaba hasta sofocar la inspiración personal de otros artistas de este período.

El aprendizaje de los niños que se dedicaban a la carrera artística (fuese en pintura, en escultura o en arquitectura) comenzaba generalmente a la edad de trece o catorce años y duraba casi siempre de cuatro a cinco años. Quedaba perfectamente especificado en los contratos de aprendizaje que el maestro no debía ocupar a su aprendiz en tareas domésticas: se trataba de enseñar al muchacho una técnica, un arte, no de utilizarlo como un criado. Por ello el aprendizaje, en la mayoría de los casos, había de pagarse, aunque el precio fuese modesto: de 8 a 12 ducados junto a maestros tan prestigiosos como Alonso Berruguete o Gregorio Fernández para unos períodos de tres a cinco años. Al término del aprendizaje el joven discípulo sufría un examen ante una comisión nombrada por la corporación correspondiente: en Sevilla se trataba incluso de un tribunal compuesto por dos maestros que se renovaban cada año. La admisión a la maestría permitía al nuevo maestro ejercer su arte y abrir su propio taller, con la facultad de emplear a obreros y a aprendices, en todos los reinos de España. Sin embargo, todos los artistas no sufrieron este examen, y cuando el municipio de Sevilla invitó a Zurbarán, que era ya famoso, a instalarse en la ciudad del Guadalquivir, cuando él trabajaba habitualmente en Llerena, Extremadura, Alonso Cano pretendió oponerse a la venida del maestro con el pretexto de que no había sido examinado. El enviado del ayuntamiento, el caballero veinticuatro Rodrigo Suárez tuvo que responder que, dadas las circunstancias, el examen era inútil, ya que el talento de Zurbarán era de notoriedad pública.

Los artistas españoles del Siglo de Oro se desplazaban con frecuencia. Varios de ellos abandonaron definitivamente su región de origen, como los arquitectos llegados de la Montaña: los Solórzano, Juan de Herrera, los Nates y los Praves; Gregorio Fernández abandonó su Galicia natal para instalarse en Valladolid. Otros efectuaron estancias de larga duración en ciudades en ocasiones muy alejadas: el arquitecto y escultor Diego de Siloé pasaba tanto tiempo en la región de Granada (Granada, Guadix, Almería) como en Salamanca y en Burgos; Rodrigo Gil de Hontañón trabajó largo tiempo en Salamanca y en su región (Ciudad Rodrigo), en Extremadura (Cáceres y Plasencia), en Santiago de Compostela y en Alcalá de Henares. Zurbarán se estableció sucesivamente en Llerena (Extremadura), en Sevilla y en Madrid. Alonso Cano, aunque vivió casi toda su vida en Granada, efectuó una prolongada estancia en Sevilla. El orfebre Juan de Arfe establecía su taller en la ciudad en la que había recibido un encargo importante, generalmente una custodia procesional: por ejemplo, permaneció de 1580 a 1587 en Sevilla, luego se trasladó a Valladolid, donde trabajó de 1587 a 1590. Sus contratos preveían de una manera explícita, por otra parte, que tenía que realizar la custodia en la ciudad referida, de modo que el público pudiese seguir el progreso de los trabajos. Y de hecho, los contratos exigían frecuentemente la presencia en el lugar del artista y de su taller. Alonso Berruguete y Felipe Bigarny tuvieron que instalarse en Toledo para esculpir los coros de sillería de la catedral. A pesar de la proximidad de Valladolid, Juan de Juni se vio obligado a transferir su taller a Medina de Rioseco para la ejecución del retablo de Santa María. El pintor Gregorio Martínez debió instalarse igualmente con su taller y su familia en Burgos para realizar el retablo del altar mayor de la catedral. Los artistas se desplazaban también cuando eran designados para formar parte de una comisión de evaluación de una obra cuyo costo era necesario estimar; Juan de Juni se desplazó por ello a Toledo para fijar el importe de la sillería de la catedral y a Briviesca para el retablo de Santa Clara.

Con frecuencia, los artistas se veían obligados a competir entre ellos a causa de sus clientes. Se trataba de obtener el proyecto más satisfactorio y en las mejores condiciones de precio. En 1545 se designó un jurado para decidir entre los seis proyectos que se habían presentado para el hospital de las Cinco Llagas de Sevilla. El concurso para el enrejado del coro de la catedral de Palencia suscitó siete proyectos. En ocasiones, la persona que encargaba la obra provocaba la emulación de los artistas con el fin de que se superasen a sí mismos: es el cálculo que hizo el cabildo capitular de Toledo cuando confió la ejecución de sus coros a Berruguete y a Bigarny, ya que cada uno de ellos debía realizar varios.

Esta rivalidad no impedía que los artistas constituyesen un medio relativamente homogéneo, del que son testimonio, a la vez, las asociaciones profesionales y los vínculos de familia. En las ciudades importantes, se agrupaban en el seno de corporaciones (los gremios) y de cofradías: tenemos por ejemplo en Valladolid la cofradía de San Lucas para los pintores y la de San Elías para los orfebres. También podía suceder que se asociasen dos o tres, creando una compañía, para una duración de varios años. Por otra parte, con bastante frecuencia los matrimonios unían a familias de artistas: es conocido que Velázquez se convirtió en el yerno del pintor Pacheco en cuyo taller se formó y tuvo, a su vez, a un pintor por yerno; el orfebre Juan de Arfe se casó con Ana Martínez, hija de otro orfebre, Melchor Martínez; el escultor Manuel Álvarez contrajo matrimonio con la hermana de un colega, por cierto más conocido que él, Francisco Giralte. Juan de Valdés Leal se casó con Isabel de Carrasquilla que era también pintora. Pero disponemos de un ejemplo que ilustra perfectamente la multiplicación de estas relaciones: el entramado de las alianzas matrimoniales de la familia Jordán.

El escultor Esteban Jordán se casó en primer lugar con Felicia González Berruguete, hermana del escultor Inocencio Berruguete y sobrina del más famoso de los Berruguete, Alonso. De este matrimonio nacieron dos hijas: la mayor, María, contrajo matrimonio con el escultor Benito Celma; la menor, Isabel, se casó con el pintor Pedro de Oña. Una vez viudo, Esteban Jordán, volvió a casarse con María Becerra, hermana o hija de un artista de prestigio, Gaspar Becerra...

Por ello no es sorprendente que hayan florecido auténticas dinastías de artistas, arquitectos, escultores, pintores u orfebres: los Siloé, los Gil de Hontañón, los Arfe, los Herrera, los Berruguete, los Theotecopuli (El Greco y su hijo Jorge Manuel), los Egas, los Masip (Juan de Juanes era hijo de Vicente Masip), los Ribalta... La fuerte mortalidad de la época, sobre todo la mortalidad derivada de la maternidad, explica que varios de estos artistas se hayan casado más de una vez: Zurbarán, Juan de Juni, Esteban Jordán, Jorge Manuel Theotecopuli se casaron tres veces. Muchos de ellos, sin embargo, dieron muestra de una longevidad bastante notoria para su tiempo. El número de los que superaron los sesenta años es elevado: entre otros, Diego de Siloé, Felipe Bigarny, Alonso Berruguete, Juan de Juni, Gregorio Fernández, Murillo, Zurbarán, Velázquez, Juan de Valdés Leal, Juan de las Roelas, Juan Martínez Montañés, Alonso Cano, Pedro de Mena... El Greco (1541-1614) alcanzó los setenta y tres años; Luis Morales (1509-1586) y Francisco Ribalta (1551-1628) los setenta y siete años; Francisco Herrera el Viejo (1576-1656) los ochenta años; por último, Francisco Pacheco (1564-1654) los noventa años.

En cuanto a su éxito económico fue desigual. Algunos eran hidalgos y gozaban de una cierta holgura material: Bartolomé Ordóñez, Esteban Jordán, Gregorio Fernández, probablemente y los Arfe con toda seguridad. Alonso Berruguete adquirió una fortuna considerable que le permitió comprar un cargo de notario de lo criminal en la Audiencia (cargo que jamás ejerció) y establecer un mayorazgo, como también lo hizo Esteban Jordán. El Greco conoció igualmente el éxito económico, y la situación de «pintor de cámara» concedida a Velázquez por Felipe IV le garantizó una amplia seguridad material. Muchos artistas fueron capaces de otorgar a sus hijas una dote substancial, de 1.000, 2.000 ducados o más. Otros, en cambio, conocieron graves dificultades financieras: Juan de Juni con toda certeza, agravándose su situación por el amor a su arte que le condujo a terminar a sus expensas su obra maestra, el retablo de la Antigua de Valladolid. El pintor Gregorio Fernández murió en la extrema pobreza y tuvo que obtener una declaración de indigencia para que se le concediera una asistencia judicial con motivo de un proceso contra el presidente del Consejo de Indias. Zurbarán, una de las glorias del Siglo de Oro, murió en Madrid ante la indiferencia general y en medio de una pobreza rayana en la miseria.

Los artistas del Siglo de Oro eran de una cultura muy desigual. Algunos de ellos eran analfabetos, o casi; otros, como Alonso Berruguete, Pacheco, Alonso Cano, Juan de Herrera y Velázquez, eran hombres de una elevada cultura. Pero disponemos de escasos inventarios establecidos después de los fallecimientos que nos permitan conocer sus lecturas y aquellos de que disponemos muestran la importancia de las obras de referencia útiles para su arte: tratados de Vitrubio, de Palladio, de Durero, de Vinola, de Pablo de Céspedes, de Juan de Arfe, entre otros...

La formación de las colecciones

El papel y el ejemplo de la corte, el enriquecimiento de ciertas categorías sociales, la influencia de Italia adonde muchos grandes señores y letrados acudieron en el marco de una misión política y la expansión de la producción, contribuyeron evidentemente a la formación de importantes colecciones de arte y, en especial, de cuadros. Isabel la Católica ya había dado ejemplo, ciertamente, desde antes del Siglo de Oro y la capilla real de Granada heredó algunas obras maestras reunidas gracias a sus cuidados, telas de maestros extranjeros: Memling, Van der Weyden, Botticelli, el Perugino, con la única excepción de Pedro Berruguete...

Carlos V y Felipe II fueron grandes aficionados y coleccionistas inteligentes. Ya sabemos que el pintor preferido del emperador fue Tiziano; Felipe II, al tiempo que permanecía fiel a la escuela veneciana (Tiziano, Veronés, Tintoretto), supo reconocer el talento insólito de Jerónimo Bosch, aunque no llegase a comprender el del Greco. A finales del siglo xvi las colecciones regias de pintura eran ya muy importantes: 358 cuadros en el Alcázar, 117 en El Pardo, 250 en El Escorial. Por desgracia, algunas desaparecieron en un incendio en El Pardo en 1604, pero, bajo el impulso de Felipe IV y de Olivares las colecciones se enriquecen considerablemente durante la primera mitad del siglo XVII. El rey y su favorito desarrollaron una política sistemática de compras en el extranjero y de encargos a los pintores españoles y extranjeros.

De esta manera, la colección del Alcázar, que comprendía 385 telas en 1607, tenía 885 en 1636 y 1.547 en 1686, aunque la mayoría de los cuadros adquiridos después de 1636 lo fueron antes de la muerte de Felipe IV. Al mismo tiempo se habían reunido unos 800 cuadros en el Buen Retiro, 171 en la Torre de la Parada y 96 en la Zarzuela, residencias construidas y decoradas durante el reinado de Felipe IV. Jonathan Brown considera que Felipe IV añadió durante su reinado aproximadamente unos 2.000 cuadros a las colecciones reales.

La calidad no cede ante la cantidad. Los comisarios del rey o de Olivares encargados de efectuar las compras o los encargos eran todos ellos aficionados al arte, buenos conocedores de la materia: el marqués de Leganés, primo de Olivares y también coleccionista; el conde de Monterrey, virrey de Nápoles; el marqués de Castel Rodrigo, embajador en Roma; el protonotario Jerónimo de Villanueva, y... dos de los más insignes artistas de su tiempo, Rubens y Velázquez. Este último realizó en 1650 un segundo viaje a Italia cuya finalidad era la compra de cuadros: se trajo, especialmente, la *Venus y Adonis*, del Veronés, y *El Paraíso*, de Tintoretto. Felipe IV recibió también algunos regalos suntuosos, como el *Adán y Eva* de Durero que le envió la reina Cristina de Suecia.

Evidentemente es imposible proponer un examen detallado de esta impresionante colección. Podemos recordar que es el origen de la del museo del Prado y de las de algunos otros museos menos considerables. Podemos igualmente ofrecer algunos ejemplos que ponen de relieve el criterio de los compradores. Desde Nápoles el conde de Monterrey envió en especial cuadros de Ribera y de Lanfranco. En Roma, Castel Rodrigo, que permaneció en la ciudad eterna de 1632 a 1641, descubrió el talento de Claude Lorrain al que encargó, en un primer momento, trece aguafuertes. Más tarde, encargó al mismo Lorrain y a otros artistas del norte (Jean Lemaire, Jan Both) dos series de paisajes —una de escenas pastorales, otra de ermitas situadas en un marco natural—, porque estas pinturas estaban destinadas a adornar las ermitas próximas al Buen Retiro. Castel Rodrigo adquirió igualmente varias obras de indudable calidad a Nicolás Poussin: *Paisaje con anacoreta, El festín de Príapo*. Se ha de insistir en que estas obras no se encargaban al azar: se integraban en unos programas iconográficos elaborados para la glorificación de la monarquía y el ornato de sus residencias.

En los Países Bajos el cardenal-infante buscaba las obras de arte con parecidos excelentes resultados. Instalado en Bruselas después de su victoria de Nördlingen, se preocupó por suministrar cuadros de escenas animales para el pabellón de caza de la Torre de la Parada cercana al Pardo: con este propósito solicitó los trabajos de Pablo de Vos y de Frans Snyders. Pero el cardenal-infante consiguió igualmente de Rubens *El juicio de Paris* y una serie de los *Doce meses* del año.

La colección del Retiro se completó mediante la recuperación de las telas que hasta entonces se habían dejado en Valladolid en el palacio real que había sido abandonado. Eran 67 en total, pero se trataba de obras secundarias. Felipe IV compró importantes cuadros a coleccionistas españoles y, por supuesto, los pintores españoles obtuvieron su parte en este fabuloso mercado: en 1634 Villanueva adquirió *La fragua de Vulcano* y *La túnica de Jacob* de Velázquez. En el mismo año, el genial pintor sevillano ejecutó para la sala de los Bufones del Buen Retiro una serie de seis telas dedicada a los bufones del rey (de las que se han perdido dos): don Juan de Austria y Barbarroja quedaron incluidos en la composición en un extraño cara a cara. Velázquez realizó varios retratos para el Retiro, de manera que este palacio llegó a poseer 18 telas de este pintor, 13 de las cuales fueron pintadas entre 1634 y 1635. Ya sabemos que Zurbarán y Maíno trabajaron igualmente para el Buen Retiro en la misma época.

Las colecciones regias no se limitaron a la pintura. Carlos V había reunido una bellísima serie de tapices que se encuentran en el Alcázar de Sevilla y Felipe II siguió su ejemplo en El Escorial. A su vez, Felipe IV constituyó unas admirables colecciones para el Alcázar y el Buen Retiro con la ayuda del conde de Castrillo: éste consiguió adquirir tapices flamencos y florentinos de algunos grandes señores españoles, como los condes de Ricla y de Pere, el marqués de Villena y el duque de Albuquerque, y, después de la muerte de la infanta Isabel en Bruselas en 1633, sus tapices fueron enviados a Madrid. Se encargaron dos grandes series de nueve tapices cada una al maestro tapicero Pedro Biquemans, de origen flamenco.

Sería preciso dejar un espacio también a la colección de objetos de plata y de orfebrería y con mayor razón a la de escultura: los Leoni realizaron importantes obras en bronce para El Escorial y para el Retiro, adonde se transfirieron las obras instaladas en Aranjuez. Se llevaron a cabo compras importantes en Flandes y en Italia y Martínez Montañés fue enviado al Retiro.

He leído con sorpresa, debido a la pluma de Antonio Bonet Correa, que España apenas conoció el coleccionismo y que las colecciones particulares de pintura, de escultura y de objetos raros habían sido muy escasas. No puedo compartir esta opinión. Es cierto que la mayoría de estas colecciones han desaparecido seguidamente o se han dispersado; no por ello deja de ser verdad que existieron. Lo que sucede, sencillamente, es que carecemos de trabajos de investigación y de monografías sobre ellas.

Desde finales del siglo xvi, en una ciudad como Valladolid los inventarios establecidos después de las defunciones nos revelan la existencia de algunas colecciones. Personalmente, he encontrado nueve, cuando mi encuesta distaba mucho de ser exhaustiva: Pedro Enríquez, profesor de filosofía en Valladolid, poseía una cincuentena de cuadros, entre los cuales una Madona de Rafael y numerosas estampas; don Antonio de la Cerda no tenía más que 22 cuadros, pero 2 eran de Jerónimo Bosch... Don Francisco de Fonseca, señor de Coca y de Alaejos, y el licenciado Bartolomé de Herrera, abogado en la Audiencia, tenían en sus colecciones una fuerte proporción de telas flamencas. Los más poderosos señores de Valladolid, los condes de Benavente, acumularon desde mediados del siglo xvi hasta mediados del siglo xvii obras de gran valor firmadas por Rafael, Jerónimo Bosch, El Greco, Rubens, Ribera, Caravaggio...

En Madrid y en el reinado de Felipe IV los consejeros de Castilla estudiados por Jeanine Fayard coleccionaban tapices flamencos y también cuadros: en 1623 Gaspar de Vallejo poseía cuarenta; la viuda de don Martín Iñíguez de Arnedo había reunido 90 en 1645 y don Bernardo de Ipeñarrieta, 135 en 1651. Estas colecciones nos aparecen hoy extraordinariamente subestimadas, porque algunos consejeros poseían obras de maestros de un valor actual incalculable: en 1645 don Gregorio López Madera poseía, por ejemplo, un Pantoja de la Cruz, un Bassano, un Rafael, dos Tiziano... En cuanto a don Lorenzo Ramírez de Prado, tenía en 1658 un Tiziano, un Jerónimo Bosch y dos Grecos...

No cabe la menor duda, por otra parte, que el ejemplo del rey estimuló el entusiasmo de los coleccionistas privados, entre los cuales los grandes señores dispusieron evidentemente de los recursos más importantes. El marqués de Leganés fue el más admirable de estos coleccionistas: a su muerte, en 1655, había reunido 1.333 obras, de las cuales una fuerte proporción era de telas flamencas (obras de Rubens, Van Dyck, Jordaens, Van Eyck, Van der Weyden, Bosch, Metsys), un número importante correspondía a grandes obras italianas (Rafael, Tiziano, Veronés), aunque hubiese muy pocos autores españoles, salvo los Ribera. El conde de Monterrey aprovechó su prolongada estancia en Italia, de 1628 a 1637, para acumular una colección menos opulenta (265 cuadros en el momento de su muerte en 1653) y menos brillante, pero de todos modos extraordinaria con sus 13 Riberas y varios Tizianos. Entre los grandes coleccionistas se ha de citar al almirante de Castilla, Juan Alfonso Enríquez de Cabrera, y al duque del Infantado, que también aprovecharon ambos su respectiva estancia italiana, o a un plebeyo como Pedro de Arce que poseía un conjunto impresionante, cuya joya era el cuadro de *Las hilanderas*, de Velázquez.

La fiebre de la colección había conseguido la explotación más afortunada de la existencia del imperio. Hacia 1650, miles de telas flamencas e italianas se habían reunido en España. La inversión en obras de arte compensaba, si bien es verdad que de un modo muy imperfecto, la pérdida de los tesoros dispersados en todos los campos de batalla de Europa.

ANEXO

Becerra, Gaspar de (siglo XVI). Escultor de retablos.
Obras destacadas: retablos de Astorga y de las Descalzas Reales de Madrid.
Obras hoy visibles en: Astorga, Madrid, Pamplona, Medina del Campo, Burgos, Granada.

Berruguete, Alonso (1481-1561). Escultor
Obras destacadas: retablo de San Benito de Valladolid, sillería de los coros de la catedral de Toledo.
Obras hoy visibles en: Valladolid, Toledo, Cáceres, Olmedo, Salamanca, Granada, Úbeda, Paredes de Nava (Palencia).

Bigarny, Felipe de (siglo XVI). Escultor, arquitecto.
Obras destacadas: Arco de Santa María y altorrelieves (Burgos), sillería de la catedral de Toledo.
Obras hoy visibles en: Burgos, Toledo, Granada.

Bustamante, Juan de (siglo XVI). Pintor.
Obras destacadas: retablos de Echauri, Muniain (País Vasco).
Obras hoy visibles en: Echauri, Muniain.

Cano, Alonso (1601-1667). Arquitecto, escultor, pintor.
Obras destacadas: pinturas y esculturas de Granada (Catedral, iglesia de San Justo y Pastor).
Obras hoy visibles en: Granada, Sevilla, Córdoba, Málaga, Lebrija (Jerez), Cádiz.

Carducho, Vicente (1578-1638). Pintor.
Obras destacadas: *Calvario, Ascensión de Santiago de Alcalá, Salvador.*
Obras hoy visibles en: Valladolid (museos de escultura y de pintura, iglesia de Las Angustias), Madrid (convento de la Encarnación, iglesia de San Francisco el Grande), El Escorial.

Carvajal, Luis de (final siglo XVI y primera parte del siglo XVII). Pintor.
Obras destacadas: San Nicolás de Tolentino (Toledo).
Obras hoy visibles en: Toledo.

Carreño de Miranda, Juan (1614-1682). Pintor.
Obras destacadas: retratos.
Obras hoy visibles en: Madrid (Prado), Sevilla (museo de Bellas Artes), Vitoria, Bilbao, etc.

Celma, Juan Bautista (segunda mitad siglo XVI). Escultor y forjador de hierro.
Obras destacadas: enrejado de la catedral de Plasencia (1598), sillas de bronce, estatuas.
Obras hoy visibles en: Plasencia, Santiago de Compostela.

Céspedes, Pablo de (siglo XVI). Pintor.
Obras destacadas: *Cena* (museo de Sevilla), sala capitular de la catedral de Sevilla.
Obras hoy visibles en: Sevilla, Córdoba.

Coello, Claudio (1624-1693). Pintor.
Obras destacadas: sacristía de El Escorial, retratos.
Obras hoy visibles en: El Escorial, Madrid (museo Lázaro Galdiano), Bilbao, Huesca, Santiago de Compostela, Salamanca (San Esteban), Toledo (hospital Tavera), Cádiz, etc.

Covarrubias, Alonso de (primera mitad del siglo XVI). Arquitecto y escultor.
Obras destacadas: capilla de Santa Librada, en Sigüenza.
Obras hoy visibles en: Sigüenza, Toledo, Yepes (Toledo), Alcalá de Henares, Salamanca, Plasencia.

Egas, Enrique de (primera mitad del siglo XVI). Arquitecto y escultor.
Obras destacadas: hospitales de los Reyes Católicos (Santiago de Compostela) y de la Santa Cruz (Toledo).
Obras hoy visibles en: Santiago de Compostela, Toledo, Granada.

Fernández de Navarrete, Juan —apodado «El Mudo»— (1579). Pintor.
Obras destacadas: serie de los apóstoles, *Degollación de Santiago el Mayor, San Jerónimo.*
Obras hoy visibles en: El Escorial, Valencia (colegio del Patriarca).

Fernández, Gregorio (c. 1576-1636). Escultor.
Obras destacadas: pasos de Semana Santa, Cristos en la cruz, etcétera.
Obras hoy visibles en: iglesias y museos de Valladolid, Orense (catedral), Pontevedra, Verín, León, Salamanca, Plasencia, Madrid, Sollana, etc.

Forment, Damián (*c.* 1480-1541). Escultor.
Obras destacadas: retablos del monasterio de Poblet y de la catedral de Huesca, y Zaragoza.
Obras hoy visibles en: Poblet, Huesca, Barbastro, Zaragoza, Alcañiz, Santo Domingo de la Calzada, Valencia.

Gil de Hontañón, Juan (primera mitad siglo XVI). Arquitecto.
Obras destacadas: catedrales de Salamanca y de Segovia.
Obras hoy visibles en: Salamanca, Segovia, Mota del Marqués, Sevilla (cúpula).

Gil de Hontañón, Rodrigo († 1573). Arquitecto.
Obras destacadas: Santiago de Compostela (claustro, tesoro), Plasencia (catedral).
Obras hoy visibles en: Santiago de Compostela, Plasencia, Cáceres, Toro, Ciudad Rodrigo, Segovia.

Giralt, Francisco (segunda mitad siglo XVI). Escultor.
Obras destacadas: Museo Marés en Barcelona, sepulcros de los Rojas en Palencia.
Obras hoy visibles en: Barcelona, Madrid, Palencia, Valladolid, Colmenar Viejo.

Gómez de Mora, Juan († 1648). Arquitecto y escultor.
Obras destacadas: Plaza Mayor de Madrid, retablo de la capilla de Guadalupe.
Obras visibles en: Madrid, Salamanca, Guadalupe.

Greco, el, Doménikos Theotokópoulos (1541-1614). Pintor.
Obras destacadas: *El Entierro del Conde de Orgaz*, series de los apóstoles, retratos, etc.
Obras hoy visibles en: Toledo, El Escorial, Madrid (Prado), Barcelona, Sitges, Bilbao, Villa Zuloaga (en Zumaya), Oviedo, Martín Muñoz de las Posadas, Palencia, Sigüenza, Granada, Sevilla, Andújar, Cádiz.

Herrera, Francisco, el Viejo (1576-1656). Pintor.
Obras destacadas: pinturas religiosas.
Obras hoy visibles en: Madrid (museo Lázaro Galdiano) y Sevilla.

Herrera, Francisco, el Joven (1612-1685). Pintor y arquitecto.
Obras destacadas: pórtico de San Francisco en Palma de Mallorca, retratos de santos.
Obras hoy visibles en: Gerona, Palma de Mallorca, Zaragoza, Madrid, Sevilla.

Herrera, Juan de (segunda mitad del siglo xvi y comienzos del siglo xvii). Arquitecto.
Obras destacadas: El Escorial, Alcázar de Toledo, puente de Palmas sobre el Guadiana.
Obras hoy visibles: El Escorial, puente de Palmas, monasterio de Sobrado (Galicia), Granada.

Ibarra, Pedro de (segunda mitad del siglo xvi). Arquitecto.
Obras destacadas: patio del colegio de los Irlandeses en Salamanca.
Obras hoy visibles en: Salamanca, Alcántara.

Jordán, Esteban (segunda mitad del siglo xvi). Escultor.
Obras destacadas: retablos de Medina de Rioseco.
Obras hoy visibles en: Valladolid, Medina del Campo y Medina de Rioseco, León, Alaejos.

Juanes, Juan de (c. 1523-1579). Pintor.
Obras destacadas: Martirio de San Esteban, La Cena (Prado), La Virgen amamantando al Niño (Valencia).
Obras hoy visibles en: Madrid (Prado), Valencia (Patriarca), Segorbe, Alcoy, Orihuela.

Juni, Juan de (1507-1577). Escultor.
Obras destacadas: Enterramiento y Virgen de las Angustias (Valladolid).
Obras hoy visibles en: Valladolid, Medina del Campo, Medina de Rioseco, Segovia.

Machuca, Pedro († 1550). Arquitecto y pintor.
Obras destacadas: palacio de Carlos V en Granada, Descendimiento de la Cruz (Prado).
Obras hoy visibles en: Madrid (Prado) y Granada.

Maíno, Juan Bautista (1578-1649). Pintor.
Obras destacadas: *Recuperación de Bahía, Adoración de los Pastores.*
Obras hoy visibles en: Vilanova i la Geltrú (Cataluña), San Sebastián, Madrid (Prado), Toledo.

Martínez, Gregorio (1547-1597). Pintor.
Obras destacadas: *Anunciación* del museo de Valladolid, y retablos.
Obras hoy visibles en: Valladolid (iglesias de la Magdalena y de San Miguel, museo).

Masip, Vicente (*c*. 1475-1545). Pintor.
Obras destacadas: *Bautismo de Cristo* (Valencia), *Cristo con la cruz a cuestas* (Prado).
Obras hoy visibles en: Madrid (Prado), Valencia, Segorbe.

Mena, Pedro de (siglo XVII). Escultor.
Obras destacadas: *La Magdalena penitente* del museo de Valladolid, estatuas de la catedral de Málaga.
Obras hoy visibles en: Valladolid, Málaga, Córdoba, Granada, Sevilla, Barcelona, etc.

Mesa, Juan de (1583-1629). Escultor.
Obras destacadas: *Cristo en la agonía* (Vergara-Guipúzcoa), *Cristo del Gran Poder* de Sevilla.
Obras hoy visibles en: Vergara (País Vasco), Sevilla, Córdoba.

Montañés, Juan Martínez († 1649). Escultor.
Obras destacadas: retablo de San Isidoro en Santiponce (Sevilla), Cristos en la cruz.
Obras hoy visibles en: Sevilla, Santiponce, Granada, Cádiz, Barcelona (museo Marés).

Morales, Luis (1509-1586). Pintor.
Obras destacadas: Piedad del museo de Salamanca, retablo de Arroyo de la Luz.
Obras hoy visibles en: Salamanca, Madrid (Prado), Arroyo de la Luz, Badajoz, Fregenal de la Sierra, Alcántara, Valencia, Málaga, Osuna, Córdoba, Sevilla, Las Palmas, La Coruña.

Murillo, Bartolomé Esteban (1618-1682). Pintor.
Obras destacadas: niños y vírgenes (*Los Niños de la concha*, de Sevilla).
Obras hoy visibles en: Sevilla, Madrid (Prado), Cádiz, Valencia, La Coruña, Pontevedra, La Granja, dominio de Alfabia (Mallorca).

Ordóñez, Bartolomé († 1520). Escultor.
Obras destacadas: sepulcro de Felipe el Hermoso y de Juana la Loca en Granada.
Obras hoy visibles en: Barcelona, Granada.

Pacheco, Francisco (1564-1654). Pintor.
Obras destacadas: *Virgen con el Niño* del museo de Granada.
Obras hoy visibles en: Sevilla, Granada, Andújar, Madrid (Prado).

Pantoja de la Cruz, Juan (1553-1608). Pintor.
Obras destacadas: retratos de corte (Felipe II).
Obras hoy visibles en: Barcelona (colección Cambó), Pontevedra, Ávila, Toledo (museo de Santa Cruz), Madrid (Prado).

Praves, Diego de (segunda mitad del siglo XVI). Arquitecto.
Obras destacadas: santuario cristiano de la mezquita de Córdoba.
Obras hoy visibles en: Córdoba, Valladolid, iglesia de Cigales (cerca de Valladolid).

Riaño, Diego de (segunda mitad del siglo XVI). Arquitecto.
Obras destacadas: Ayuntamiento de Sevilla.
Obras hoy visibles en: sala capitular y Ayuntamiento de Sevilla.

Ribalta, Francisco (1565-1628). Pintor.
Obras destacadas: cuadros de la iglesia de San Jaime de Algemesí; Santa Clara de Valencia.
Obras hoy visibles en: Valencia, Castellón, Algemesí, Madrid (Prado), Murcia.

Ribera, José (1591-1652). Pintor.
Obras destacadas: *El Contrahecho*, *Martirio de San Bartolomé*, *El Sueño de Jacob*, etc.
Obras hoy visibles en: Madrid (Prado), Valencia, Palma de Mallorca, dominio de Alfabia (Mallorca), Zaragoza, Vitoria, Bilbao, La Coruña, Sevilla, Granada, Pontevedra, etc.

Roelas, Juan de las (c. 1558-1625). Pintor.
Obras destacadas: retablo de la universidad de Sevilla, Inmaculadas Concepción.
Obras hoy visibles en: Sevilla, Sanlúcar de Barrameda, Valladolid, Bilbao.

Salamanca, Francisco de (siglo xvi). Forjador de hierro.
Obras destacadas: rejas de la cartuja de Miraflores (Burgos), y de Sevilla.
Obras hoy visibles en: Burgos, Sevilla, Guadalupe.

Sánchez Coello, Alonso (1531-1588). Pintor.
Obras destacadas: retratos de corte.
Obras hoy visibles en: Madrid (Prado y Lázaro Galdiano), Zaragoza, San Sebastián.

Sánchez Cotán, Juan (1561-1627). Pintor.
Obras destacadas: bodegones.
Obras hoy visibles en: Museo de Bellas Artes y cartuja de Granada, Madrid (Descalzas).

Siloé, Diego de († c. 1555). Arquitecto y escultor.
Obras destacadas: retablos de la catedral de Burgos; catedral de Plasencia, etc.
Obras hoy visibles en: Burgos, Covarrubias (tríptico), Valladolid, Plasencia, Granada, Guadix (cabecera de la catedral).

Theotokópoulos, Jorge Manuel (hijo del Greco) (siglo xvii). Pintor y arquitecto.
Obras destacadas: Ayuntamiento de Toledo, pintura religiosa.
Obras hoy visibles en: Toledo.

Tristán, Luis (finales del siglo xvi y comienzos del siglo xvii). Pintor.
Obras destacadas: *Penitencia de Santo Domingo*, en Toledo.
Obras hoy visibles en: Toledo, Yepes, Santiago de Compostela, Ávila, Sevilla.

Valdés Leal, Juan (1622-1690). Pintor.
Obras destacadas: cuadros del hospital de la Caridad de Sevilla (*Alegorías de la Muerte*).
Obras hoy visibles en: Sevilla, Madrid (Prado), Bilbao, Pamplona, Orihuela.

Vandelvira, Andrés (1509-1575). Arquitecto.
Obras destacadas: iglesia del Salvador de Úbeda.
Obras hoy visibles en: Úbeda, Baeza, Jaén (catedral), Cuenca (claustro).

Vargas, Luis de (finales del siglo XVI y siglo XVII). Pintor.
Obras destacadas: retablo de Adán y Eva de la catedral de Sevilla.
Obras hoy visibles en: Sevilla.

Velázquez, Diego (1599-1660). Pintor.
Obras destacadas: *Las Meninas, La rendición de Breda, La Venus del espejo, Los borrachos, Las hilanderas,* retratos (*Felipe III, Felipe IV, Baltasar Carlos, El conde duque de Olivares,* los bufones, etc.).
Obras hoy visibles en: Madrid (Prado), Sevilla (museo de Bellas Artes), La Coruña.

Villalpando, Francisco de (siglo XVI). Forjador de hierro y escultor.
Obras destacadas: puertas de bronce y reja plateresca de la catedral de Toledo.
Obras hoy visibles en: Toledo y Madrid.

Zurbarán, Francisco de (1598-1664). Pintor.
Obras destacadas: serie de los Cartujos, serie de los Jerónimos, *Defensa de Cádiz.*
Obras hoy visibles en: Sevilla (museo de Bellas Artes), Guadalupe, Madrid (Prado), Cádiz, Badajoz, Pontevedra, Barcelona (colección Cambó), Bilbao, Jadraque, Sigüenza, Jerez de la Frontera, etc.

Capítulo 11

DE LA CULTURA ORAL A LA LITERATURA: LAS MAGNIFICENCIAS DEL LENGUAJE

El castellano fue sin lugar a dudas una de las lenguas europeas que se formaron con mayor precocidad: los estudiosos e investigadores familiarizados con los archivos y los textos antiguos han podido comprobar que la lengua del siglo XVI español está mucho más próxima al castellano actual de lo que el francés o el alemán lo están respecto de las lenguas escritas en la época de Francisco I o en el tiempo de Lutero. Naturalmente, el dominio del castellano no era total: si bien es cierto que esta lengua progresaba rápidamente en el reino de Valencia, a causa de la influencia de la nobleza, si bien es verdad que había conquistado Aragón, seguía siendo, en cambio, una lengua extranjera en Cataluña, en las Baleares, y en las provincias vascas, era escasa y deficientemente conocida por los campesinos gallegos, y los moriscos, por su parte, utilizaban el aljamiado, del que no se sabe a ciencia cierta si era un árabe españolizado o en español arabizado.

CULTURA ORAL, CULTURA DE MASAS

La cultura de la masa de la población era una cultura oral y visual. Desde hace algunos años, numerosos autores se han interesado profundamente en esta cuestión, sobre la que yo mismo he trabajado y propondré en este capítulo un balance provisional de las más recientes investigaciones realizadas a este respecto. En todo caso, ninguno niega que la cultura escrita era un hecho minoritario: probablemente las tres cuartas partes o las cuatro quintas partes de la población española no sabían leer, aunque es indudable que las proporciones variaban considerablemente según las regiones, según el modo de vida urbano o rural, según la condición social y la actividad profesional, también, por último, según el sexo. Volveremos sobre ello. Para la gran mayoría de españoles, la cultura consistía en el resultado de adquisiones realizadas lentamente a través de la tradición oral, en el seno del medio familiar, parroquial y profesional, desempeñando sin duda la vida religiosa un papel eminente.

Tenemos ya suficentes datos para poder comprender. La función del catecismo, del sermón, de la confesión, así como el de las festividades religiosas y, en especial, el de las procesiones, era evidentemente esencial en la constitución de un cuerpo de creencias que informaba toda la vida. También el arte religioso, cuya presencia permanente hemos comprobado, contribuía muy activamente a la definición de estas creencias: los retablos, los pasos, las series de vidas de santos, las custodias adornadas de imágenes, enseñaban al pueblo cristiano hasta los menores episodios de la pasión de Cristo, del Antiguo y del Nuevo Testamento, fortificaban los relatos hagiográficos, bien fuesen históricos o legendarios. ¿Qué cristiano podía ignorar las circunstancias de la matanza de los inocentes, de la huida a Egipto, de las bodas de Caná, de la multiplicación de los panes o de la última Cena, del martirio de san Sebastián? ¿Qué hombre, qué mujer podía olvidar las perspectivas escatológicas del Juicio Final?

Algunas historias de santos pertenecían al acervo de España. Aunque la tradición de Santiago, evangelizador de España, acabó por pertenecer a todo el Occidente cristiano hasta el punto de suscitar una de las más importantes y constantes peregrinaciones de la historia, adoptó sin embargo en España una coloración nueva referida únicamente a este país. Santiago, apóstol y peregrino, se había convertido en España en el «matamoros», uno de los grandes paladines de la Reconquista. La iconografía se asoció profundamente a esta visión y en la España del norte la tradición de un Santiago guerrero permanece aún viva en el Siglo de Oro, íntimamente mezclada con la del peregrino, entretejida con mil anécdotas, con leyendas de todo tipo; una de las más pintorescas es la de Santo Domingo de la Calzada: el tema del peregrino injustamente acusado, condenado a muerte y salvado milagrosamente por la resurrección de los pollos, que ya estaban, convenientemente asados, en el plato del juez de Santo Domingo, figura todavía en la gran custodia de la ciudad de Santiago de Compostela, esculpida en el siglo XVI por Antonio de Arfe.

Rozamos con ello los lindes del folklore. Ahora bien, sabemos precisamente que la cultura popular de la España del Siglo de Oro, la que se alimentaba de las conversaciones mantenidas en veladas, en tabernas, o en el transcurso de los viajes a pie, era muy rica en canciones, en cuentos, en historietas graciosas que desempeñaron un cierto papel en la floración de la literatura «culta». Esta mercancía literaria popular existía ya en el siglo XVI y conocemos incluso cómo funcionaba el sistema: por lo general, la llevaban los ciegos en forma de hojitas impresas, dobladas por su mitad y colocadas a caballo en una cuerda tendida (de donde le viene el nombre de literatura de cordel). Los ciegos aprendían el contenido de estas hojitas y las recitaban en público, al tiempo que las vendían a las gentes del pueblo que sabían leer. Éstos, a su vez, leían los textos a los iletrados que les rodeaban durante las pausas del trabajo: podía tratarse de una canción, de un entremés, de una fábula, el resumen de una novela de caballerías o de una pieza de teatro...

Gracias a los trabajos de Julio Caro Baroja y de Jean-François Botrel sobre la literatura de cordel, a los de Maxime Chevalier y de Maurice Molho acerca de las fuentes folklóricas de las creaciones del Siglo de Oro, poseemos algunas ideas respecto del contenido de esta tradición, recogida por algunos piadosos autores. La *Floresta* española de Melchor de Santa Cruz, por ejemplo, transcribe una serie de historietas en las que aparecen todas las facetas de la representación del labrador: su sentido del honor, su astucia, sus roces y querellas con el hidalgo, etc. Maxime Chevalier rememora las colecciones de relatos de Timoneda y de

Garibay, y el *Libro de los chistes* de Luis de Piñedo, cuando explica hasta qué punto era popular el personaje del lazarillo, aunque la obra *El Lazarillo de Tormes* fuese poco leída relativamente en el Siglo de Oro. Por su parte, Maurice Molho ha podido encontrar las «raíces folklóricas» de la obra de Cervantes.

En efecto, cuando Sancho cita sus series de refranes de corrido, actúa como el portavoz de la cultura popular y, más allá aún de los proverbios, muchas de sus intervenciones se refieren a tradiciones populares, como la historia de la pastora Torralba; y el mismo Sancho es un derivado de la tipología del «simple del pueblo», completado por la visión carnavalesca, ya que Panza es un nombre carnavalesco. Si nos situamos en otro registro, el *Retablo de las maravillas*, entremés de Cervantes, resultaría poco comprensible sin el recuerdo de la tradición europea (y no solamente española) de las maravillosas imágenes, en especial del juego entre lo visible y lo invisible popularizado en tantas fábulas.

En pleno Siglo de Oro existe, pues, una cultura popular muy rica, compuesta de refranes, de canciones, de historietas, de cuentos, de procedencia lejana, que se acomoda más o menos bien con una tradición cristiana en constante mutación, que no queda fijada antes del concilio de Trento, es decir, precisamente antes del Siglo de Oro. Pero, como acabamos de ver al evocar los personajes del Lazarillo o de Sancho Panza, esta cultura popular no se separa de la cultura escrita, tanto más cuanto que colaboran unos intermediarios poderosos cuya difusión se efectúa mucho más por vía oral que por vía escrita: los autos sacramentales y la comedia, en una palabra, el teatro.

Agentes de relación cultural: los autos religiosos y la comedia

Las grandes festividades religiosas españolas originaban unas ceremonias muy complejas en las que intervenían, además de los actos propiamente religiosos, las procesiones, representaciones teatrales denominadas «comedias de devoción» y con frecuencia danzas que podían ejecutarse en el interior de la misma catedral, como en Sevilla y en Toledo, donde el cabildo recurría a unos bailarines asalariados, los seizes. En consecuencia, el teatro y la danza ejercieron una función religiosa, sobre todo en las épocas más señaladas del año litúrgico, por ejemplo, durante la Semana Santa, la Cuaresma y el día de Corpus Christi.

En Toledo era el propio cabildo capitular de la catedral quien se ocupaba de la organización y de la financición completas de las festividades de Corpus. Los festejos dedicaban un amplio lugar a la danza religiosa: los seizes, que habían sido reclutados entre los niños del coro iniciados en el canto llano y en el canto *a cappella*, eran vestidos de ángeles. Ejecutaban danzas temáticas, alegóricas o mitológicas, que podían ser de gran fantasía, e intervenían también en otras ocasiones, tanto, por ejemplo, en la Asunción, como en Navidad: en esta última ocasión danzaban al tiempo que cantaban villancicos. Pero otros muchos danzarines intervenían también en el Corpus, venidos en general de los pueblos de la Sagra toledana, e interpretaban danzas muy animadas, llamadas de cascabel o de zapateado, y todo ello dentro de la misma iglesia.[1]

El teatro religioso no quedaba rezagado y produjo un género que alcanzó su apogeo en el Siglo de Oro, el auto sacramental, representación alegórica de un misterio religioso, la Encarnación o la Eucaristía en particular. La pieza era bastante corta, un solo acto, de mil a mil doscientos versos, pero implicaba una puesta en escena bastante exigente con utilización de carros móviles, decorados lujosos, renovados varias veces, y participación de la música instrumental. El auto sacramental no es, sin embargo, más que la forma más conseguida del auto religioso: con Calderón se instala la teología en el escenario. Desde mediados del siglo XVI, Lope de Rueda, uno de los precursores más importantes del teatro español, interpretó una serie de autos en la festividad del Corpus en numerosas ciudades, en Sevilla, en Córdoba, en Toledo, en Valencia, en Madrid, en Segovia, en Valladolid...

1. Debemos lo que precede a los trabajos de investigación de François Reynaud al que agradecemos su colaboración.

Por ejemplo, en esta última ciudad, actuó en el Corpus de 1551, 1559 y 1561. Antes y después del Corpus, Lope de Rueda ofrecía espectáculos de todo tipo: farsas, pastorales, diálogos en verso, comedias. Después de él, los grandes del teatro español: Lope de Vega, Tirso de Molina, Calderón de la Barca, imitaron su ejemplo y escribieron autos sacramentales, al mismo tiempo que dramas o «entremeses», siendo Calderón el autor considerado como el maestro indiscutible del auto sacramental. De tal manera que la consolidación de la cultura religiosa de la población a través del teatro religioso, con el tema privilegiado de la eucaristía, contribuyó a abrir simultáneamente el camino al teatro profano. Actores y autores eran los mismos. Sin duda comprenderemos ahora mejor que Lope de Vega, cuya vida había sido mucho más escandalosa que edificante, hubiera sido acompañado en su entierro por el fervor de todo Madrid, mientras que los funerales de Molière se realizaban en condiciones casi clandestinas, enterrándose su cadáver en un cementerio no sagrado. Representan dos maneras de considerar el teatro.

Sin lugar a dudas, el teatro español ha sido uno de los mejores agentes de relación entre la cultura popular y la cultura intelectual. Y ello por dos razones: en primer lugar, porque su público no tenía necesidad de saber leer y no se parecía en nada al del «hôtel de Bourgogne» del siglo XVII. Todos los testimonios concuerdan a este respecto: sea que se trata de los corrales de comedias de Valladolid, los primeros en su género, como el de la puerta de Santiesteban, después el de Salcedo; sea que se trate del corral de comedias abierto en Madrid en 1568 y bautizado con el sobrenombre de El Sol, más tarde de los teatros de la Cruz y del Príncipe en el siglo XVII, o de teatros de las más reducidas ciudades, como el de Almagro, que ha sido objeto de una restauración y que todavía podemos contemplar en la Plaza Mayor de esta ciudad, estos teatros acogían a un público muy heterogéneo en el que se codeaban los aristócratas, los letrados, los burgueses y el sector popular, los mosqueteros, que asistían al espectáculo de pie. Las deliberaciones del ayuntamiento de Valladolid se ven inundadas de quejas de los que pretenden que el teatro provoca la fiebre y que «los artesanos, los estudiantes, las mujeres casadas al igual que las muchachas solteras, se precipitan a los corrales de comedias, y abandonan sus casas, sus estudios, sus talleres». De hecho, en el último cuarto del siglo XVI, el teatro tiene representaciones diarias en Valladolid, con excepción del tiempo de Cuaresma y de Semana Santa y se convierte igualmente en fenómeno cotidiano en Madrid y en Sevilla. La entrada es barata, por lo que el precio no puede alejar a los aficionados de las clases populares.

La segunda razón es que «el teatro español del Siglo de Oro nos ofrece un inmenso tesoro folklórico».[2] Por una parte, la comedia del Siglo de Oro ha recuperado y utilizado ampliamente el romance, es decir, las canciones populares, composiciones cortas, generalmente en versos octosílabos, que habían recogido a su vez el legado de las canciones de gesta y de los poemas épicos de la Edad Media y que han transmitido a los tiempos modernos los relatos y las leyendas de la Reconquista, al mismo tiempo que aseguraban el éxito de las historias de amor. Los autores valencianos, como Guillén de Castro (en el que Corneille se inspiró para Le Cid), Gaspar Aguilar, Miguel Beneito, Carlos Boil, etcétera, se sirvieron considerablemente del romance, como también lo hizo Lope de Vega en la primera parte de su obra.

Por otra parte, el teatro ha asimilado y utilizado el cuentecillo, es decir, un breve relato presentado generalmente en forma dialogada. Casi siempre se trata de un cuento cómico, para provocar la risa, cuyo conjunto constituye una ingente tradición oral que, como precisa Maxime Chevalier, «representa el bien común de todos en la España del siglo XVI: campesinos, artesanos, burgueses, clérigos y gentilhombres». Ya en esta época existían unas compilaciones que reunían todos estos cuentecillos: las de Juan Timoneda, de Melchor de Santa Cruz, de Luis de Piñedo, que aparecen entre 1563 y 1574, o sea, poco después de la recopilación de canciones populares (Cancionero) y de la de refranes (Refranero) de Núñez. De esta manera, en veinte años se reunieron y se salvaron los tesoros del folklore español. Y el teatro lo utilizará extensamente en el siglo XVII. Lope de Vega se sirvió

2.   La fórmula es de Maxime Chevalier.

escasamente del cuentecillo en la primera parte de su obra: Maxime Chevalier no ha encontrado ni uno sólo en las 35 primeras comedias escritas por el gran dramaturgo. En 1604, cuando ya ha escrito 151 comedias, no había utilizado más que 33 cuentecillos. A partir de 1604, se produce un cambio espectacular: en las 165 comedias que Lope escribió todavía antes de su muerte, Maxime Chevalier descubre 138 cuentecillos e incluso llega a un promedio de dos en cada una de las ocho últimas comedias. Parece que Lope, que se mostró siempre muy atento a las reacciones del público, quedó muy impresionado por el gran éxito del *Guzmán de Alfarache*, que era una novela, sin duda, pero cuyo autor, Mateo Alemán, se había inspirado profundamente en los cuentecillos.

Ahora bien, los autores dramáticos seguirán el ejemplo de Lope de Vega y utilizarán sin vacilar el cuentecillo: Tirso de Molina, Ruiz de Alarcón, Pérez de Montalbán, Vélez de Guevara, Calderón de la Barca introducen todos en sus obras elementos de los cuentecillos. Maxime Chevalier ha podido demostrar que muchos de éstos pertenecían a la tradición oral, de manera que el público se reconocía realmente en el espectáculo al que asistía, a la vez que asimilaba de paso otros elementos culturales.

El papel y contenido del teatro fue tanto mejor asumido cuanto que la producción de la comedia fue ingente y se presentaba como un mensaje cultural de excepcional difusión: cuando una pieza teatral no podía representarse por falta de comediantes, sencillamente se leía, en una posada, en una plaza pública. Evidentemente, Lope de Vega es un fenómeno singular. Su discípulo, Montalbán, le adjudica 1.800 comedias y 400 autos... Puede que sea una exageración, pero poseemos en total 316 comedias y cuarenta autos que se le pueden atribuir con toda certeza, cosa que ya es extraordinaria. También pretenden que fray Gabriel Téllez, más conocido bajo el nombre de Tirso de Molina, escribió aproximadamente 400 obras de teatro y algunos autos. Ciertamente, también en esta ocasión es demasiado; pero no cabe duda de que Tirso de Molina es realmente el autor de, al menos, un centenar de obras. Pedro Calderón de la Barca nos ha legado, por su parte, casi 120 «comedias» y 80 autos, sin hablar de algunas decenas de «entremeses». Pérez de Montalbán, que murió jo-

ven, a los treinta y seis años en 1638, ya había publicado vein-
tiocho de sus comedias (aunque había escrito más). Juan Ruiz de
Alarcón fue menos fecundo: una veintena de piezas, entre las
cuales destaca *La verdad sospechosa* que sirvió de modelo, fielmente seguido por cierto, para el *Menteur* de Corneille.

Sería preciso además contar con las obras de Antonio Mira de
Amescua (1574-1644), que fue muy apreciado en su tiempo, con
las de Guillén de Castro (1579-1644), con Luis Vélez de Guevara
(1579-1644 también), tres autores que pertenecen exactamente
a la misma generación, así como también con Francisco Rojas
Zorrilla (1607-1648) y Luis Quiñones de Benavente (1589-1651):
es decir, podríamos añadir todavía dos o tres centenares de obras
y varias decenas de autos y de entremeses, por lo menos. Muchas
de estas piezas fueron compuestas rápidamente, fueron escritas
exclusivamente para ser interpretadas, de manera que ni siquiera
llegaron a ser publicadas. Calderón de la Barca, uno de los mejores dramaturgos europeos, ni siquiera se preocupó de que sus
obras se publicasen mientras él vivía. Fueron reunidas e impresas por sus amigos después de su muerte.

El teatro español del Siglo de Oro, contemporáneo del gran
teatro inglés isabelino, creó juntamente con éste el teatro moderno tal como se ha desarrollado y extendido en Europa desde
hace casi tres siglos. Este teatro da la primacía al texto y relega
los elementos escénicos a un segundo plano, admite una gran diversidad de tiempos y de lugares (por ejemplo, el *Don Juan* se
desarrolla en cuatro «jornadas» en Nápoles, Tarragona, Sevilla y
Dos Hermanas), así como personajes de toda naturaleza y condición; busca la invención del lenguaje y de las situaciones; encarna sobre la escena las pasiones de los hombres de su época,
tal como Lope de Vega deseó hacerlo de un modo explícito: los
celos, el honor, la fe... Con autores como Alarcón y Tirso de
Molina, la comedia se convierte en un estudio en situación de
los caracteres humanos, crea personajes de una hondura psicoló-
gica insólita. Con Calderón de la Barca y con Tirso también,
explora la metafísica.

Numerosos críticos han afirmado que el teatro español era
sobre todo una asombrosa variación sobre el tema del honor. Un

análisis cuantificado del vocabulario del teatro otorgaría a la palabra honor y a sus análogos una clasificación excepcional. El honor aparece como una reivindicación nacional, a la vez individual y colectiva. En *Fuenteovejuna*, de Lope de Vega, es todo un pueblo el que se amotina contra unos insoportables hidalgos, aunque sean caballeros de una orden militar, con el fin de salvaguardar el honor de la comunidad. Patrimonio común igual a la vida, o incluso superior a ella, el honor se convierte, a la vez, en el principio y en el móvil primordial de las acciones humanas, una forma de absoluto, como se percibe por ejemplo en el *Médico de su honra*, de Calderón, donde una mujer inocente es sacrificada simultáneamente al orden político y al sentido del honor. En *El Alcalde de Zalamea*, también de Calderón, se encuentran reunidas todas las interpretaciones del honor, su función social, así como su exigencia moral, incluso su contenido espiritual.

Reivindicación de un patrimonio común, decíamos hace poco. Sirva de testimonio este breve diálogo:

CAPITÁN

¿Qué habíais de hacer?

JUAN

Perder la vida por la opinión.

CAPITÁN

¿Qué opinión tiene un villano?

JUAN

Aquella misma que vos;
que no hubiera un capitán
si no hubiera un labrador.

Significación social, independientemente de la pertenencia a una clase, encontramos en el diálogo entre Juan y su padre Pedro Crespo, el admirable alcalde de Zalamea:

JUAN

¿Que quieras, siendo tú rico,
vivir a estos hospedajes sujeto?

CRESPO

Pues, ¿cómo puedo excusarlos,
ni excusarme?

JUAN

Comprando una ejecutoria.

CRESPO

Dime, por tu vida, ¿hay alguien
que no sepa que yo soy,
si bien de limpio linaje,
hombre llano? No por cierto.
Pues, ¿qué gano yo en comprarle
una ejecutoria al Rey
si no le compro la sangre?
¿Dirán entonces que soy
mejor que ahora? No, es dislate.
Pues, ¿qué dirán? Que soy noble
por cinco o seis mil reales.
Y esto es dinero, y no es honra.
Que honra no la compra nadie.
¿Quieres aunque sea trivial
un ejemplillo escucharme?
Es calvo un hombre mil años
y al cabo dellos se hace
una cabellera. Éste,
en opiniones vulgares,
¿deja de ser calvo? No.
Pues, ¿qué dicen al mirarle?
¡Bien puesta la cabellera
trae Fulano! Pues, ¿qué hace,
si aunque no le vean la calva,
todos que la tiene saben?

JUAN

Enmendar su vejación,
remediarse de su parte
y redimir las molestias
del sol, del hielo y del aire.

CRESPO

Yo no quiero honor postizo
que el defeto ha de dejarme
en casa. Villanos fueron
mis abuelos y mis padres,
sean villanos mis hijos.
Llama a tu hermana.

Finalmente, el honor se sitúa por encima de la vida, en el dominio del alma.

DON LOPE

> A quien tocara
> ni aun al soldado menor
> sólo un pelo de la ropa,
> por vida del cielo, yo
> le ahorcara.

CRESPO

> A quien se atreviera
> a un átomo de mi honor,
> por vida también del cielo
> que también le ahorcara yo.

DON LOPE

> ¿Sabéis que estáis obligado
> a sufrir, por ser quien sois,
> estas cargas?

CRESPO

> Con mi hacienda,
> pero con mi fama, no.
> Al Rey la hacienda y la vida
> se ha de dar; pero el honor
> es patrimonio del alma,
> y el alma sólo es de Dios.

De esta manera el honor se convierte en un atributo metafísico.

El teatro español del Siglo de Oro no temió tampoco explorar lo sagrado, colocar a la teología en el escenario, como también lo hizo Calderón con *La devoción a la Cruz* y *La vida es sueño*, por ejemplo. Pero Tirso de Molina no le va a la zaga. Su don Juan de *El burlador de Sevilla*, uno de los personajes más famosos del teatro universal, es presentado como un ser luciferino que arroja su desafío contra el cielo. Artista de la mentira, y de la seducción por medio de la mentira, se mofa de todos los valores, del respeto filial, de la amistad, de las leyes de la hospitalidad, de la fe jurada... Cuando, por intermedio de la estatua del Comendador, la muerte responde al desafío de don Juan, el terror

del más allá y la arrogancia se disputan todavía el espíritu de don
Juan:

> Don Juan   ¡Válgame Dios! todo el cuerpo
> (*solo*):   se ha bañado de un sudor,
> y dentro de las entrañas
> se me hiela el corazón.
> Cuando me tomó la mano,
> de suerte me la apretó,
> que un infierno parecía:
> jamás vide tal calor.
> Un aliento respiraba,
> organizando la voz,
> tan frío, que parecía
> infernal respiración.
> Pero todas son ideas
> que da la imaginación:
> el temor y temer muertos
> es más villano temor
> que si un cuerpo noble, vivo,
> con potencias y razón
> y con alma, no se teme,
> ¿quién cuerpos muertos temió?
> Mañana iré a la capilla
> donde convidado soy,
> porque se admire y espante
> Sevilla de mi valor. (*Vase*)

El impulso de la cultura escrita y la alfabetización

Por supuesto, la imprenta se desarrolló enormemente en el
Siglo de Oro. El primer libro impreso en Sevilla se publicó en
1476, un poco antes de las primeras publicaciones de Valladolid
(1481) y de Toledo (1483). En 1600, una vez hecha la reserva
de las ediciones desaparecidas sin dejar huella, Sevilla había impreso 751 libros, Toledo 419, Valladolid 396, Madrid 769, aunque solamente a partir de 1566. Probablemente Salamanca había
producido tantos como Sevilla. Naturalmente, la coyuntura pro-

pia de cada ciudad ejerció su influencia: de 1544 a 1559 Valladolid publicó 7,12 libros al año, como término medio, contra 3,72 solamente para el conjunto del siglo, porque entonces la ciudad era la residencia de la corte. Por la misma razón, la aparición de la imprenta en Madrid se relaciona con el traslado a esta ciudad de la capitalidad del país.

Hemos podido comprobar cómo el conocimiento de las «letras» había sido en el Siglo de Oro, y especialmente en el reinado de Felipe II, uno de los itinerarios más seguros para la ascensión social. El desarrollo de la imprenta y la promoción de los letrados fueron dos circunstancias que sirvieron obligatoriamente al desarrollo de la cultura escrita. Aquí aparece planteada la gran cuestión de la alfabetización.

La solución a esta problemática es difícil, muy difícil. Se intenta conseguir esta solución tomando como medida la capacidad de escribir. Incluso cuando se consigue, no resultará fácil establecer la diferencia entre los que sabían leer y escribir y los que únicamente sabían leer. Esta diferencia era, sin duda, importante. Es conocida la historia del curandero morisco Román Ramírez que fue procesado por la Inquisición: tenía una biblioteca relativamente importante en la que destacaban los doce libros del *Amadís* y siete novelas de caballerías, algunos de cuyos capítulos se los sabía de memoria. Sin embargo, leía con dificultad y no sabía escribir.

Esta anécdota incita a la prudencia. A lo largo de estos últimos años varios investigadores españoles, o extranjeros que investigaban en España, franceses en concreto, han indagado diferentes pistas para intentar ponderar la importancia de la cultura escrita. Han utilizado para ello tanto fuentes judiciales (las de la Inquisición), como notariales y fiscales, referidas todas ellas al períoído 1560-1640, aproximadamente.

¿Cuáles han sido los resultados de esta encuesta, que incluye especialmente Galicia, la zona cantábrica, Castilla la Vieja, la región de Toledo, la alta Andalucía del Guadalquivir —desde Córdoba hasta Úbeda—, la región de Cádiz y, por último, Madrid? Podemos resumirlos como sigue:

—En el conjunto de las Españas, entre 1580 y 1650, todos los miembros del clero sabían leer y escribir. Las únicas y escasas excepciones se refieren a religiosas de edad avanzada.

—Los hombres de la nobleza sabían leer y escribir en una proporción del 90 al 95 por 100. Pero los hidalgos pobres del Norte han quedado fuera de nuestra encuesta y es muy probable que entre ellos hubiera una cierta proporción de analfabetos. Además, las mujeres de la nobleza no están todas alfabetizadas, ni mucho menos. Hay razones para pensar que algunas de ellas son capaces de leer, pero no saben escribir.

—Los letrados y los infraletrados saben todos ellos leer y escribir. Lo mismo puede decirse de los mercaderes de un cierto nivel. También en este sector, la proporción de mujeres alfabetizadas es mucho más débil.

—Los artesanos, los pequeños comerciantes, los labradores saben leer y escribir en unas proporciones que oscilan entre la tercera parte y la mitad. En estas categorías el analfabetismo femenino es masivo.

—La aptitud de los criados domésticos para la cultura escrita depende muy directamente del nivel cultural de su amo: es relativamente extensa en Madrid capital, es más débil en pequeñas ciudades como Andújar y Úbeda.

—Jornaleros y peones diversos son casi todos analfabetos, al igual que sus mujeres.

Es indudable, por otra parte, que la alfabetización se encuentra más avanzada en medio urbano y en los lugares de intercambio comercial intenso, como pueden ser los puertos o las ciudades con una función comercial muy desarrollada; hemos podido verificarlo respecto de ciudades de Andalucía y de la región de Toledo. La utilización de fuentes fiscales fiables nos ha permitido constatar, por ejemplo, que en 1635, los porcentajes de alfabetización de los cabezas de familia llegan hasta el 30 y el 35 por 100 en los puertos cantábricos de Santander y San Vicente de la Barquera, y se mantienen en torno a un 25 a 30 por 100 en poblados como Medina de Pomar, Haro, Briones, Alcazarén, Mojados, Urueña, todos ellos enclavados en Castilla la Vieja; en la mayoría de los pueblos de las dos zonas rurales próximas a Burgos y a Segovia, estos porcentajes descienden hasta el 10-15 por 100. Los niveles bastante bajos que encontramos en Galicia (alrededor del 10 por 100) se explican por la escasa proporción de urbanización de Galicia, región rural por excelencia y que figura entre las más pobres de España.

Una reciente investigación fundada sobre fuentes notariales, modelo de análisis científico, acaba de ser realizada por Claude Larquié, referida al Madrid de 1650, correspondiente a finales del Siglo de Oro. La encuesta engloba aproximadamente el 1,5 por 100 de la población madrileña e incluye, una vez hechas las debidas correcciones, a todas las categorías de esta población. Se trata, como puede apreciarse, de una muestra representativa, cuyo análisis, a partir de clasificaciones socioprofesionales y de los orígenes geográficos, ha sido pormenorizado. Es imposible presentar aquí toda la riqueza de esta encuesta excepcional. Permítasenos, por lo menos, citar ampliamente a Claude Larquié recogiendo algunas de sus más importantes conclusiones.

Madrid es una ciudad en la que el analfabetismo (en todo caso la ausencia de personas que son capaces de firmar) predomina, aunque no de una manera espectacular. En 1650, un poco más de la mitad de los madrileños es capaz de firmar. Son, sobre todo, los hombres, mientras que las mujeres vienen en segundo lugar; éstas últimas son víctimas de los retrasos que se explican por la condición que se les impone. La cultura es principalmente aristocrática: los ambientes de la nobleza, de la administración, de los grandes cargos y empleos, el ejército en sus grados superiores, saben leer y escribir. También la Iglesia, por supuesto. La frontera entre la alfabetización y el analfabetismo se sitúa en el mundo del pequeño comerciante, del tendero y del artesanado. De todos modos, la posesión de un oficio significa una primera apertura al conocimiento, incluso aunque ciertas profesiones acumulen un mayor número de iletrados que otras. La gran masa de ignorantes se encuentra entre los obreros de la agricultura y de la ciudad: ninguno de ellos, salvo casos rarísimos, tiene la capacidad de rubricar un testamento o una declaración de pobreza.[3]

Estos datos de Madrid son bastante dignos en la Europa de su tiempo. Los estudios de la procedencia indican que las gentes que han venido de la Andalucía del Guadalquivir van por delante de los demás. Ello confirma nuestras hipótesis y las de Richard Kagan. Esta encuesta demuestra igualmente que el importante impulso dado a la educación en la España del siglo XVI produjo resultados indiscutibles. El retraso cultural de España respecto de los demás países de Occidente es un fenómeno posterior al Siglo de Oro. Todo ello es perfectamente lógico; aunque, frente al escepticismo o a la «cerrazón» de algunos historiadores, era necesario demostrarlo.

No carecemos de signos que testimonien la aspiración a la cultura escrita. En prácticamente todas las ciudades existen maestros que se instalan por su cuenta para enseñar a los niños a leer y a escribir, y en especial los cuatro tipos de escritura habituales: redonda, cortesana, «estirada» y de cancillería; aunque también el cálculo, sobre todo las cuatro operaciones básicas. El estudio de los registros notariales revela que incluso padres de familia de condición modesta llevan a sus hijos junto a uno u otro de estos maestros. Ello puede referirse tanto a un trapero como Diego Hernández en Toledo en 1521, como a un tratante de cabritos como Hernando de Carrión, en Valladolid en 1554. Estos padres que manifiestan de este modo una ambición de cultura para sus hijos no vacilan en sacrificar algunos preciosos ducados para alcanzar su objetivo.

LIBROS Y BIBLIOTECAS

La capacidad de leer y de escribir no ha de confundirse con la familiaridad de los libros, con su posesión. Y ello con tanta mayor razón porque los libros seguían siendo relativamente onerosos en esa época. Eran accesibles, sin embargo: los libros podían

3. Claude Larquié, en *Revue d'Histoire Moderne et Contemporaine*, XXVIII (enero-marzo 1981), pp. 155-156.

prestarse y ya en el siglo XVI existían, al menos en las grandes ciudades, servicios que los alquilaban. Tengamos en cuenta, finalmente, que existía la posibilidad, tal como lo señalan justamente Philippe Berger y Maxime Chevalier, de adquirir libros baratos aprovechando las subastas públicas en las que los herederos ponían a la venta los bienes de un difunto. De manera que, incluso gentes que disponían de ingresos escasos, como es el caso de Miguel de Cervantes, pudieron leer mucho.

Naturalmente, el acceso al libro dependía en gran medida de la producción y de la importación. En la primera mitad del siglo XVI, la coyuntura había sido muy favorable para la producción de libros. Christian Peligry escribe: «Los Reyes Católicos, llenos de asombro ante el nuevo arte de la imprenta, promulgaron en 1480 una ley sobre los libros en la que se planteaba una amplia libertad». Esta libertad permaneció prácticamente intacta hasta la Pragmática de 1558. Simultáneamente, el crecimiento de la economía y el de la universidad incrementaban fuertemente la demanda. En el clima de pánico provocado en España por la difusión de las doctrinas protestantes, la Pragmática del 7 de septiembre de 1558 restringió considerablemente esta libertad, estableciendo un control estricto sobre las ediciones o reediciones, así como sobre las importaciones de libros. En 1569 hasta los mismos libros litúrgicos, más tarde, en 1627, incluso los folletos de pocas páginas fueron sometidos igualmente a este control. El establecimiento de una censura preventiva, el decidido apoyo de la Inquisición, que dispuso para su tarea de índices sucesivos (después del de Lovaina, reimpreso en España, los índices españoles de 1559, 1583-1584, 1612, 1632, 1640), perjudicaron, sin lugar a dudas, la producción y la importación de libros, y Christian Peligry puede ofrecer ejemplos de las graves pérdidas sufridas por los libreros, cuyos libros eran requisados para ser expurgados, lo que provocaba una prolongada inmovilización de su capital, o incluso una amputación del mismo cuando los libros no eran devueltos. A pesar de todo, la favorable coyuntura permitió a la producción de libros mantenerse en un nivel relativamente elevado durante la segunda mitad del siglo XVI en las principales ciudades de edición.

En Valladolid, que había alcanzado un promedio anual de 7,12 libros de 1544 a 1559, se observa un declive tras la marcha de la corte en 1559, pero el crecimiento es continuo de 1570 a 1605 y a comienzos del siglo XVII la ciudad produce cada año una veintena de títulos; en Sevilla, la producción desciende ligeramente de 1550 a 1590, después sube vertiginosamente hasta alcanzar unos treinta títulos anuales hacia 1620. En Madrid, donde la imprenta no comienza hasta 1566 el ritmo de las publicaciones aumenta sin cesar hasta los años 1621-1626. En ese momento, la capital imprime un centenar de libros al año: 112, en 1626; 102, en 1627. Mientras tanto, la producción de Alcalá de Henares, que había permanecido estable hasta 1600, declina de 1600 a 1620, luego recupera el nivel anterior entre 1640 y 1650: la proximidad inmediata de Madrid fue el recurso favorable para la imprenta de Alcalá. En cambio, las producciones de Toledo y de Medina del Campo, que habían sido débiles por otra parte, descienden considerablemente en los años 1600 y la de Valladolid no alcanza ya a mantenerse, después de 1605, en el elevado nivel que había sido el suyo anteriormente.

Después de 1625 el declive es general y continuo: en 1645-1650 Sevilla edita solamente de 7 a 8 libros al año, Alcalá y Valladolid, de 5 a 6. Hasta en Madrid el declive es neto después de 1627: 85 libros en 1628, 81 en 1629, 66 en 1630, 64 en 1631... Los índices de 1632 y 1640 han agravado la situación; los costos de la imprenta española han subido demasiado y la carencia de papel de calidad es indudable: las fábricas de Segovia (en particular el molino de la cartuja del Paular), del Escorial (molinos del monasterio), de La Adrada, en la provincia de Ávila, las de La Cabrera cerca de Sigüenza, de Silillos en la provincia de Córdoba, de la garganta de Huécar próxima a Cuenca, no producían más que algunas decenas de miles de resmas de papel, lo que era notoriamente insuficiente. La impresión del *Tesoro de la lengua castellana* de Covarrubias en 1611, con una tirada de 1.000 ejemplares, había exigido para ella sola 700 resmas. Ello nos permite valorar el déficit de esta producción de papel.

La imprenta castellana fue perjudicada también por los monopolios. Cuando se trataba de monopolios de venta, se lesionaban los intereses de los libreros: ello ocurrió, por ejemplo, con la venta de libros litúrgicos concedida al monasterio del Escorial por Felipe II en 1573, con la gramática latina de Nebrija, llamada *El Arte de Antonio*, cuyo monopolio de venta se atribuyó al hospital general de Madrid en 1602; también con las cartillas o abecedarios, libritos de pocas páginas que ofrecían a los niños los rudimentos del catecismo, correspondiendo en este caso el monopolio de venta a la catedral de Valladolid... Pero todavía fue mucho peor con la exclusividad concedida en los años 1565-1570 al importante impresor de Amberes Christophe Plantin «para el aprovisionamiento de los Estados del rey de España en breviarios, misales, diurnales, libros de horas y otras obras litúrgicas». Plantin y sus sucesores, los Moretus, se encontraban garantizado un mercado considerable del que quedaban excluidos los impresores y libreros españoles, porque de esta manera la venta se convertía en un objeto de privilegios. No es de extrañar, pues, que de 1615 a 1625 los Moretus enviasen a Madrid libros por un valor de 50.000 ducados.

El deterioro de la coyuntura comprometió también la importación de libros. Los libreros de Medina del Campo, que eran sobre todo importadores, pudieron realizar en el siglo XVI magníficas fortunas, que alcanzaron de 10 a 12.000 ducados, llegando incluso a los 20.000 ducados, como Benito Boyer en 1592. Christian Peligry ha podido establecer igualmente que la fortuna del librero madrileño Francisco López, el Viejo, muerto en 1579, se elevaba a 16.000 ducados. La de Francisco López el Joven, que no era hijo del anterior, muerto en 1608, superaba ligeramente los 14.000 ducados y, lo que es más significativo, había sido enteramente adquirida mediante la edición y el comercio de libros: se ha de precisar que el fondo de la librería representaba casi los 8.000 ducados en esta fortuna, lo que demuestra la importancia poco común de dicha librería. Pero, después de 1620, la situación del comercio de librería se degradó seriamente y las causas de esta degradación fueron expuestas con claridad y precisión por el memorial del librero Blas González de Ribero en 1636, cuando el rey quiso someter a los libreros a la alcabala: las molestias y perturbaciones inquisitoriales, el abuso de los monopolios, la falta de papel de calidad, entre otras razones, fueron señaladas.

Es también muy cierto que los españoles carecieron frecuentemente de espíritu de empresa en este sector: incluso en Castilla la edición y la actividad librera pudieron ser acaparadas por los extranjeros, los Cromberger en Sevilla, los Millis en Medina del Campo, los Portonariis en Salamanca, los Giunta en Burgos, Salamanca y Madrid, el flamenco Jean Hasrez y el francés Jérôme de Courbes en Madrid... A pesar de todo, estas dificultades no deben enmascarar que hasta los años 1600-1620 el número de libros disponibles, fuesen impresos en España o importados, no dejó de aumentar. Queda por saber quiénes compraban estos libros y más aun quiénes los leían.

La tarea es realmente ardua. Los inventarios de bibliotecas, efectuados por los notarios con ocasión de los inventarios de sucesiones, constituyen sin duda una fuente privilegiada pero cuya búsqueda y explotación analítica son muy penosas. Salvo error por mi parte, no disponemos actualmente más que de un único estudio global que es válido para los comienzos del Siglo de Oro, puesto que se refiere a los años 1474-1560, y limitado a la ciudad de Valencia.

Gracias al peritaje de 2.849 inventarios, Philippe Berger ha podido establecer que 577 hombres sobre 1.715 (el 33,6 por 100) y 125 mujeres sobre 774 (el 16,14 por 100) poseían libros, con un total de 10.168 volúmenes. Entre estos 577 hombres aparecen 97 artesanos y 88 comerciantes, lo que no es en modo alguno desdeñable. Sobre todo, el número promedio de los libros poseídos aumenta regularmente, cualquiera que sea el grupo social considerado: por ejemplo, los artesanos que tienen libros, tienen solamente 2,8 unidades como promedio, de 1490 a 1518, pero el promedio sube a 5,1 unidades de 1519 a 1560, lo que representa casi el doble; después de 1531 la cantidad media de libros entre los comerciantes que los poseen se eleva a 11,2 unidades.

El estudio de Philippe Berger nos descubre una sociedad valenciana culturalmente desarrollada, que mantiene un rango digno en una Europa como la de entonces, en la que la cultura se difunde sin cesar:

> La lectura es un hecho excepcional en el trabajador manual (aunque existen casos), mientras que interesa a un individuo sobre tres en el sector terciario, a uno sobre dos en la nobleza y al menos a tres sobre cuatro en las profesiones liberales y en el clero.

En la nobleza, además, la lectura parece interesar tanto a las mujeres como a los hombres.

Los resultados obtenidos por Philippe Berger confirman y amplían los que yo había obtenido para Valladolid donde había localizado 45 bibliotecas sobre 385 inventarios (el 11,7 por 100) de 1533 a 1599, con motivo de una encuesta que no era tan exhaustiva. Estas bibliotecas pertenecían sobre todo a letrados, a nobles y a eclesiásticos, lo que es perfectamente lógico, en especial tratándose de una ciudad que no tenía una función económica dominante. No obstante, 9 bibliotecas, es decir el 20 por 100, pertenecían a mercaderes o artesanos: orfebres, sastres, pasamaneros, pasteleros, etc.

El estudio de Philippe Berger se ha limitado al aspecto cuantitativo. El análisis del contenido superaba las posibilidades del investigador. Se llevó a cabo caso por caso en un cierto número de bibliotecas importantes cuyo inventario ha sido publicado. Pero hace ya algunos años Maxime Chevalier presentó un balance provisional de los inventarios ya publicados, 26 de 1523 a 1660.

Distingue entre estas bibliotecas las colecciones que cuentan con más de 500 títulos, que son 8, entre las cuales, por ejemplo, la de don Rodrigo de Mendoza, marqués de Cañete en 1523 (631 títulos), la de don Fernando de Aragón, duque de Calabria (795 títulos en 1550), la de Juan de Ribera, arzobispo de Valencia (1.940 títulos en 1611), la de don Juan Fernández de Velasco, condestable de Castilla, en 1613, la del médico Jerónimo de Alcalá Yáñez (649 títulos en 1632). Se pueden añadir a estas bibliotecas la del conde duque de Olivares, que cuenta en 1620 con unos 2.700 libros impresos y 1.400 manuscritos. Olivares era un verdadero bibliófilo y su blioteca fue una de las más famosas de su tiempo. En el grupo de las bibliotecas excepcionales se incluye también la del profesor de filosofía de Valladolid, Pedro Enríquez, con 852 títulos en 1584, de la que yo mismo he presentado un análisis en otro trabajo anterior.

Las otras dos categorías incluyen, en primer lugar, colecciones importantes (más de 100 libros y menos de 500), después, las bibliotecas modestas que pueden llegar a contar con algunas decenas de libros. Maxime Chevalier ha observado que estas bibliotecas son, en general, más especializadas y, con frecuencia, funcionales; de todos modos, los casos de eclecticismo no son raros y casi siempre incluyen uno o varios libros de devoción.

Las 45 bibliotecas que yo he analizado personalmente en la ciudad de Valladolid coinciden con el sentido de las observaciones de Maxime Chevalier: las bibliotecas de más de 500 volúmenes son realmente excepcionales. Por el contrario, las de más de 100 volúmenes son bastantes numerosas. Por último, frente a una idea bastante extendida, los libros religiosos distan mucho de constituir de manera general la mayoría de los volúmenes: los libros de teología y de filosofía suponen unos 213 títulos, es decir, exactamente el 25 por 100, en la biblioteca de Pedro Enríquez, el profesor de filosofía vallisoletano. Las obras de filosofía, moral, teología, hagiografía, y libros de piedad no representan, en 1610, más que 52 títulos sobre 469 en la biblioteca del noble segoviano Francisco Idiáquez, padre del obispo de Ciudad Rodrigo, es decir, apenas el 11,1 por 100. Naturalmente, las obras de derecho canónico ocupan un gran espacio en las bibliotecas de los dignatarios eclesiásticos y los libros de derecho suponen lo esencial de los 150 libros de Francisco de Barrionuevo, auditor en Valladolid. Aunque hemos de destacar gustosamente la importancia de la historia, ya que existen 115 obras sobre 469 en la «librería» de Francisco de Idiáquez, esto es, casi el 20 por 100. Además la totalidad de los 94 libros del cosmógrafo Alonso de Santa Cruz son de geografía y de historia. También se ha de subrayar la importancia de la medicina, la de las letras antiguas, que confirman el éxito del humanismo con tanta mayor razón por cuanto las obras de Erasmo tienen una digna representación. Tampoco debemos menospreciar el espacio concedido a los relatos de viajes y de descubrimientos, a los tratados científicos y, finalmente, hay un lugar para la espiritualidad y para la mística: no existe una sola biblioteca, de mediana o mayor importancia, que no tengo una *Vita Christi,* una *Flor Sanctorum*, un *Abecedario espiritual*, o algún volumen de un maestro espiritual, como fray Luis de Granada, fray Luis de León o Alejo de Venegas.

No creo que resulte sorprendente indicar que la posición del latín sigue siendo destacada, especialmente en las bibliotecas de marcado carácter jurídico o científico y la atracción que ejercen los grandes autores antiguos refuerza esta posición: casi el 90 por 100 de los libros de Pedro Enríquez están escritos en latín y este profesor sólo tiene 11 libros en italiano sobre los 797 de los que he podido identificar la lengua en que estaban escritos, es decir, el 1,4 por 100; los libros en español son 53, o sea el 6,64 por 100. Sin embargo, los resultados son diferentes en las bibliotecas de los nobles de espada, con las de los mercaderes, los artesanos, incluso cuando conocen el latín: sobre las 386 obras de Francisco Idiáquez en las que ha podido determinarse la lengua (368 sobre 469), 169 están en latín o sea el 45,9 por 100, 101 en italiano, o sea el 28 por 100, proporción realmente excepcional, solamente 50 en español, lo que representa el 13,6 por 100; 21 en francés, es decir, el 5,7 por 100...

La exploración de los inventarios de bibliotecas podría inducir a pensar que la literatura nacional o internacional mereció poca atención en las lecturas de las gentes del Siglo de Oro. Semejante conclusión sería demasiado precipitada. Incluso se ha llegado a sospechar de mí mismo cuando indiqué que no había encontrado libros de caballerías más que en dos de las 45 bibliotecas vallisoletanas analizadas, en un momento en que la moda de las novelas de caballerías era indudable, y cuando las imprentas de esta ciudad habían impreso al menos trece novelas de caballerías durante el siglo XVI, dos de las cuales eran obra de una dama de la nobleza local, doña Beatriz Bernal... Maxime Chevalier ha recordado el interés de las declaraciones de los pasajeros que se dirigían a las Indias, en las que se indican los títulos de los libros que se llevaban consigo y que probablemente leían durante las interminables jornadas de la travesía. El análisis de este documento nos revela una lectura más «popular» que la de las bibliotecas cultas del «establecimiento»: los *Amadís de Gaula*, *Roldán el furioso*, *Diana*, *La Celestina*, el poema épico de *La Araucana*, las obras de Antonio Guevara y, más tarde, a partir de 1600, el *Guzmán de Alfarache*, se repiten con frecuencia. Las autobiografías del Siglo de Oro indican unos gustos similares en muchos personajes. Algunas de las obras del Siglo de Oro, particularmente las *Misceláneas* o las obras menos conocidas, son muy instructivas de las lecturas de sus autores. Maxime Chevalier recordaba por ejemplo *El estudioso de la aldea* y *El estudioso cortesano* del humanista valenciano Lorenzo Palmireno. Una interesante monografía dedicada a este humanista por André Gallego muestra precisamente la extensión de sus lecturas.

Nacimiento y afirmación de una gran literatura

¿Cómo habría sido posible que la literatura española del Siglo de Oro, una de las más completas, una de las más fascinantes del mundo, naciese si no hubiera contado con un público? Yo mismo he dicho, es verdad, que el teatro, escrito para ser representado, podía prescindir de lectores. Quizá también podía hacerlo la poesía, que gana cuando es recitada porque permite que surja la música encerrada en las palabras. Pero los relatos de viajes, las crónicas y la Historia, la novela por último y también el relato corto o el cuento, necesitaban sus lectores. Y otro tanto sucede con la sátira, que circula a veces medio clandestinamente, que se lee más que se escucha. Y lo cierto es que todos los géneros literarios conocen una asombrosa floración. Desearía evitar el catálogo, la enumeración. Digamos solamente que los géneros «clásicos» encuentran todos ellos intérpretes de brillante estilo: la poesía épica, por ejemplo, con Alonso de Ercilla y su obra *La Araucana* (1569, 1578, 1580), canto prolongado de la conquista de Chile y de la resistencia encarnizada, frecuentemente victoriosa, de los indios; la poesía lírica en su expresión tradicional, con Castillejo (1490-1550); en su forma italianizante, con Garcilaso de la Vega (1501-1536) y fray Luis de León, creador igualmente de una poesía espiritual de intensa pureza; en su vertiente erótica, con Francisco Herrera «el Divino» (1534-1597).

La historia cuenta con unos representantes eminentes: Zurita (1512-1580) gracias a su concisión y a un esfuerzo de rigor, cuyo mejor testimonio son sus *Anales* de la corona de Aragón; el jesuita Juan de Mariana (1535-1624), espíritu lúcido y crítico, a quien su método original causó no pocos problemas; Alonso de Santa Cruz, Diego Hurtado de Mendoza y los grandes historiadores y panfletarios de la América conquistada como Gonzalo Fernández de Oviedo y su firme adversario fray Bartolomé de las Casas, Francisco Gómez de Gomara, «el Inca» mestizo Garcilaso de la Vega y los grandes viajeros y cronistas, Bernal Díaz del Castillo y Pedro Cieza de León. Y estos nombres representan sólo una muestra: los autores que merecerían ser citados son tres o cuatro veces más numerosos... La literatura de carácter didáctico con pretensiones moralizantes tuvo igualmente sus maestros con Alfonso de Valdés y sobre todo con el jesuita Baltasar Gracián (1601-1658).

Sin embargo, la literatura española del Siglo de Oro destaca todavía mucho más por sus descubrimientos. Jean Vilar le atribuye tres modelos literarios que España impuso a Europa. El de la *novela-río*, basada en la historia o en la vida, narrada en ocasiones de una manera pseudoautobiográfica, con uno o dos personajes clave: el Guzmán, el Buscón, don Quijote y Sancho, etc. Esto(s) personaje(s) legados por el folklore adquieren entonces unas dimensiones que informan la condición humana hasta en sus perspectivas metafísicas. El don Quijote, el Guzmán o incluso el escudero Marcos Obregón responden a esta definición. El segundo modelo corresponde al del *nuevo teatro*, que ya ha sido citado y que se distingue, según observa Jean Vilar, por su promiscuidad social y por el atrevimiento del lenguaje. Finalmente, el tercer modelo es el de la *nouvelle*, novela «corta», cuyo mejor prototipo nos es ofrecido por Cervantes en las *Novelas ejemplares*: al abrigo de un lenguaje pulcro, decente, estas novelas cortas presentan situaciones sumamente audaces, incluso escandalosas, en relación con la moral dominante...

Tanto la novela-río como la novela corta impusieron un género entonces desconocido y que ha quedado como específico de España, o casi: el género de la *picaresca*, suficientemente rico y ambiguo para alimentar una crítica copiosa y a veces contradictoria. Aunque es cierto que la picaresca arrastra algunos episodios realistas, nadie pretende ya sin embargo que se trate de una literatura realista. Cómo sería posible creerlo, en efecto, cuando se lee este párrafo del *Buscón* de Quevedo que finge describir una comida de una pensión:

> Entramos, primer domingo de Cuaresma, en poder de la hambre viva ... Él era un clérigo cerbatana, largo sólo en talle ... las barbas descoloridas de miedo de la boca vecina, que, de pura hambre, parecía que amenazaba a comérselas; los dientes, le faltaban no sé cuántos, y pienso que por holgazanes y vagamundos se los habían desterrado ... Y más me asusté cuando advertí que todos los que vivían en el pupilaje de antes, estaban como leznas ... Sentóse el licenciado Cabra y echó la bendición. Comieron una comida eterna, sin principio ni fin. Trajeron caldo en unas escudillas de madera, tan claro que en comer una dellas peligrara Narciso más que en la fuente. Noté con la ansia que los macilentos dedos se echaban a nado tras un garbanzo güerfano y solo que estaba en el suelo. Decía Cabra a cada sorbo: «Cierto que no hay tal cosa como la olla, digan lo que dijeren; todo lo demás es vicio y gula».

Considerado como un género autobiográfico simulado en el que el narrador sirve de vínculo de unión entre episodios diferentes, la novela picaresca se presenta a contrapié de los valores reconocidos por la sociedad de su tiempo, los subvierte. En lugar de pretender, aunque fuese engañosamente, un linaje sin mácula, el antihéroe de la novela picaresca tiene sumo cuidado de proclamar su ignominia. El *Guzmán de Alfarache* ni siquiera conoce quién es su verdadero padre:

> ... tuve dos padres y supo mi madre ahijarme a ellos y alcanzó a entender y obrar lo imposible de las cosas ... Ambos me conocieron por hijo: el uno me lo llamaba y el otro también. Cuando el caballero estaba solo le decía que era un estornudo suyo y tanta similitud no se hallaba en dos huevos. Cuando hablaba con

mi padre afirmaba que él era yo, cortada la cabeza ... Que sería gran temeridad afirmar cuál de los dos me engrandase o si soy de otro tercero.

De la misma manera, el *Buscón* no disimula la dudosa reputación de su madre:

> Sospechábase en el pueblo que no era cristiana vieja ... Tuvo muy buen parecer y fue tan celebrada, que, en el tiempo que ella vivió, casi todos los copleros de España hacían cosas sobre ella. ... alabándomela un día, una vieja que me crió decía que tal era su agrado que hechizaba a cuantos la trataban. Sólo diz que se dijo no sé que de un cabrón y volar, lo cual la puso cerca de que la diesen plumas con que lo hiciese en público. Hubo fama que reedificaba doncellas, resucitaba cabellos, encubriendo canas ... Unos la llamaban zurcidora de gustos; otros algebrista de voluntades desconcertantes, y por mal nombre alcahueta ...

Pero, ¿cuál era la intención de este género, fuera de suponer que no fuese múltiple, diferente según las obras? Ciñéndonos ahora al *Guzmán*, una de las dos obras maestras de la picaresca, ¿es obligatorio ver en él, aceptando el punto de vista de Américo Castro, de E. Moreno Báez y de A. Parker, el «símbolo de la humanidad pecadora»? ¿Es correcta la interpretación de E. Moreno Báez cuando considera esta novela como una alegoría tridentina, una obra de combate antiprotestante? O bien, ¿hemos de seguir a Tierno Galván, cuando opina que el Guzmán ilustra la derrota de la burguesía en España, y la de los valores burgueses? Y, tal como parece creerlo José Antonio Maravall, ¿representa el «perfeccionismo religioso» del Guzmán la emanación de una cultura barroca socialmente retrógrada que oculta la lucha de clases y privilegia los valores aristocráticos? Sin embargo, a pesar de los importantes matices que les separan, ¿no son acaso más lúcidos Maurice Molho y Edmond Cros cuando advierten en el comportamiento y en las reflexiones del Guzmán la expresión de una mentalidad burguesa? Es verdad que M. Molho la ve moribunda, mientras que E. Cros la juzga viva aún, incluso reivindicativa. Y Michel Cavillac avanza todavía con mucha mayor audacia por esta vía porque la posición del Guzmán, en la que se transparenta la admiración por las ciudades mercantiles, como Barcelona o Sevilla, le parece que está próxima al calvinismo, fuertemente impregnado con la tesis de la predestinación... Estamos seguros de que el *Guzmán de Alfarache*, el *Buscón* y el *Lazarillo* no han terminado todavía de estimular la imaginación y el ingenio de la crítica. En todo caso, ello nos permite advertir hasta qué punto se trata verdaderamente de unos modelos literarios inéditos.

Quizá los nuevos modelos son aún más numerosos. La poesía culta de Góngora y la poesía «conceptista» de Quevedo, que no pueden leerse más que en su idioma por hispanistas confirmados, son de una construcción extraordinariamente moderna porque son auténticas investigaciones sobre el lenguaje, aunque estas búsquedas no sean en modo alguno austeras: gracias al humor, a la burla, a los juegos de palabras de una asombrosa sutileza, a la alternancia de la gravedad y de la broma, han alcanzado en obras como las *Soledades* (Góngora) o el *Parnaso español* (Quevedo) la cúspide de auténticas obras maestras. En un registro muy distinto, la literatura ascética y mística representa una novedad destacable, bien se trate de las meditaciones cósmicas de Luis de Granada o de las iluminaciones poéticas de Juan de Yepes, es decir, de Juan de la Cruz (1542-1591).

Sea de ello lo que fuere, yo estoy de acuerdo con Jean Vilar cuando se opone a una moda reciente y pretendidamente «desmitificadora» que convierte a los grandes escritores del Siglo de Oro en servidores del «sistema», turiferarios de los Grandes, propagandistas del orden señorial, auxiliares de la Inquisición... ¿No llegó a ser Lope de Vega, hacia el final de su vida, familiar del Santo Oficio? ¿No es cierto que varios de estos autores vivieron en la dependencia de los grandes señores a quienes dirigían halagadoras dedicatorias? ¿Hemos de creer en una literatura manipulada por el «orden establecido», en los escritores como viles mercenarios de la pluma? Bajo la apariencia de un análisis lúcido y «desalienante», he aquí que se nos propone un doble contrasentido.

SER ESCRITOR EN EL SIGLO DE ORO

El primer contrasentido es que la literatura del Siglo de Oro fue considerada por un gran número de sus contemporáneos como anticonformista y no ciertamente como un coro de alabanzas a la atención de los poderosos. Jean Vilar lo recuerda: «La literatura española del siglo XVII ha gozado en su época, *tanto en el interior como en el exterior* de España, de una magnífica reputación de *escandalosa*». Y prosigue: «Cuando el joven Chapelain,[4] a petición de sus discípulos, reanuda la traducción del *Guzmán de Alfarache*, la famosa novela picaresca de Mateo Alemán, no oculta su repulsión. Aquí, dice, he dejado algo que no he podido soportar».

¿Es preciso recordar que Juan de Mariana, Quevedo y Cervantes estuvieron encarcelados o conocieron el exilio? ¿Y que los dos primeros lo fueron a causa de sus escritos? ¿Que fray Luis de León conoció también la cárcel, precisamente la de la Inquisición? Además, las mismas obras son vehículo de revuelta: resulta difícil, como lo observa Juan Vilar, negar que *Fuente Ovejuna*, de Lope de Vega, o *El Alcalde de Zalamea*, de Calderón, pertenecen al teatro de protesta. Se denuncian la arbitrariedad y la violencia señorial de la manera más explícita en estos dos dramas, en los que los humildes organizan colectivamente la rebelión y administran ellos mismos la justicia. Incluso aunque el labrador de Zalamea es rico, ello no cambia en nada lo esencial: su revuelta es subversiva. El desenlace feliz de los dos dramas, debido a una intervención milagrosa del rey, que es improbable en los dos casos, prefigura los desenlaces de Molière. ¿También era un servidor del «sistema» el gran cómico francés?

Consideremos la pieza teatral de Guillén de Castro, dramaturgo valenciano, *Allí van leyes do quieren reyes*: el título ya resulta subversivo. Christiane Faliu ha demostrado que esta tragedia es una sátira severa del poder regio y sobre todo de la arbitrariedad:

4.   Jean Chapelain (1595-1674), uno de los fundadores de la Academia francesa, cuyos estatutos redactó, y también traductor de varias obras españolas.

las pulsiones de un rey-tirano, sus pulsiones sexuales sobre todo, provocan la guerra y la muerte de inocentes. El privado y el papa no salen engrandecidos de la aventura. Si esta obra fue escrita en 1600 o en 1601, tanto mayor resulta su significación. En efecto, en 1598 Juan de Mariana publicó su *De rege et regis institutione*, obra considerada con toda justicia como una defensa y una ilustración del regicidio. Porque para Mariana, el rey está por debajo del pueblo, del que no es sino el delegado. De la misma manera, el acceso del duque de Lerma a la situación de favorito ya había sido preparada desde antes de la muerte de Felipe II: la obra de Guillén de Castro no es, pues, tan inocente y a los efectos importa poco que la acción se sitúe en Portugal. ¿Quién podría llamarse a engaño?

Otra revuelta es la de Bartolomé de las Casas y de los que, juntamente con él o después de él, denunciaron con una violencia casi increíble (al precio incluso de la utilización de medias verdades) la conquista y la explotación de las Indias, las atrocidades de varios conquistadores y sobre todo la de los encomenderos, los dueños de indios. Y todo ello hasta llegar a poner en duda la licitud de la conquista, a sacudir la buena conciencia de los reyes.

El mismo Góngora, como ha demostrado Robert Jammes, es poeta rebelde al menos en igual medida que poeta de corte. En su obra encontramos tanto el «desprecio de la corte», como el elogio de los grandes, y su visión del cortesano, del hombre de la corte, tiene unos acentos trágicos. Ambigüedad que debía satisfacer a este eclesiástico por comodidad, que cae a veces en el anticlericalismo a este beneficiado por las prebendas, denunciador al mismo tiempo del dinero corruptor. La mirada que dirige Mateo Alemán sobre la sociedad de su tiempo, hacia 1600, no revela ninguna complacencia. ¿Qué se ha de decir, entonces, en el clima de la decadencia reconocida, después de 1600, de los sombríos análisis de Quevedo o de Gracián?

El segundo contrasentido es la ilusión de la comodidad social que les habría procurado la protección de los grandes, comprada con el servilismo. Ello significa olvidar que varios de los más eminentes escritores del Siglo de Oro tuvieron una vida difícil, profundamente comprometida en su siglo, pero muy frecuentemente al margen del poder, del dinero y de los honores. Acepto que Góngora haya vivido con una relativa comodidad y con seguridad financiera gracias al beneficio del cargo que su tío Francisco consiguió transmitirle. Admito que Gracián haya estado asociado al ejercicio del poder: director del colegio de los jesuitas en Tarragona y capellán del ejército de Cataluña... Pero ¡cuántas novelas de aventuras en las que la muerte era un compañero de fatigas! Garcilaso de la Vega, el poeta, soldado y diplomático, conoció el exilio en el Danubio y la muerte a los treinta y cinco años en el asedio del castillo de Muy, en Provenza. Lope de Vega acabó rodeado de honores, es cierto. Pero, ¿y antes? Todo el mundo sabe que participó en la expedición de la Armada Invencible en 1588. Tenía entonces veintiséis años, pero ya había «hecho», a sus dieciséis años, la «expedición» de las Azores contra la flota francesa. Sus amores fueron tempestuosos y escandalosos: adulterio con Elena Osorio, rapto de Isabel Alderete... con la que se casa para engañarla muy pronto con sólo dios sabe cuántas amantes, la actriz Micaela Luján, especialmente, con la que tuvo dos hijos. Es nombrado más tarde secretario del marqués de Salpica, luego del conde de Lemos... Escribe, escribe, tanto o más de lo que cualquier otro haya escrito en este mundo. A veces presentan preferentemente a Lope como un sacerdote. Lo fue, sin duda. Pero cuando fue ordenado sacerdote en 1614, tenía cincuenta y dos años; había tenido tiempo suficiente para desprenderse de una buena parte de sus energías. También a la misma edad, o casi, los cincuenta y un años, se hizo sacerdote Calderón en 1651; pero ya había combatido antes en los ejércitos del rey, en el Milanesado y en Flandes, y había sido superintendente de las fiestas de Felipe IV. En todo caso, nada que se parezca a una torre de marfil.

¿Qué se puede decir de Cervantes? El viaje fallido a Italia, la cautividad de Argel, Lepanto con el frenesí de la victoria pero con la pérdida de un brazo, los disgustos de su cargo de proveedor en los suministros de la Armada, la prisión por un asunto oscuro... una obra genial que asombra a Europa y los extranjeros exclaman: ¿cómo es posible que este hombre no sea rico?

Quevedo, por su parte, es incapaz de conformarse con una

vida de cortesano. Se bate en duelo y escapa siguiendo al duque de Osuna a Nápoles. Una vez de regreso en España y convertido en secretario del rey, no acepta diluir una pluma corrosiva: caído en desgracia, es confinado en León, donde en invierno hace realmente frío.

Mateo Alemán, como censor de cuentas para el Tesoro, recorre la península en el desempeño de su cargo. Lo encontramos en Cartagena para inspeccionar los presupuestos de las galeras; después en Almadén como juez visitador de las minas de mercurio, en las que se alarma por las condiciones de trabajo y propone un plan de reformas; en Sevilla y en Madrid, donde participa activamente en una cofradía de asistencia, pero finalmente morirá en México. En cuanto a Alonso de Ercilla y a Bernal Díaz del Castillo, ambos vivieron su epopeya antes de escribirla, uno en la guerra de Chile, el otro como conquistador de México. Se trata por supuesto de unas vidas de excepción y numerosísimos episodios por ellos escritos nada deben a la ficción, aunque hayan sido transcendidos por el talento y por el genio.

Resulta imposible desdeñar este detalle: muchos de estos escritores combatieron con las armas en la mano o asistieron personalmente a batallas: entre otros, cabe citar a Lope de Vega, Cervantes, Calderón, Gracián, Garcilaso de la Vega, Alonso de Ercilla, Bernal Díaz del Castillo, Vicente Espinel... Han compartido las creencias de su tiempo, se han adherido a los valores que corrientemente se definen como «la ideología dominante»; no tenían ninguna necesidad de forzar su naturaleza, ninguna necesidad de ser comprados, para ser los intérpretes de estas pasiones y de estos valores. Pero habían contemplado el mundo, habían dirigido una mirada crítica sobre los demás hombres y sobre sí mismos; se habían debatido en medio de las peores dificultades económicas porque, más allá de su oficio de soldado, de secretario, de proveedor de los ejércitos, de inspector del Tesoro, de capellán castrense o de confesor, estaban impulsados por su genio, por esa necesidad irrefrenable de escribir que todos ellos llevaban dentro de sí. No es en modo alguno necesario disminuirlos para explicar la soberbia ambigüedad de su lenguaje y de su «mensaje».

Capítulo 12

VIVIR EN EL SIGLO DE ORO

He escrito al comienzo de este libro que el Siglo de Oro era «la memoria de una época en la que España ejercía en el mundo un papel dominante»... Y este libro no ha tenido otro sentido que el de reconstruir y el de amplificar esta memoria, utilizando al máximo los trabajos más recientes.

Es claro, y al leer las páginas precedentes hemos podido convencernos de ello, que los españoles del Siglo de Oro no vivieron nuestra memoria; su percepción del tiempo y del espacio, la de su destino, no podían informarse por el enfoque retrospectivo que el paso de la Historia permite proyectar sobre el pasado. Ellos vivieron su época de un *modo distinto*. Aunque, como también es evidente, la participación de los españoles en el fenómeno del Siglo de Oro fue muy desigual: la distancia entre unos y otros es muchas veces inconmensurable. Para algunas categorías de españoles ni siquiera hubo un Siglo de Oro; su conciencia de vivir una época excepcional fue nula, simplemente porque ninguno de los elementos que conformaron el Siglo de Oro les afectó jamás.

Es igualmente indudable que algunos grupos humanos no percibieron del Siglo de Oro más que los aspectos negativos: presión fiscal más intensa, reclutamiento de los jóvenes para la guerra, sobresaltos monetarios, control más severo de las costumbres, establecimiento imperativo de un modelo religioso, intolerante respecto de cualquier otro... Para algunos hubo una participación embrionaria en el fenómeno porque intervinieron de alguna forma, por débil que fuese, en el enriquecimiento del país durante las primeras generaciones del Siglo de Oro, o porque se enteraron de las noticias referidas a las victorias militares y sintieron halagado su orgullo nacional, o porque se adhirieron a los valores del catolicismo militante o de la búsqueda mística de Dios; o, finalmente, porque recibieron los benéficos efectos de la alfabetización, o admiraron un día, o quizá con frecuencia, las nuevas formas de la piedra, del ladrillo o de la madera, los cuadros con que se adornaban las iglesias, los conventos, los palacios, que a veces se exhibían en las calles.

Situados en el corazón del sistema, una minoría de españoles fueron autores y actores del Siglo de Oro, reyes y validos, letrados y capitanes, conquistadores o escultores, grandes mercaderes y financieros. Su conciencia de estar viviendo una época grandiosa de la Historia de los hombres y de vivirla en la cumbre fue, al contrario que los anteriores, excesiva, hipertrofiada. Llegaron a creer que Lepanto representaba el mayor acontecimiento de la Historia desde el nacimiento de Cristo, que la plata de las Indias continuaría fluyendo sin cesar, cada vez más, que su rey era el más poderoso príncipe de la Tierra, su Armada Invencible, pudieron llegar a creer, finalmente, que Dios era español.

Quisiera esbozar en las páginas que siguen una geografía de estas diferencias, trazar en breves apuntes las «aureolas de participación», desde los excluidos a los elegidos, de la indiferencia al fervor. Lo repito: un simple esbozo.

Hornachos: un desafío prolongado

Hornachos es un pueblo de Extremadura, situado en la vertiente meridional de una sierra que le protege de los vientos del norte y le asegura unas lluvias suficientes. En él se cultivan los cereales y los agrios, cuenta con rebaños de corderos, el campo es oloroso y las abundantes colmenas proporcionan una miel de excelente calidad. Hacia 1580 los tres mil habitantes de este poblado eran casi todos moriscos. Extraña situación en una Extremadura en la que los cristianos viejos formaban la masa de la población.

Aunque habían recibido el bautismo, los moriscos de Hornachos eran unos conversos escasamente convencidos. En realidad, el poblado era un islote musulmán en una tierra cristiana. Porque lo que caracteriza a Hornachos es su extraordinaria fidelidad al Islam, puesta de manifiesto en los 133 procesos instruidos por la Inquisición a hombres y mujeres del poblado en los años 1590-1592, y que premanecerá incólume a pesar de estos procesos hasta la expulsión de 1609.

Estos procesos nos muestran cómo los habitantes de Hornachos aprovechaban el aislamiento relativo que les procuraba el trabajo en el campo para cumplir con su precepto de las cinco oraciones diarias; los hombres llevaban consigo un cántaro con el fin de poder realizar sus abluciones purificadoras, el *guadoc*, antes de recitar su oración en el hueco de una roca o al abrigo de una colmena. Respetaban escrupulosamente el ayuno del Ramadán, guardaban el viernes como día festivo, degollaban a los corderos y a las aves según los ritos islámicos, no cuidaban cerdos, y practicaban la limosna del viernes y del Ramadán, lo que permitía a los ricos de la comunidad garantizar el mantenimiento de los pobres. El rito de los funerales era observado con suma atención: se lavaba al muerto de la cabeza a los pies, era luego envuelto en una sábana nueva, a modo de sudario, y durante varias noches se mantenía el velatorio, mientras los asistentes recitaban versículos del Corán... Por el contrario, los moriscos de Hornachos no asistían a la misa, ridiculizaban la confesión, no respetaban al ayuno de la Cuaresma, ni la abstinencia de los viernes. En verdad, el monasterio franciscano que había sido fundado en 1530 cerca del pueblo para asegurar la instrucción religiosa de los nuevos conversos, se enfrentaba a una tarea imposible...

¿Cómo pudo prolongarse esta fidelidad al Islam durante tan largo tiempo, un siglo entero después de que la religión musulmana hubiera sido formalmente prohibida en el reino de Castilla? Por supuesto, el aislamiento y la coherencia de la comunidad de Hornachos contribuyeron en gran medida a esta supervivencia. Toda reunión familiar o de amigos era un pretexto para la enseñanza religiosa. Los alfaquíes de Hornachos narraban la vida de Mahoma y de los compañeros del profeta, enseñaban el Corán a sus correligionarios, así como también la manera de degollar al ganado de conformidad con el rito musulmán. Muchos moriscos de Hornachos sabían leer e incluso ecribir el árabe. No cabe ninguna duda que la comunidad y sobre todo sus alfaquíes poseían ejemplares del Corán y de otros libros árabes. La circulación de estos libros procedentes de otras comunidades moriscas y, en especial, de Granada, es un hecho claramente comprobado.

Los moriscos de Hornachos alternaban la sumisión fingida, llegando incluso a la aparente conformidad con el cristianismo, en los períodos difíciles, sobre todo en los momentos de incremento represivo de la Inquisición, con la rebelión abierta. Habían conseguido desanimar prácticamente a casi todos los cristianos de vivir entre ellos. Por ello mismo, una serie de frecuentes agresiones contra los viajeros, acompañadas de robos y hasta de homicidios, habían inspirado a los cristianos el terror a aproximarse a Hornachos, de modo que eran capaces de efectuar largos rodeos para evitar el pueblo.

Es evidente que los habitantes de Hornachos no sentían ningún vínculo de adhesión a los ideales propios del Siglo de Oro. La España imperial era su enemiga jurada; durante un siglo consiguieron desafiarla para mantener su estilo de vida y su fe musulmana. Cuando fueron arrastrados por la masiva deportación de 1609 con todos los demás moriscos de España, habían llegado a alcanzar una cohesión de su comunidad tan vigorosa que fueron capaces de crear en Marruecos la república corsaria de Salé.

Hornachos es un caso límite. Sin embargo, casos similares no son raros: tenemos también el ejemplo de los moriscos de la Sierra de Espadán, en las comarcas interiores de Castellón, y los del valle de Ricote, en el corazón de las colinas murcianas, donde durante un largo espacio de tiempo vivieron en un estado de casi disidencia, protegidos por un relieve montañoso y accidentado. Más curiosos son los destinos de tres comunidades de la actual provincia de Logroño: la primera de estas comunidades, la de Ágreda, lejos de vivir al margen del mundo, estaba asociada a un intenso movimiento de intercambios ya que la mayoría de los hombres de Ágreda eran muleros. Ahora bien, la población de Ágreda, con una fuerte proporción de moriscos, consiguió permanecer fiel al Islam hasta los años ochenta del siglo XVI: sufrió entonces el asalto de la Inquisición, unos 160 procesos entre 1582 y 1609, del mismo modo que el vecino poblado de Aguilar, donde los herreros representaban la parte esencial de la población activa. Recordemos finalmente el pueblo de Bustillo, en el reborde septentrional de la meseta, que fue la colectividad morisca más cercana al mundo cantábrico, aunque de aparición reciente, en 1571, formada por los moriscos del reino de Granada que habían sido deportados después de la guerra: los alfareros y los trabajadores del vidrio de Bustillo parece que continuaron viviendo en el seno del Islam, sin que fuesen realmente molestados hasta comienzos del siglo XVII, cuando, ya a partir de 1602 y hasta su expulsión, la Inquisición los persiguió implacablemente.

Análogas situaciones se dieron también con los conversos: citaré solamente los pueblos de Albuquerque, en Extremadura, cerca de la frontera portuguesa, y de Genevilla, próximo a Logroño, permaneciendo ambos durante largo tiempo fieles al judaísmo en una España que se había convertido en el brazo secular del catolicismo.

AL MARGEN DEL SIGLO DE ORO:
LAS MASÍAS CATALANAS

Como ya es sobradamente conocido, el Siglo de Oro no es catalán. En las zonas rurales catalanas los siglos XVI y XVII contemplan la lenta implantación de una estructura social que se prolongaría hasta el siglo XIX. Desembarazado de los «malos usos» gracias a la sentencia de Guadalupe que Fernando el Católico pronunció en su favor en 1465, el campesinado catalán se organizó en torno a unas células fundamentales, las *masies* o *masos*. La amplia granja catalana, construida en pidera, con ventanas góticas, cuya fachada central se adorna a veces con un escudo de armas, y que adquiere el aspecto de una fortaleza, representa el símbolo concreto de esta célula. Los tenedores de las masías o *masovers* que ganaron en Guadalupe la propiedad efectiva de la tierra, cuando no su propiedad eminente y la posibilidad de legarla o de venderla, constituyen la clase dominante del agro catalán, más que los señores absentistas. Cuando consideran que tienen demasiadas tierras, ceden algunas parcelas a los campesinos pobres, los *menestrats*, a cambio de un arrendamiento superior al que ellos han de pagar al señor y que se devalúa lentamente; cuentan con algunos jornaleros directamente bajo sus órdenes, que frecuentemente se alojan en la masía. Contando a su favor con la perspectiva de larga duración serán capaces de adaptarse, más tarde, en el umbral del siglo XVIII, a los cambios de la coyuntura para decidirse por la adopción de los cultivos especulativos: el viñedo, el olivo, el almendro...

Para garantizar la permanencia en esta perspectiva de larga duración, el campesinado catalán sacrificó la igualdad de los derechos de los hijos en beneficio de la continuidad de la masía, identificada con la familia al mismo tiempo que con el patrimonio. No existía sino un único heredero, el *hereu* universal, cuando se trataba de un muchacho, o, en su defecto, si era una muchacha, la *pubilla*. Si ésta se casaba con el segundón de otra familia, el marido perdía su apellido para adoptar el de la masía de la heredera. Las partes de los demás hijos que, en un país de derecho romano como Cataluña, siempre se habían respetado, fueron disminuidas en 1585 en las Cortes de Monzón, reduciéndose la parte de estos hijos, llamada la *legítima*, a una cuarta parte de la herencia. Esta parte fue pagada casi siempre en efectivo monetario, con el fin de conservar hasta donde se pudiese la extensión de la propiedad agraria. Por supuesto, los matrimonios, piedra angular de la organización social catalana, se establecían de manera que contribuyesen a fortificar las masías y, en este orden de cosas, tanto el párroco, por una parte, como el notario, por otra, gracias al papel que ejercían en las negociaciones matrimoniales, detentaban una influencia considerable: la del párroco era tanto mayor cuanto que, dada su condición de pobreza bastante general en su estado, sus opiniones y consejos se consideraban desprovistos de un interés personal.

La vida de los campesinos catalanes parece, en esta época, totalmente indiferente a las agitaciones del Siglo de Oro. En una provincia muy poco poblada, cada masía lleva una existencia casi autárquica en la que influyen muy poco las leyes del mercado sometido a los avatares monetarios de la época. Muy pocos catalanes, al menos entre los habitantes de las zonas rurales, se enrolaron en los tercios, ni siquiera en la flota española. América les estaba vedada. Se preocupaban muy poco por el espléndido desenvolvimiento de la lengua castellana, que comprendían escasamente y que no hablaban y, después de 1550, el arte catalán, antaño brillante y suntuoso, entró en franca decadencia. El rey era un personaje lejano, casi completamente desconocido, y para ellos el mejor rey era el que se contentaba con una existencia simbólica: en el último tercio del siglo XVII, el desgraciado Carlos II será considerado como un gran rey por los catalanes.

El único vínculo que el campesino catalán conserva con el Siglo de Oro es el de una adhesión profunda al catolicismo. Aunque nos inclinaríamos a añadir que se trataba de un catolicismo pretridentino, mágico en cierto modo, más que iluminado por la teología positiva. La religión misma constituye una observación estricta de los ritos de la Iglesia; pero «las rogativas para impetrar la lluvia, las procesiones solemnes para invocar la protección divina o para dar gracias al cielo por las cosechas, son acontecimientos normales de la vida catalana», escriben John Elliott que insiste acerca de la creencia enraizada en las brujas, hasta el comienzo de los años veinte del siglo XVII. De manera que los campesinos catalanes conocieron del Siglo de Oro sobre todo las desgracias y dificultades del final: cuando las tropas vinieron a perturbar al país con motivo de la guerra contra Francia, cuando Cataluña se inflamó con el *Cant dels segadors* en una larga crisis que pareció, en cierto momento, poner en entredicho su pertenencia al conjunto de España.

¿Al margen del Siglo de Oro?
Campesinos de Galicia

Sigamos con campesinos, aunque ahora se trata de los situados en el extremo noroeste del país: la «tierra» de Santiago de Compostela, para cuyo estudio disponemos de la importante obi , todavía inédita, de Juan E. Gelabert. La zona comprende, dejando aparte la ciudad, una población de 15.000 a 25.000 personas, según la fecha considerada, en su inmensa mayoría campesinos. A primera vista, diríase que permanecieron ajenos al Siglo de Oro: después de las Cortes de La Coruña y de Santiago de Compostela, celebradas en 1520, no volvieron jamás a recibir la visita del rey. El reclutamiento de los ejércitos apenas les afectó, ignoraron los prestigios de la lengua y del arte españoles en el apogeo de su esplendor y en 1636, al término de un siglo de progreso, los campesinos de la tierra de Santiago de Compostela no estaban alfabetizados más que en un 10 por 100. Antes de la revolución del maíz, que se inicia hacia 1640, siguen cultivando en sus tierras silícicas los mismos cereales pobres.

La encuesta realizada en veintisiete pueblos de la «tierra» de Santiago de Compostela muestra, en efecto, que el centeno ocupa el 44,5 por 100 de la superficie, el mijo representa el 40 por 100 y el trigo panificable solamente el 15,5 por 100. Al igual que en el pasado, estos campesinos continúan sometidos a la misma jurisdicción señorial, como es norma en Galicia, zona en la que el dominio regio es muy reducido. Los campesinos de la «tierra» de Compostela tienen todos como señor al arzobispo de Santiago, con excepción de los que dependen del conde de Altamira, también vasallo, a su vez, del arzobispo. Deben a su señor un derecho específico de Galicia, la *luctuosa*, derecho de sucesión en cierto modo: cuando el campesino fallece, o su viuda, el señor puede retirar el buey más fornido o la vaca más hermosa de su rebaño.

¿Cuál es la condición de estos campesinos? La conocemos mal. En el único pueblo, el de San Vicente de Vigo, en el que se conoce el reparto de la propiedad, 19 labradores de 75 son propietarios de las tierras que explotan; los demás son arrendatarios, según unas modalidades muy variables, o jornaleros. ¿Se puede afirmar que el caso de San Vicente de Vigo es representativo? Sería problemático pretenderlo.

Así pues, tanto económica, como social y culturalmente, estos campesinos parecen vivir fuera del tiempo, en un estado de inmanencia. No obstante, la realidad es algo diferente.

En primer lugar, se ha de advertir que la «tierra» de Santiago de Compostela obedece fielmente a los grandes ritmos de la época. En lo referente al ritmo demográfico, ya hemos visto cómo el aumento de la población de este territorio se conforma con el modelo general: un 46 por 100 de 1533 a 1591. Pero el freno del crecimiento se produce en el mismo momento que en la mayor parte del reino de Castilla, entre 1582 y 1587. De 1587 a 1607, se produce el estancamiento, con una ligera tendencia a la disminución. De 1607 a 1635 el reflujo demográfico se acentúa: la población pasa de 6.054 fuegos (incluida la ciudad) a 5.061; el retroceso es del 16,4 por 100.

En cuanto al ritmo económico, la producción agrícola aumenta de manera indudable hasta los años 1587-1589, acompañando al impulso demográfico. Naufraga entre 1587-1589 y 1632-1638. En este intervalo muchos miserables abandonan Galicia para dirigirse lentamente hacia el sur, en búsqueda de los humildes menesteres de las grandes ciudades: Valladolid, Madrid, Toledo, Sevilla, donde muchos peones, porteadores de agua, empleados domésticos son gallegos.

Afinemos el análisis: a comienzos del siglo XVI la situación era tan favorable a los campesinos de Galicia como a los del resto del reino de Castilla. En una región despoblada en la que las tierras habían vuelto a convertirse en baldíos, los trabajadores de la tierra representaban el más preciado bien. Para procurarse estos trabajadores, los detentadores de la tierra, y especialmente los monasterios que son los más importantes propietarios, están dispuestos entonces a conceder unas condiciones muy ventajosas, en particular los foros, contratos de carácter enfitéutico que aseguran a sus titulares, mediante el pago de una renta fija en dinero o en productos de la tierra, la disponibilidad efectiva de la tierra, la posibilidad de transmitirla, de subarrendarla... Por ejemplo, el monasterio de San Martín Pinario, de Santiago de Compostela, estableció dos mil quinientos contratos de foro de 1500 a 1640, aunque la mayor parte de los foros quedaron fijados antes de 1550. Los foreros se obligaban a resconstruir las viviendas y a cerrar los campos pero, además de la seguridad de la tierra, sólo tenían que pagar la mitad de la renta durante los primeros siete años.

Las personas que obtienen entonces estos contratos son sobre todo campesinos, aunque no únicamente, lo que significa que varios de estos foreros tienen una intención especulativa, prevén un subarriendo, el subforo. En la primera generación de foreros de San Martín Pinario (1500-1530) encontramos, por ejemplo, el 63 por 100 de labradores, pero también el 11 por 100 de notarios, el 9 por 100 de nobles, el 6 por 100 de sacerdotes, el 3 por 100 de mercaderes y otro tanto de artesanos. Y, de hecho, cuando el crecimiento demográfico produzca sus efectos, después de 1560, y la tierra llegue a escasear, el subforo se desarrollará progresivamente permitiendo a los foreros obtener unos beneficios impresionantes. Entre otros casos concretos, Juan Eloy Gelabert ha descubierto arriendos de subforo veinte o doce veces superiores a los del foro. Parece claro que los foreros de la primera generación realizaron una operación excelente: a través de ellos se constituyeron las familias de campesinos ricos para quienes el siglo realmente es de oro y también es a través de los mismos como se fortifica la burguesía rural.

Los arriendos a corto o a medio plazo (de cuatro a veintiún años), muy poco extendidos en Galicia, demuestran ciertamente el aumento creciente de la renta agraria y la escasez de la tierra libre: los arriendos se hacen más cortos y hacia finales de siglo el alquiler de la tierra ha aumentado, en promedio, un 42,5 por 100, lo que confirma el carácter ventajoso de los foros anteriores a 1550. Es cierto igualmente que después de 1609 la renta agraria también se tambalea: la coyuntura económica de Galicia se corresponde con la de Castilla.

Esta coyuntura ha provocado, lógicamente, merced al juego del mecanismo que acabamos de explicar, la formación, o mejor dicho, la consolidación de una sociedad desigualitaria. En los pequeños pueblos próximos a Santiago de Compostela, a finales del siglo xvi, el porcentaje de los habitantes totalmente desprovistos de tierras oscila entre el 12 y el 33 por 100, mientras que los campesinos ricos poseen un rebaño relativamente importante. Añadamos, para concluir, que la ciudad de Santiago de Compostela participó plenamente en el Siglo de Oro, en especial en el terreno cultural: la población adulta alfabetizada en 1636 alcanza el porcentaje del 28 por 100; proporción conforme a la media de las ciudades pequeñas. Para lo mejor y para lo peor, Galicia está más integrada en el fenómeno del «Siglo de Oro» de lo que pudiera creerse a primera vista.

CENTINELAS DEL SIGLO DE ORO
Y... MARGINADOS: LOS SOLDADOS DE LOS TERCIOS

Una categoría totalmente excepcional, que no se asemeja a ninguna otra, sin la cual el Siglo de Oro, sin nigún género de dudas, no hubiera existido, con una adhesión plena a los valores que conformaron este siglo, y que, sin embargo, no vivieron nunca, o en muy escasas ocasiones, es la que engloba a los famosos soldados de los tercios españoles.

No se trata de una categoría numerosa: algunos miles de hombres, un máximo de 10.000 en los años 1570, pero cuya renovación era relativamente rápida por razones fáciles de comprender. Se refiere a hombres solos, acompañados, es cierto, por ordenanzas o criados, en el caso más frecuente, en ocasiones por una concubina, rara vez por la mujer legítima. El excelente libro de René Quatrefages muestra cómo en los años 1567-1577 la mayoría de los soldados de los tercios eran nobles: el 25 por 100 del conjunto, sin distinción de grados, tienen incluso su nombre precedido del título de «don», que, en esta época, no se aplica a los simples hidalgos. En esos años, el reclutamiento no ofrece dificultades, pero será muy distinto en el siglo xvii y la proporción de nobles en los tercios descenderá sensiblemente.

La primera originalidad de los soldados de los tercios es que

no viven en España. Para exportar la guerra, para poder ejercer
su fuerza de intervención en los plazos más breves posibles en
todos los teatros militares de Europa, España mantiene sus tercios
en Italia: el de Nápoles —el más importante—, el de Sicilia, el
de Cerdeña y el de Lombardía. En el momento en que estos tercios son movilizados y se ponen en estado de guerra, se reanuda
el reclutamiento en España y los nuevos reclutas son trasladados
a Italia para ser acuartelados allí, al mismo tiempo que reciben
el necesario entrenamiento e instrucción. En 1567, cuando comienza la guerra de los Países Bajos, el duque de Alba conduce
a los 8.795 soldados de los tercios de Italia hacia los Países Bajos. En 1577, cuando el tercio regresa a Italia, cuenta sólo con
4.093 hombres a pesar de que, de 1568 a 1577, los refuerzos
españoles encaminados hacia Flandes representan aproximadamente 25.000 hombres. En consecuencia, el tercio ha «consumido»
unos 3.000 hombres al año: muertos, heridos, desertores, soldados regresados a España con la licencia... Pero en la medida en
que viven su condición militar, los soldados de los tercios resi-
den en Italia o en Flandes.

Los soldados de los tercios se beneficiaban de una seguridad
alimentaria: de 3.300 a 3.900 calorías diarias, un relativo equilibrio entre glúcidos y proteínas gracias a una ración de una libra
y media a dos libras de pan o de galleta y a una ración de una
libra de carne o de media libra de pescado, reforzada con huevos. Además podían consumir una pinta de vino, un poco de
aceite y otro poco de vinagre. La ausencia de productos lácteos
y de frutas se ajustaba al modelo dominante, en el que la carencia
de vitaminas y de sales minerales era la norma.

Los soldados no tenían que preocuparse por el alojamiento,
si bien éste dejaba mucho que desear. Cuando estaban en campaña, vivían bajo la tienda, en medio del barro y del frío del invierno flamenco; en el intervalo de operaciones militares, se aloja-
ban en los domicilios de la población, casi siempre con reticen-
cia, aunque siempre era posible la sorpresa de una acogida cordial.
Si bien es verdad que los tercios carecían de un uniforme fijo,
los soldados se vestían casi del mismo modo: camisa, jubón, cal-
cetines y medias, zapatos y casaca, aunque la diversidad de colo-

res y las piezas de recambio prestaban a la tropa un aspecto abigarrado. Por añadidura, los hombres manifestaban un gusto ya barroco por los sombreros de plumas, por los collares y por los cinturones de color y disponían para los días de fiesta de elegantes trajes de paño y de seda.

René Quatrefages ha demostrado que el salario de los soldados de los tercios se devaluó considerablemente de 1487 a 1602: mientras que los salarios civiles se duplican en valor nominal, la soldada sigue siendo la misma y pierde la mitad de su poder de compra. ¿Cómo explicar entonces la fuerte atracción, siempre tan intensa, que ejerce el tercio hasta la fecha?

La respuesta es sencilla: la moneda española, la más fuerte de su tiempo, mantiene en Italia y en los Países Bajos un poder adquisitivo más elevado; el soldado no tiene un carga domiciliar, tampoco gastos de transporte, no ha de pagar impuestos, generalmente no ha de atender sino al mantenimiento de dos personas. Sobre todo, el eventual botín supone más que la soldada: representa la única posibilidad de enriquecimiento, pero es bien real. Una primera forma del botín está representada por el equipamiento arrebatado al enemigo después de una batalla victoriosa. Sin embargo, la verdadera fortuna procede del pillaje, del saqueo de las ricas ciudades flamencas, cuando es autorizado por el mando. Haarlem, tomada el 14 de julio de 1573, evita el saqueo gracias al pago de una compensación de 240.000 florines y los soldados se sienten profundamente frustrados porque sufrieron duramente el terrible invierno de 1572-1573. Pero Bergen y Malinas en 1568, Amberes en 1576, son víctimas del más atroz saqueo. Según el agente de los Fugger, el de Amberes habría producido a los españoles la enorme suma de 20 millones de ducados, de los cuales 2 millones en monedas de oro y plata. Algunos soldados, enriquecidos de esta manera por un solo golpe de fortuna, regresaban a su casa o bien enviaban su botín a su domicilio: esto era fácil para los soldados valones, incluso para los alemanes, pero resultaba más incierto para los españoles, dadas las dificultades de la distancia. Sin embargo la imaginación no faltaba nunca: el capitán Juan de Barragas hizo fundir en forma de armadura el oro que había obtenido en el saqueo de Amberes, la ennegreció, la empaquetó y la facturó a su domicilio con la etiqueta de «exvoto para Santiago de Compostela»...

El saqueo de una ciudad estaba regulado por una ordenanza especial, un bando que era leído a los soldados después de la toma de la ciudad. Tenía que limitarse a tres días: por ejemplo, en Malinas en 1568, el primer día se reservó a los españoles, el segundo a los valones y el tercero a los alemanes. Los eclesiásticos y los objetos sagrados eran teóricamente intocables; las violaciones, los golpes y las heridas y los homicidos estaban rigurosamente prohibidos. Pero, aunque fuesen nobles y católicos, los soldados de los tercios españoles, impulsados por el frenesí del saqueo, se mofaban de las normas, olvidaban toda ley: en Malinas en 1568, iglesias y conventos fueron saqueados tanto como las viviendas de los particulares y el palacio de las antiguas gobernadoras de los Países Bajos, Margarita de Austria y María de Hungría, fue igualmente saqueado; las personas andaban desnudas por las calles.

Poseídos preferentemente por la sed de riquezas, los soldados se entregaban seguidamente a la orgía y las pulsiones sexuales de estos hombres frecuentemente privados de mujeres explotaban. En Walcheren, en 1568, situados en la gran plaza, los soldados se hacían servir toda clase de manjares y de bebidas por las mujeres de la ciudad, previamente desnudas, y según su fantasía y capricho se apoderaban de una o de otra de estas mujeres indefensas y las poseían en el instante. En Amberes, después del saqueo de 1576, las calles aparecieron llenas de cadáveres, cuyos dedos estaban cortados, los lóbulos de las orejas mutilados: hombres y mujeres habían sido despojados de sus joyas de la manera más expeditiva. Muchas veces se torturaba a los niños delante de sus padres para que éstos entregasen sus riquezas...

Las largas privaciones, los retrasos interminables en la percepción de sus soldadas, el espíritu de venganza, por último, favorecían estas atrocidades. De 1571 a 1573 el tercio no fue pagado y el invierno de 1572-1573 fue muy duro; en Flessinga, los calvinistas habían ejecutado públicamente al capitán español Hernando Pacheco, habían cortado con unas tijeras los genitales de los soldados, a los que seguidamente quemaron... Hemos de recordar, por otra parte, que en la misma época, las guerras de religión en Francia habían revelado a unos artistas de la atrocidad más refinados todavía: Symphorien de Durfort, señor de Duras, hizo explotar a las mujeres católicas de Agen después de haberles rellenado el sexo con pólvora, mientras que Blaise de Monluc hacía cocer a fuego lento a los setecientos hugonotes, hombres y mujeres, capturados en Penne...

Extraño destino el de estos hombres, nacidos en el seno de buenas familias de Castilla, plenamente de acuerdo con el catolicismo militante definido en el concilio de Trento y que habían recibido la misión de castigar a los herejes. Tenían una visión providencialista del mundo, consideraban que recibían su victoria como obsequio de Dios y aceptaban sus fracasos y derrotas como el castigo de sus pecados cuyos excesos conocían. Pensaban que servían al rey y las palabras de nación y de España se repiten constantemente en su conversación. Tenían una elevada concepción del honor, en especial en ocasión de misiones peligrosas. Eran capaces de respetar escrupulosamente los términos de una capitulación, como sucedió en Mons, de tratar con cortesía a sus prisioneros y de dejarlos en libertad con la única condición de no volver a coger las armas durante un período determinado. Si en alguna ocasión se amotinaban porque tenían la convicción de ser víctimas de alguna injusticia por parte de sus oficiales, se imponían inmediatamente unas normas y unos jefes a los que respetaban con mayor rigor aún. Simples soldados aunque nobles, ascendían lentamente los grados de la jerarquía al costo de un servicio de veinte, treinta, incluso cuarenta años, alternativamente ricos y pobres. Generalmente admirados por su disciplina, se transformaban a veces en demonios, como en Amberes en 1576. Hablaban continuamente de España y no vivían en ella. Cuando se licenciaban o alcanzaban su retiro, permanecían con frecuencia en Italia... Servidores del Siglo de Oro, no llegaron a conocerlo.

Una ciudad media del Siglo de Oro: Andújar

Andújar puede ser considerada como un prototipo de ciudad media de la época: de 12.000 a 14.000 habitantes a comienzos del siglo XVII, Andújar vive en las orillas del Guadalquivir, rodeada de colinas de tonos ocres, cubierta de olivos y situada en una llanura fértil en la que crecen el trigo y la cebada. La sociedad de Andújar, que percibimos con una cierta precisión a través de voluminosos procesos por los que desfilan centenares de testigos, es una sociedad muy diferenciada y jerarquizada, pero está dividida menos en clases que en clanes, en bandos, para utilizar el término en uso, que recortan verticalmente el tejido social desde la nobleza hasta los criados y los esclavos. A decir verdad, no existen en Andújar nobles con título, pero sí hay un buen número de miembros de la mediana nobleza, de caballeros, algunos de los cuales pertenecen a las grandes órdenes militares y la familia de los Benavides es considerada por algunos testimonios de ilustre origen, ligada por vínculos de parentesco con los grandes de España.

Contamos en Andújar al menos tres docenas de caballeros, un número importante de letrados, frecuentemente eclesiásticos, una docena de los cuales pretenden el título de licenciado, incluso hay uno que ostenta el de doctor. Los hombres de ley, los mercaderes, los artesanos, los labradores y los jornaleros, los criados domésticos, los esclavos y los mendigos integran la composición de un espectro social prácticamente completo, dividido en dos facciones hostiles, cuyos jefes se consideran «enemigos mortales»: a un lado, los Quero, los Valenzuela, los Jurado, los Palomino, los Terrones; a otro lado, los Benavides, los Serrano de Piédrola, los Lucena, los Salcedo, los Cárdenas. Y en la estela de estas grandes familias se sitúan unas clientelas heterogéneas que parecen confirmar la realidad de una lucha por el poder entre los caballeros de capa y espada y los letrados: nuevamente nos enfrentamos con la controversia de la primacía de las armas y de las letras, temas capitales del Siglo de Oro. Andújar vive plenamente este conflicto, aunque en esta ciudad se define en términos de intereses divergentes, de rivalidades amorosas y matrimoniales, de concepto del honor y quizá todavía más de protocolos y de poder político, en el plano local evidentemente. Y el conflicto no se vive a base de comentarios, en discusiones académicas, sino con insultos, con afrentas públicas, con agresiones y con crímenes de sangre, que llegan hasta el asesinato nocturno, en el que pueden encontrarse implicados los mismos caballeros y, sin lugar a dudas, asesinos a sueldo. La violencia aristocrática se codea con la picaresca y los dos jóvenes don Juan, de Quero Jurado y de Quero Mesa, asesinos del desdichado Juan Tulero, al parecer por un simple capricho, en un día de fiesta, y de otro joven noble, su rival en conquistas amorosas, son ya unos nobles encanallados.

Toda la sociedad de Andújar se asemeja en las misma pasiones y en las mismas liturgias; los gestos, las palabras, las creencias tienen el mismo sentido para el noble, para el letrado, el artesano, el labrador y naturalmente el criado de la misma casa. En todo momento, aparece la cuestión del honor. No solamente las personas «principales» son calificalas de honorables: la sirvienta María Villar es viuda de un «hombre honorable». El molinero Blas González es «un hombre honorable y... buen cristiano», al igual que Nicolás de Guevara, que está al servicio del juez Alonso Jiménez Claros. El que visita regularmente por las noches a una joven de linaje noble, doña Antonia de Lucena, insiste, incluso en el artículo de la muerte, haber escalado el muro para coger unos racimos de uva, con tal de salvaguardar el honor de la doncella. Una mujer casada que ha cometido adulterio con un notario no es nombrada y los jueces no preguntan su nombre para que el honor del linaje quede a salvo. La venganza por motivo de honor está perfectamente reconocida, con tal de que se ejerza lealmente a cara descubierta. No obstante, el engranaje de la violencia alcanza un nivel tal que la emboscada y la traición se desarrollan peligrosamente.

A pesar de todo, estas personas afirman constantemente su fe y pretenden que su moral coincide con ella. El temor de Dios inspira sus actitudes. Cuando don Alonso de Prados, después de haber declarado que no había reconocido a su nocturno agresor, acusa a don Luis de Quero en una segunda declaración, uno de sus amigos le visita: «Ahora acusáis a don Luis de Quero ... considerad el asunto con temor de Dios ...». Francisco López «dice la verdad, teme a Dios y jamás pronunciaría un falso juramento». María de Aguirre, María de Villar y Josefa Díaz «temen a Dios y al peso de su conciencia». El ritual de las palabras y de los gestos era conocido de todos. Los caballeros y los eclesiásticos, entre otras categorías, debían saludarse alzando su sombrero cuando se cruzaban en calles y plazas, y cumplían escrupulosamente con este deber social. Faltar a esta norma de conducta aparecía preñado de significación, indicaba una ruptura o una alteración insólita. Sacar la espada de su vaina ante un hombre de su condición, sin pronunciar ni una palabra ni hacer gesto alguno, significaba un desafío. Negar una jarra de agua al criado de un vecino, aunque se acompañase un pretexto, era una afrenta. Cada uno conocía a los demás y sabía sus costumbres, interpretaba las mínimas variaciones del comportamiento.

En el corazón de una Andalucía muy urbanizada, situada en la ruta de tránsito del Guadalquivir, vinculada al importante mercado de aceite de oliva, Andújar había participado en los progresos culturales de la época.

Una encuesta que incluye del 2 al 3 por 100 de la población adulta de la ciudad muestra que, en 1630, 30 caballeros sobre 30 saben leer y escribir, 17 titulares de cargos diversos sobre 17 (es decir, el 100 por 100 en ambos casos), 19 sacerdotes y religiosos sobre 20 (la única excepción se refiere a una religiosa anciana), 15 artesanos sobre 27 (el 55 por 100), 4 labradores sobre 13 (el 25 por 100), 2 domésticos o esclavos sobre 19 (el 10,5 por 100). Además, 22 testigos sobre un total de 31, cuya condición social no ha podido determinarse saben leer y escribir (el 70,9 por 100). Por supuesto, se trata de hombres. Solamente 3 mujeres sobre 15 se encuentran en la misma situación (el 20 por 100) y esas tres son esposas o hijas de caballeros, lo que significa que el analfabetismo femenino es todavía más masivo de lo que parece.

En todo caso, Andújar cuyas iglesias se cargan de retablos y de pasos, vivió plenamente el Siglo de Oro, sus pompas y sus obras, participó en sus prejuicios y en sus taras. Es una ciudad perfectamente integrada en la ética y en las manifestaciones del barroco que caracterizan la segunda parte del Siglo de Oro.

EN EL CORAZÓN DEL SIGLO DE ORO:
VALLADOLID Y SEVILLA

En estas dos ciudades, una capital política y administrativa, la otra capital económica, ambas metrópolis culturales, la población en su conjunto vive el Siglo de Oro, participa en la creación de sus valores o se adhiere a los mismos, organiza el espectáculo o lo contempla, comparte el festín o recoge sus migajas; recibe y consume una fracción de la riqueza más importante que en otros lugares, gracias al privilegio, gracias al trabajo, por medio de la caridad o a través de la violencia.

Por la ciudad castellana han desfilado, a lo largo de este siglo, decenas de personalidades ilustres: Carlos V, Felipe II, Felipe III, con sus reinas, realizando estancias más o menos prolongadas, y otras tantas reinas que no lo eran de España, príncipes y princesas, embajadores extranjeros, viajeros que habían recorrido el vasto mundo. Muchos grandes señores tenían en la ciudad un palacio en el que residían una parte del año. Pasaron por Valladolid o vivieron algún tiempo grandes financieros italianos, genoveses como los Centurione, los Lomelin o los Saudi; toscanos como los Strozi, los Bertini o los Nelli. El doctor Pedro de La Gasca, pacificador del Perú, que sin tropas y sin armas, por la sola fuerza de su genio, venció a Gonzalo Pizarro y a sus partidarios y reintegró al Perú a la dependencia imperial, vino a terminar sus días en Valladolid, donde murió en 1567, mientras Bartolomé de Las Casas pasaba en esta misma ciudad una gran parte de su vejez y Cervantes residía en ella algunos años, y escribía el *Coloquio de los perros*. Hombres de teatro y artistas se codeaban con los grandes de España y los prelados, con los magistrados de la Audiencia y también con algunos centenares de pícaros... para los cuales la ciudad era propicia.

Valladolid celebraba una fiesta tras otra en honor de Dios,

del rey y de España: en 1522, el perdón de las Comunidades; en 1525, la aplastante victoria de Pavía seguida del tratado de Madrid; en 1527, el nacimiento y el bautismo del futuro Felipe II se celebraron con un cierto retraso a causa del saqueo de Roma; en 1556 tenía lugar la celebración por el acceso al trono de Felipe II; luego, en 1557, se celebraba la gran victoria de San Quintín que creaba las condiciones del ventajoso tratado de Cateau-Cambresis en 1558. Con el aura de vencedor, el rey pasaba temporadas en Valladolid, donde los espectaculares autos de fe de 1559 señalaban la derrota de la herejía, renovada por los autos de 1561. Dos años más tarde, en 1563, la ciudad celebraba el término del concilio de Trento, en el que prelados y teólogos españoles habían desempeñado un papel tan importante. En 1565, la reina efectuó una estancia en la ciudad del Pisuerga, que organizó una serie de festejos en su honor. En octubre de 1571, llega la noticia milagrosa... La temible armada turca había sido aniquilada en Lepanto por la flota de la Santa Liga, bajo el mando de don Juan de Austria. Y el mismo don Juan obtenía al año siguiente una serie de magníficas victorias en los Países Bajos, al tiempo que Valladolid recibía la «divina sorpresa» de la noche de san Bartolomé. Además, como colofón, sobrevenía el regocijo de un nacimiento principesco. En 1580, el Imperio se dilataba aún más: Felipe II, el monarca nacido en Valladolid, se convertía en rey de Portugal.

También, es verdad, había que acoger con estoicismo algunas malas noticias aceptadas con más amargura que en otros lugares, entre las cuales destaca el desastre de la Armada Invencible en 1588. Pero las festividades se reanudan alegremente en 1592 cuando Felipe II se detiene tres meses en Valladolid, camino de Aragón, adonde se dirigió para castigar la revuelta de Zaragoza. En 1594, año de penuria y de hambre, la ciudad celebra, no obstante, el traslado de las reliquias de san Benito; en 1596, Valladolid que, paradójicamente, no era más que una «villa», es promovida al rango de «ciudad»; en 1597, la colegiata es transformada en catedral y el abad es reemplazado por un obispo. En 1601, la ciudad ha pagado caro, pero que muy caro, el regreso de la corte, sin embargo, hay una auténtica cascada de fiestas para recibir a Felipe III y a su favorito, el duque de Lerma... Y en 1605, la fiesta estalla una vez más con ocasión del bautizo del futuro Felipe IV.

Todo ello referido a las festividades extraordinarias. Porque, cada año, en Semana Santa y en el día del Corpus, los festejos permitían al pueblo cristiano interpretar con pasión y con fervor la muerte y la resurrección de Cristo y los milagros de la Eucaristía. Cada año, se celebraban corridas de toros en la festividad de San Juan, en la de Santiago, y en septiembre, en la de san Mateo, a partir de 1562, se celebraba la acción de gracias al santo que había favorecido el final del gran incendio de 1561.

Hace ya catorce años definí el ideal aristocrático vivido en Valladolid durante el Siglo de Oro y creo que podemos reproducir estas líneas sin introducir ninguna modificación:

Entregada al lujo y a la fiesta, al espectáculo casi diario, a las grandes ceremonias que satisfacían su fe, la ciudad tenía otros modelos. Los únicos burgueses que era capaz de admirar, alejados de toda actividad mercantil, se ennoblecían en el servicio del rey, trataban de igual a igual con los grandes títulos, cuyos señoríos y rentas compraban, consiguiendo a veces acceder a sus filas. O bien se dedicaban a las letras y pronto el Quijote valoraría la carrera de las Letras casi igual a la de las Armas. Los nobles, los funcionarios, los letrados, los sacerdotes y los monjes no trabajaban con sus manos, no ejercían el comercio, estaban libres de cargas y de contribuciones, vivían de sus rentas, en mejores condiciones que los demás, en hermosas mansiones y podían exhibir vestidos y adornos lujosos. Si se burlaban demasiado abiertamente de la ley tenían su casa como prisión y estaban sometidos a jurisdicciones particulares. No se preocupaban más que de magnificar el presente y, en cuanto al porvenir, carecía de sentido para ellos, salvo considerado bajo el concepto de eternidad.

Los demás les imitaban cuando podían. Por ejemplo, en el aprecio por los elegantes atavíos y las joyas, en la frecuentación del teatro, en el vocabulario en el que destaca la palabra honor, en las actitudes fácilmente agresivas y violentas. Si habían conseguido acceder gracias a su trabajo o al de sus padres a un cierto nivel de fortuna, abandonaban el artesanado o el comercio por un cargo de procurador o por las letras, compraban un cargo público y adquirían unas rentas. Hasta los mismos extranjeros cedían ante la fascinación del modelo. No hay dinastías de mercaderes en Valladolid. La vida picaresca que se encuentra en pleno desenvolvimiento representa también un medio de escapar al trabajo.

Los que pueden imitar a los dichosos de este siglo, los contemplan. Los más pobres, ciertamente, son mantenidos mejor o peor por los más ricos: representan a la vez su público y su justificación. Solamente los campesinos alejados de la ciudad no sienten el contagio del género de vida señorial...[1]

Sevilla no era Valladolid, aunque las dos ciudades fuesen comparables por su papel eminente en el impulso de las letras y de las artes, por la intensidad de sus actividades de asistencia... y por la presencia en ambas de abundantes pícaros. La fortuna de Sevilla fue más duradera porque no dependía de la realeza y porque se había impuesto como puerta de las Indias, lugar de salida y de llegada de las flotas de América. Por ello se encontraba en la fuente del oro y de la plata, cuyo volumen condicionaba profundamente la actividad económica de una parte de Europa. También el espectro social sevillano está todavía más diversificado que el de Valladolid porque Sevilla recibe a más extranjeros y de origen más diverso: no solamente a italianos, flamencos o portugueses, sino también a ingleses y escoceses, alemanes, franceses, holandeses... El número de esclavos era excepcionalmente elevado. Hay menos funcionarios y letrados, pero muchos más mercaderes.

Sevilla vive de una manera instántanea la coyuntura del siglo, las noticias de los naufragios y de las capturas de los corsarios, la marcha de las flotas y el largo período de preparación y carga que le precede, y, sobre todo, su llegada, que es un tiempo de frenesí ¿Cuál es la cantidad de oro y de plata para el rey y cuál para los particulares? ¿Qué noticias hay de las Indias? ¿Qué quieren? ¿Tejidos, telas, vino, jabón, armas, esclavos? El dinero

1. Bartolomé Bennassar, *Valladolid et ses campagnes au Siècle d'Or*, páginas 569-570.

reanima a los negociantes, o a los empresarios que se encuentran con dificultades, relanza los negocios, los pedidos hacia el exterior, el artesanado y la construcción. Por el contrario, una flota deficitaria desencadena las quiebras, como en 1567, y provoca las fugas precipitadas de los afectados hacia el Puerto Real, esa «cueva de ladrones», donde, refugiados en las iglesias y al abrigo de su inmunidad, reciben a los acreedores que acuden a negociar con ellos las modalidades de un pago con frecuencia muy espaciado.

El comercio con las Indias impone su ritmo: suministra, por supuesto, un conjunto de artículos que son objeto de transformaciones en el país y que dan origen a reexportaciones, como cueros, azúcar, cochinilla... Pero las zonas rurales andaluzas refuerzan la importancia del mercado: proporcionan especialmente ingentes cantidades de vino, de aceite, así como también grano para el hambre de Sevilla, aunque sea preciso importar el «trigo del mar», pescado, sal, y, por supuesto, los productos fabricados que tanto Sevilla como su *hinterland* y las Indias, necesitan.

La ciudad, por consiguiente, parece hecha de una extraña mezcla de permanencia y de agitación. Permanencia de la ostentación social, regulada por las jerarquías habituales en las que los grandes de España (y por delante de todos los Guzmán), el ayuntamiento, la Audiencia, el corregidor o el asistente, el arzobispo y el cabildo capitular de la catedral desempeñan, cada uno en su lugar, los principales papeles. Las festividades señalan los momentos cumbres de esta apariencia social, que aseguran un grado muy elevado de integración social porque introducen fugitivamente a los humildes en la familiaridad de los poderosos. Agitación creada por el tráfico del puerto, por el movimiento de los negocios, que hace y deshace fortunas, revela y destruye a los «hombres nuevos», por las estafas y por los delitos espectaculares, por los momentos intensos de especulación y por los grandes acontecimientos como la expulsión de los moriscos.

En consecuencia, la población sevillana se encontraba directamente asociada a todo lo que conformaba y constituía el Siglo de Oro. Pensemos en la llegada de la flota de la Tierra Firme (es decir, la que transportaba los metales del Perú a partir del istmo o de Cartagena de Indias) descrita por el autor de los *Sucesos de Sevilla*, crónica que cubre los años 1592-1604:

> El 22 de marzo de 1595 abordaron en los muelles del puerto de Sevilla los navíos cargados con la plata de las Indias; comenzaron a descargarlos y depositaron en la Casa de Contratación 332 carretas de plata, de oro y de perlas de gran valor. El 8 de abril, retiraron de la nave capitana 103 carretas de plata y de oro, y el 23 de mayo llegaron por tierra desde Portugal 583 cargas de plata, de oro y de perlas procedentes del navío almirante, desviado por la tempestad hacia Lisboa ... Ese año pudo contemplarse el mayor de los tesoros que hombre viviente alguno haya visto jamás en la Contratación, porque en ella se acumuló la plata de tres flotas.

Este espectáculo comunicaba a los testigos un sentimiento de euforia y de poderío, parecía garantizar el porvenir de todas las empresas, tanto las de la construcción como las de la política.

En el corazón del Siglo de Oro: De El Escorial al Buen Retiro

Regresamos al proscenio, junto a los reyes y a sus cortes. Tal como he intentado mostrarlo, sin duda era necesario buscar en otros ámbitos lo esencial y lo que queda de ese tiempo. Pero el binomio Escorial-Buen Retiro expresa bastante correctamente los contrastes y la diversidad del Siglo de Oro.

San Lorenzo del Escorial, construido en forma de parrilla para respetar el voto de Felipe II, pronunciado después de la batalla de San Quintín, con el fin de devolver a san Lorenzo el monasterio destruido por la artillería española durante el combate, es, como suele decirse, al mismo tiempo «monasterio, iglesia, mausoleo y palacio, escuela, museo y biblioteca». Esta acumulación de funciones explica con claridad algunas de las líneas maestras del Siglo de Oro: la importancia del factor religioso, la búsqueda de lo permanente, la indudable dimensión cultural, tanto mayor cuanto que la biblioteca ha reunido un conjunto de tesoros, manuscritos, incunables, mapas e instrumentos científicos. Las dimensiones insólitas del palacio construido en veinte años y la calidad de los materiales (granito, mármol, jaspe) son un testimonio del poder del rey. No ha de extrañarnos, por ello, que Felipe II, desde mucho antes del término de los trabajos, efectuase largas estancias en El Escorial; allí encontraba el contacto con la naturaleza que tanto echaba en falta, como lo traslucen sus cartas desde Lisboa, y una tranquilidad reforzada por el alejamiento de los cortesanos. En él podía entregarse con mayor facilidad al recogimiento y el Panteón representaba el lugar del Diálogo con los Muertos.

La significación del Buen Retiro es diferente. Construido con más rapidez (diez años en lugar de veinte) con materiales de menor valor, el ladrillo, sin una planificación previa, el Buen Retiro tenía ciertamente la función de exaltación de la monarquía y ya hemos ofrecido la prueba: su decoración ofrece un claro testimonio. Pero el Retiro era también «el lugar ideal de los festejos y de las diversiones de un esteta regio que veía en la prospección de las artes un deber real acomodado perfectamente a su gusto». Así como el viejo Alcázar reacondicionado y hecho más confortable servía de primera residencia a Felipe IV, el Buen Retiro fue el centro de las fiestas, del teatro, de las recepciones ofrecidas a los soberanos y a los príncipes extranjeros: por ejemplo, a Margarita de Saboya en 1634, a la duquesa de Chevreuse en 1637, y a Francisco d'Este, duque de Módena, en 1638. Los períodos de estancia del rey y de la reina en el Retiro, limitados generalmente a algunas semanas, se asociaban a grandes festejos no desprovistos enteramente de intencionalidades políticas, como los celebrados en febrero de 1637, que permitieron resaltar las victorias de 1636 sobre los ejércitos franceses, y la elección del cuñado de Felipe IV como rey de los romanos, paso previo a su ulterior elección como emperador; mascaradas (era la época del carnaval), corridas de toros, justas poéticas, concursos literarios, academias burlescas, bailes, juegos de jabalinas, representaciones mitológicas, ocuparon diez jornadas consecutivas de festejos. En otros tiempos se habían presenciado allí espectáculos insólitos como exhibiciones de animales diversos, combates de bestias salvajes, y, también con alguna frecuencia, distracciones sobre el agua.

El Buen Retiro desempeñó de un modo pleno su papel de teatro, facilitado por el italiano Cosimo Lotti que construyó en su interior con esta intención un coliseo provisto de la mejor tramoya teatral realizable en aquella época. Numerosos «entremeses», obras de Lope de Vega, de Calderón, de Tirso de Molina, se representaron en este escenario. La sed teatral de Felipe era tan inagotable que llegó hasta asistir a tres o cuatro representaciones en la misma jornada.

El teatro, es decir, la ilusión. Aunque también la ilusión capaz de introducir el conocimiento. En el umbral de la ruina, en vísperas de una edad de hierro, el Buen Retiro reúne en un último milagro a los visionarios de genio para los que existen ya las metamorfosis del tiempo.

CONCLUSIÓN

EL FIN DE UN SUEÑO ESPAÑOL

En 1648 Miguel de Cervantes, Mateo Alemán, Lope de Vega, el Greco habían muerto hacía tiempo. Francisco de Quevedo había fallecido en 1645 y Tirso de Molina desapareció ese mismo año de 1648. Pero Baltasar Gracián no falleció hasta 1658, Diego Velázquez en 1660, Francisco Zurbarán en 1664, Pedro Calderón de la Barca en 1681, Esteban Murillo en 1682 y Juan de Valdés Leal en 1690. Estos escritores y estos artistas figuran entre las más brillantes glorias del Siglo de Oro. Continuaron creando, inventando, descubriendo formas e imágenes, en muchos casos hasta la proximidad de la muerte. ¿Por qué, en estas condiciones, proponer como final del Siglo de Oro el año 1648?

He intentado justificar una interpretación del Siglo de Oro que no se limitara a las letras y a las artes. ¿Cómo, entonces, no admitir que ya en 1648 se habían reagrupado todos los elementos para arruinar el sueño de grandeza y de supremacía alimentado sucesivamente por Carlos V, por Felipe II y por Olivares, sueño cuya realización pudo parecer garantizada por la coyuntura económica americana y por algunos protagonistas admirables?

Cuando España concluye sucesivamente la paz de Vervins con Francia (1598), el tratado de Londres con Inglaterra (1604), la tregua de los Doce Años con las Provincias Unidas (1609), se encontraba todavía en posición de fuerza, al menos aparentemente. Ninguno de estos acuerdos implicaba un retroceso, ni un abandono. La tregua de los Doce Años no significaba solamente la necesidad de una pausa militar y financiera en la onerosa guerra del Norte: tenía también el objetivo de dejar a la monarquía la disponibilidad total de sus fuerzas para llevar a cabo la expulsión de los moriscos, gigantesca operación técnica, si tenemos en cuenta los medios de la época, porque se trataba de embarcar o de conducir hasta las fronteras a un número aproximado de 280.000 personas. En modo alguno había perdido entonces España la esperanza de remprender la lucha para recuperar los Países Bajos del Norte. El gigantesco esfuerzo realizado de 1627 a 1638, señalado por una serie de victorias importantes, entre las cuales se han de citar la de Nordlingen en 1634 y la de Corbie en 1636, es suficiente para demostrarlo.

Pero el balance de los años 1640 es desastroso. Ya en 1639 el desastre naval de las Dunas rompió los enlaces regulares por mar con Flandes. Por otra parte, España no consigue ya renovar sus tercios y las graves derrotas de Rocroi (1634) y de Lens (1648) ante las tropas francesas, casi asombradas ellas mismas por su victoria, indican el comienzo del fin de una gran potencia militar. En los tratados de Westfalia (1648 una vez más) España reconoce la independencia de las Provincias Unidas. Este fue el primer abandono de importancia.

Aún queda lo peor: España se encuentra entonces amenazada en su unidad nacional. La revuelta de los catalanes ofrece a Francia una ocasión excepcional de trasladar por fin la guerra al territorio adversario: por primera vez desde hacía más de cien años, las fronteras terrestres de España son violadas por un ejército extranjero, el territorio nacional es invadido. La paz de los Pirineos en 1659 concluirá, como de sobras es conocido, con una amputación territorial en beneficio de Francia. El mismo dominio americano se ve amenazado porque Inglaterra se apodera de una de las grandes Antillas, bautizada como Jamaica y porque los holandeses se han instalado en el norte de Brasil, cuya defensa habría tenido que asumir España.

Este debilitamiento político y militar no es sino el reflejo de una depresión dramática. El año 1648 señala no solamente la aparición de una peste catastrófica que arruinará Sevilla (quizás unos 60.000 muertos) y abrirá unas trágicas brechas en las poblaciones del litoral mediterráneo; este año anuncia también el inicio de un ciclo de hambre y de penurias que afectará al conjunto del país, con excepción del extremo noroeste salvado por el maíz. Existía un símbolo supremo: el Siglo de Oro había sido el de una moneda fuerte, los doblones y los reales de España, que habían impuesto su ley en los mercados monetarios. Pero ahora, desde hace unos veinte años, el país está entregado al cobre... No obstante, América produce casi tanto oro y plata como en los años 1620: la disminución no debió superar del 20 al 30 por 100. Pero es que España no cuenta ya con los medios militares y económicos para orientar hacia sí, como en el pasado, a través del Atlántico, el caudal de plata que le servía de alimento.

Pero, ¿qué hacemos entonces con Gracián, Calderón, Velázquez, Zurbarán, Murillo? Todos ellos nacieron antes de 1620, a veces en 1600 o 1601, como es el caso de Calderón, Velázquez o Gracián, e incluso antes de 1600, como Zurbarán. Sólo Valdés Leal nació en 1622. Estos artistas, estos escritores se formaron antes de 1640 y únicamente deben a su longevidad la circunstancia de sobrevivir al Siglo de Oro, la de prolongarlo en algunos episodios fulgurantes. Sobre todo, y en ello reside el hecho esencial, no tuvieron sucesores, sino solamente pálidos imitadores olvidados por la Historia. No existe un relevo. Y ello no es fruto del azar. En la misma época, España no produce ya más santos, sino algunos devotos: Ignacio de Loyola, Teresa de Ávila, Francisco Borja o Francisco Javier, Pedro de Alcántara o Juan de la Cruz tampoco tienen sucesores.

Alrededor de 1648, un sueño colectivo se desvanece, un milagro cultural se acaba. 1648 es un desenlace. Sin embargo, a lo largo de este libro, hemos ido encontrando a muchos españoles, letrados en su mayoría, videntes o visionarios, para quienes las campanas de la decadencia habían tañido ya en el momento del cambio de siglo. He citado, por ejemplo, a Martín González de Cellorigo, a Pedro Fernández Navarrete, a Sancho de Moncada, a Juan de Santamaría, y he reagrupado sus testimonios en torno al tema de la despoblación. Habría podido citar a otros muchos autores, con frecuencia más dispuestos a las lamentaciones, aunque su visión haya sido sectorial e insuficientes sus explicaciones, como Diego de Hermosilla y su *Diálogo de los pajes* (1573) en el que afirma que todo necesita reforma, o como Juan de Valverde Arrieta y su *Despertador*, quien, en 1581, deplora la penuria y la carencia de todo, y evoca incluso «la perdición total de España». Podríamos igualmente citar numerosas peticiones de las cortes si su complacencia ante los desastres no fuera demasiado conocida, o incluso remontarnos al célebre memorial de Luis Ortiz si su fecha de redacción (1558) no coincidiese con una grave crisis coyuntural que no ha de confundirse, como ya lo he subrayado, con la decadencia.

En realidad, el concepto de la decadencia de España se formó en el reinado de Felipe III, entre 1598 y 1621. A los cuatro autores que citaba un poco más arriba —Cellorigo, Santamaría, Moncada, Navarrete— sería fácil incorporar a Cristóbal Pérez de Herrera y su *Amparo de pobres* (1598), a Jerónimo Castillo de Bobadilla y su *Política para corregidores*... (1597), los «Discurso» de Ramón Ezquerra (1597) y además a Mateo López Bravo, a Francisco de Luque Fajardo, a Juan de Mora, a Juan Márquez, a Pedro de Valencia, a Jerónimo de Zevallos, y por supuesto, a Juan de Mariana. El propio Mateo Alemán, con su *Guzmán de Alfarache* (1599-1604), es un intérprete genial de esta visión de la decadencia.

Pero dejemos de lado la enumeración. La aportación más o menos importante de cada uno de estos autores enriquece el concepto, autoriza la construcción de una interpretación global de la España de aquel tiempo, permite casi elaborar una teoría de la decadencia.

Para alimentar su visión catastrófica, los escritores políticos de la generación de 1590-1620 no tenían más que dejarse llevar por la actualidad; una vez transcurrido el año 1590, las cosechas deficientes y las sobremortalidades se encadenan en una serie desastrosa, produciendo en primer lugar la plaga de hambre de 1594, luego la de 1599, sobre la que se injerta la trágica epidemia de peste de los años 1597-1602. La bancarrota de las finanzas regias se produce en 1596, el mismo año en que los ingleses saquean e incendian Cádiz. Felipe II muere en 1598 y el duque de Lerma, en el poder, convierte en sistema de gobierno el nepotismo, la corrupción y la arbitrariedad. Es verdad que los tratados de paz o las treguas firmados con Francia, con Inglaterra, con las Provincias Unidas, mencionados hace unos instantes, aportan un alivio indudable al país. Pero otros signos de inquietud aparecen: el abandono de la moneda fuerte, la avalancha progresiva de una moneda de cobre cuyo valor legal se alejaba cada vez más de su valor intrínseco y que provocaba oleadas de inflación; la ruina de numerosas industrias en las ciudades de la Meseta y el incremento del control extranjero sobre el comercio marítimo: es la tragedia cotidiana del mercader español ilustrada por algunos de los episodios o de las reflexiones del *Guzmán*. Vagabundos y mendigos invaden las ciudades, al tiempo que unos campos antaño fértiles se vacían de sus campesinos. La paz no es suficiente para la esperanza.

Éstos son los síntomas. Y permiten efectivamente a los más lúcidos elaborar una teoría de la decadencia que presenta un cierto interés, tanto mayor cuanto que es la primera en Europa que es construida y vivida «desde el interior», tras la caída del imperio romano. Será más tarde cuando la atención se fijará en Venecia o en el Imperio otomano.

La teoría se basa, ante todo, en la constatación, excesiva aunque verídica, de la despoblación del país. Ésta es afirmada, en ocasiones cifrada, y explicada por los más importantes autores que no se satisfacen con los accidentes de la coyuntura y señalan, por ejemplo, la huida ante el matrimonio y la paternidad. El despoblamiento se completa con el parasitismo de una gran parte de los «activos» potenciales: en la cima de la jerarquía social los privilegiados por el nacimiento y por la fortuna sitúan su punto de honor en vivir de las rentas, rodeados de numerosos criados, desprecian la mercancía y todavía más el trabajo. Los aristócratas ni siquiera sirven ya, salvo escasas excepciones, en los ejércitos del rey. En la base de esta jerarquía una muchedumbre de ociosos, de mendigos, de pordioseros, consigue su subsistencia de la caridad pública y privada o por medio de actividades ilícitas de toda clase: hurtos, engaños, estafas.

Las personas que trabajan, los «productores» —campesinos, artesanos, empresarios, comerciantes, marinos, funcionarios, etcétera— han llegado a ser demasiado pocos en relación con los no-productores: «la proporción de los que trabajan respecto de los que no hacen nada es de uno a treinta» afirma, con exageración, Martín González de Cellorigo. El resultado es que España carece de mano de obra y los trabajos subalternos son realizados por unos trabajadores inmigrados que, llegado el día, repatrían su peculio, sus ahorros, mientras que las «agresiones» fiscales o sociales contra los comerciantes y los empresarios nacionales les desaniman y entregan la banca y el comercio importante a los financieros extranjeros, los genoveses por ejemplo, que desempeñan un decisivo papel, tanto en los documentos fiscales como en las preocupaciones del rey y de sus consejeros, de Sancho de Moncada o en... el *Guzmán de Alfarache*. Puede acusarse al «mal gobierno», sin lugar a dudas, pero sobre todo al oro y a la plata de América que desviaron a los españoles de las verdaderas riquezas, de las que produce la industria humana, que se obtendrán a partir de entonces con demasiada facilidad. Así el país adopta la costumbre de adquirir en el extranjero la mayor parte de los productos manufacturados necesarios y de exportar sus materias primas, renuncia al valor añadido por el trabajo humano, y se sitúa en una dependencia económica del comercio internacional. El oro y la plata crearon la ilusión, trajeron con un mismo soplo la grandeza del país, su apogeo y su decadencia.

RESUMEN CRONOLÓGICO

	Hechos políticos diplomáticos y militares	Hechos económicos y sociales	Hechos culturales
1516	Acceso al trono de Carlos I.		
1519	Carlos I es elegido emperador y se convierte en Carlos V.		
1521	Fin de las rebeliones de las Comunidades y de las Germanías	La Casa de Contratación es dirigida por un triunvirato.	
1524	Inicios del Consejo de Indias.		
1525	Victoria de Pavía. Francisco I prisionero de Carlos V.		La Inquisición contra los alumbrados.
1526	Organización del Consejo de Estado.		
1527			Conferencia de Valladolid sobre Erasmo. Retablo de San Benito, por Alonso Berruguete (1527-1532).

1529	Paz de Cambrai o «de las Damas».	Organización del Consejo de Hacienda.	
1535	Conquista de Túnez por Carlos V.		*Diálogo de la lengua*, de Juan de Valdés.
1537		Imposición general de la alcabala. El escudo reemplaza al ducado como moneda de oro.	
1540		Peste y plaga de hambre.	
1541	Fracaso de Carlos V ante Argel.		
1543		Ordenanzas para regular las flotas de América.	
1545			*Deliberación por la causa de los pobres*, de Domingo de Soto.
1547	Victoria de Carlos V en Muhlberg sobre los príncipes protestantes.		

	Hechos políticos diplomáticos y militares	Hechos económicos y sociales	Hechos culturales
1554			Publicación del *Lazarillo de Tormes*.
1555-1557	Creación del Consejo de Italia.	Primera bancarrota. Epidemias de hambre y gran aumento de la mortalidad.	
1556	Abdicación de Carlos V. Accede al trono Felipe II.		
1557	Victoria de San Quintín sobre los franceses.		
1559	Tratado de Cateau-Cambrésis.		Índice de la Inquisición.
1561	Madrid se convierte en capital del reino.	Censo de la población en Castilla.	Comienzo de la reforma del Carmelo por Santa Teresa de Jesús.
1563			Clausura del Concilio de Trento. Construcción de El Escorial (1563-1584).

1566	Comienzo de la rebelión de los Países Bajos.		
1570-1571	Guerra de Granada.		
1572		Comienzos del gran período del Potosí (plata).	
1575		Fuerte aumento de las alcabalas.	
1576	Saqueo de Amberes por las tropas españolas.	Crisis económica y peste. Segunda bancarrota.	
1580	Felipe II rey de Portugal. Creación del Consejo de Portugal.		
1583			*De los Nombres de Cristo,* de fray Luis de León.
1588	Fracaso de la gran expedición contra Inglaterra. Creación del Consejo de Flandes.		
1591	Huida de Antonio Pérez y alzamiento de Aragón.		

	Hechos políticos diplomáticos y militares	Hechos económicos y sociales	Hechos culturales
1591-1594		Censo de la población en Castilla. Desorganización y declive de las ferias de Medina del Campo.	
1598	Paz de Vervins. Muerte de Felipe II.	Importante epidemia de peste en Castilla (1597-1602).	*Protección de los pobres*, de C. Pérez de Herrera.
1599			Nacimiento de Velázquez. *Guzmán de Alfarache*, de Mateo Alemán (1599-1604).
1600		*Memorial para la restauración de España*, de Martín González de Cellorigo.	Nacimiento de Calderón.
1601-1606	Valladolid recupera la capitalidad gracias al valido, duque de Lerma.		Publicación de la primera parte del *Don Quijote*: 1605.
1607		Creación del Banco de la ciudad de Barcelona.	

1609	Expulsión de los moriscos (1609-1614). Período de paz general (1609-1621).	
1613		Retablo de Santiponce, por Juan Montañés.
1617		Conclusión de la Plaza Mayor de Madrid, por Juan Gómez de Mora.
1619	*Restauración política de España*, de Sancho de Moncada.	
1621	Acceso al trono de Felipe IV. Olivares se convierte en valido. Pragmáticas que reducen al 5 por 100 la tasa de las rentas (censos).	
1626		*Los borrachos*, de Velázquez. *El Buscón*, de Quevedo.
1627	Nueva bancarrota. Los genoveses dejan de ser los banqueros de España.	
1634	Victoria de Nordlingen sobre los suecos.	*Rendición de Breda*, de Velázquez (1634-1635).
1636	Victoria de Corbie sobre los franceses.	Muerte de Lope de Vega.

	Hechos políticos diplomáticos y militares	Hechos económicos y sociales	Hechos culturales
1638			Realización de la serie de Guadalupe, por Zurbarán (1638-1647).
1639	Desastre naval de las Dunas.		
1640		Alzamiento de los segadores en Barcelona. Inicio de las rebeliones de Cataluña y de Portugal.	
1643	Derrota de Rocroi ante los franceses de Condé. Caída de Olivares.		
1648	Derrota de Lens ante los franceses. Tratados de Westfalia. España pierde los Países Bajos del Norte.	Una terrible epidemia de peste asola Cataluña, Levante y Andalucía (1648-1652).	Muerte de Tirso de Molina.
1649			Muerte de Montañés.

BIBLIOGRAFÍA

Es completamente imposible presentar aquí una bibliografía exhaustiva del tema. No pretendemos proponer más que una orientación bibliográfica. Por otra parte, hemos utilizado numerosos trabajos que existen únicamente en forma de texto mecanográfico. Hemos ido citando sus autores al hilo de nuestro propio texto, pero no los incluimos ahora.

De la misma manera, hemos utilizado enormemente los *Mélanges de la Casa de Velázquez*, que publica cada año un extenso e importante tomo en el que se exponen los resultados de las más recientes investigaciones llevadas a cabo por jóvenes hispanistas franceses. Por ejemplo, hemos utilizado, entre otros, artículos de Francis Brumont, J.-F. Botrel, J.-P. Dedieu, J. Fayard, Cl. Larquié; J.-P. Le Flem, A. Milhou, F. Reynaud, B. Vincent... Remitimos directamente al lector a la consulta de estas inapreciables misceláneas. Los libros señalados con asterisco ofrecen la visión más completa del tema considerado.

I. Obras generales

Braudel, Fernand, *La Méditerranée et le monde méditerranéen à l'époque de Philippe II*, A. Colin, París, 1966, 2 vols.; hay trad. cast.: *El Mediterráneo y el mundo mediterráneo en la época de Felipe II*, FCE, México, 1953.
—, *Civilisation matérielle et capitalisme*, A. Colin, París, 1979, 3 vols.; hay trad. cast.: *Civilización material y capitalismo*, Labor, Barcelona, 1974.
Chaunu, Pierre, *L'Espagne de Charles Quint*, SEDES, París, 1973; hay trad. cast.: *La España de Carlos V*, Edicions 62, Barcelona, 1976-1977.

Defourneaux, Marcelin, *La vie quotidienne en Espagne au Siècle d'Or*, Hachette, París, 1964.

Deveze, Michel, *L'Espagne de Philippe IV*, SEDES, París, 1970, 2 vols.

Domínguez Ortiz, Antonio, *El Antiguo Régimen: Los Reyes Católicos y los Austrias*, t. III de *Historia de España*, Alianza, Madrid, 1973.

—, *Las clases privilegiadas en la España del Antiguo Régimen*, Istmo, Madrid, 1973.

Elliott, John H., *Imperial Spain 1496-1716*, Edward Arnold, Londres, 1963; hay trad. cast.: *La España imperial*, Vicens Vives, Barcelona, 1980.

Fernández Álvarez, Manuel, *La sociedad española del Renacimiento*, Madrid, 1970.

Kamen, Henry, *The Iron Century. Social Change in Europe 1550-1650*, Weidenfeld & Nicholson, Londres, 1971; hay trad. cast.: *El siglo de hierro*, Alianza, Madrid, 1977.

Pérez, Joseph, *L'Espagne du XVIe siècle*, A. Colin, Col. U 2, París, 1973.

Vázquez de Prada, Valentín, *Historia económica y social de España*, t. III, Confederación Española de Cajas de Ahorro, Madrid, 1980.

Los libros de Antonio Domínguez Ortiz, de John Elliott, *La Méditerranée* de Fernand Braudel, así como los de Joseph Pérez y M. Defourneaux son los que se refieren más directamente al tema.

II. Obras especializadas

Cuestiones militares y problemas de seguridad

Alcalá-Zamora, José, *España, Flandes y el mar del Norte (1618-1639)*, Planeta, Barcelona, 1975.

García Martínez, Sebastián, *Bandolerismo, piratería y control de moriscos en Valencia durante el reinado de Felipe II*, Universidad de Valencia, Valencia, 1977.

Parker, Geoffrey, *The army of Flanders and the Spanish road, 1567-1659*, Cambridge, 1972; hay trad. cast.: *El ejército de Flandes y el camino español, 1567-1659*, Revista de Occidente, Madrid, 1976.

Quatrefages, René, *Los tercios españoles (1567-1577)*, Fundación Universitaria Española, Madrid, 1979.

* Thompson, I. A. A., *War and government in Hagsburg Spain 1560-1620*, The Athlone Press, University of London, 1976; hay trad. cast.: *Guerra y decadencia. Gobierno y administración en la España de los Austrias, 1560-1620*, Crítica, Barcelona, 1981.

Política y gobierno

Fayard, Jeanine, *Les membres du Conseil de Castille à l'époque moderne (1621-1746)*, Droz, Ginebra, 1979.

Lovett, A. W., *Philip II and Mateo Vázquez de Leca: the government of Spain (1572-1592)*, Droz, Ginebra, 1977.

Marañón, Gregorio, *El conde duque de Olivares. La pasión de mandar*, Madrid, 1936.

Pelorson, Jean-Marc, *Les letrados juristes castillans sous Philippe III*, Poitiers, 1980.

* Tomás Valiente, Francisco, *Los validos en la monarquía española del Siglo XVII*, Instituto de Estudios Políticos, Madrid, 1963.

Demografía, economía y sociedad

Bennassar, Bartolomé, *Valladolid et ses campagnes au XVIe siècle*, Mouton, París, 1967.

—, *Recherches sur les grandes épidémies dans l'Espagne du Nord à la fin du XVIe siècle*, SEVPEN, París, 1969.

Casey, James, *The kingdom of Valencia in the seventeenth century*, Cambridge U.P. Cambridge, 1979.

García Sanz, Ángel, *Desarrollo y crisis del Antiguo Régimen en Castilla la Vieja*, Akal, Madrid, 1977.

Lapeyre, Henri, *Une famille de marchands. Les Ruiz de Medina*, A. Colin, París, 1955.

Nadal Oller, Jordi, *La population catalane de 1553 à 1717. L'immigration française*, SEVPEN, París, 1960.

Pérez Moreda, Vicente, *Las crisis de mortalidad en la España interior*, Siglo XXI, Madrid, 1980.

Pike, Ruth, *Aristocrats and traders. Sevillan society in the sixteenth century*, Cornell U.P., Ithaca y Londres, 1972; hay trad. cast.: *Aristócratas y comerciantes*, Ariel, Barcelona, 1978.

Rodríguez Sánchez, Ángel, *Cáceres: población y comportamientos demográficos en el siglo XVI*, Cáceres, 1977.

* Ruiz Martín, Felipe, «La población española al comienzo de los tiempos modernos», en *Cuadernos de Historia*, I (1967), pp. 189 y siguientes.

—, «La banca en España hasta 1782», en *El Banco de España. Una historia económica*, Madrid, 1980.

Salomon, Noël, *La campagne de Nouvelle-Castille à la fin du XVIè siècle*, SEVPEN, París, 1964.

Silva, José Da, *En Espagne. Développement économique, subsistance, déclin*, París, 1965.

Ulloa, Modesto, *La Hacienda real de Castilla en el reinado de Felipe II*, Fundación Universitaria Española, Madrid, 1979.

Vilar, Pierre, *Or et monnaie dans l'histoire*, Flammarion, París, 1974; hay trad. cast.: *Oro y moneda en la historia 1450-1920*, Ariel, Barcelona, 1978.

Problemas religiosos y culturales

Auclair, Marcelle, *Vie de sainte Thérèse d'Ávila*, París; hay trad. cast.: *Vida de Santa Teresa de Jesús*, Cultura Hispánica, Madrid, 1972.

Bennassar, Bartolomé, *L'homme espagnol. Attitudes et mentalités XVIe-XIXe siècles*, Hachette, París, 1975; hay trad. cast.: *Los españoles. Actitudes y mentalidad*, Argos-Vergara, Barcelona, 1976.

Bennassar, Bartolomé y colaboradores, *L'Inquisition espagnole XVIe-XIXe siècles*, Hachette, París, 1978; hay trad. cast.: *Inquisición española: poder político y control social*, Crítica, Barcelona, 1981.

Brown, Jonathan, y John Elliot, *A Palace for a king. The Buen Retiro and the Court of Philip IV*, Yale U.P., Newhaven y Londres, 1980.

Cardaillac, Louis, *Morisques et chrétiens*, Klincksieck, París, 1977; hay trad. cast.: *Moriscos y cristianos*, FCE, México, 1979.

Caro Baroja, Julio, *Las formas complejas de la vida religiosa, siglos XVI-XVII*, Akal, Madrid, 1978.

—, *Las brujas y su mundo*, Alianza, Madrid, 1979 (1.ª ed. 1961).

Cavillac, Michel, *Cristóbal Pérez de Herrera, Amparo de Pobres*, Espasa Calpe. Col. Clásicos Castellanos, Madrid, 1975.

Chevalier, Maxime, *Lectura y lectores en la España del siglo XVI y XVII*, Turner, Madrid, 1976.

García Cárcel, Ricardo, *Herejía y sociedad en el siglo XVI. La Inquisición en Valencia 1530-1609*, Península, Barcelona, 1980.

* García-Villoslada, Ricardo, ed., *Historia de la Iglesia en España*, t. III, 1.º y 2.º, Biblioteca de Autores Cristianos, Madrid, 1980.

Guilhermou, Alain, *St. Ignace de Loyola et la Compagnie de Jésus*, Seuil, París, 1960.

Henningsen, Gustav, *The witches' advocate. Basque witchcraft and spanish Inquisition*, University of Nevada Press, Reno, 1980.

Maravall, José Antonio, *La cultura del barroco*, Ariel, Barcelona, 1975.

Martín González, Juan José, «La vida de los artistas en Castilla la Vieja y León durante el Siglo de Oro», en *Revista de Archivos, Bibliotecas y Museos*, LXVII (1959).

Mechoulan, Henri, *Le sang des autres ou l'honneur de Dieu. Indiens, juifs et morisques au Siècle d'Or*, A. Fayard, 1977.

Molho, Maurice, *Cervantes: raíces folklóricas*, Gredos, Madrid, 1976.

Redondo, Augustín, *Antonio de Guevara et L'Espagne de son temps, 1480-1545*, Droz, Ginebra, 1978.

Instrumento de trabajo

Jean-Pierre Amalric, Bartolomé Bennassar, Joseph Pérez y Emile Témime, *Lexique historique de l'Espagne*, A. Colin, París, 1976.

ÍNDICE